高校思想政治理论课教学过程论

韦世艺 著

南开大学出版社

天 津

图书在版编目(CIP)数据

高校思想政治理论课教学过程论／韦世艺著．—天津：南开大学出版社，2020.9
ISBN 978-7-310-05965-2

Ⅰ.①高… Ⅱ.①韦… Ⅲ.①高等学校－思想政治教育－教学研究 Ⅳ.①G641

中国版本图书馆 CIP 数据核字(2020)第 203764 号

版权所有　侵权必究

高校思想政治理论课教学过程论
GAOXIAO SIXIANG ZHENGZHI
LILUNKE JIAOXUE GUOCHENGLUN

南开大学出版社出版发行
出版人：陈　敬

地址：天津市南开区卫津路 94 号　　邮政编码：300071
营销部电话：(022)23508339　营销部传真：(022)23508542
http://www.nkup.com.cn

北京虎彩文化传播有限公司 印刷　　全国各地新华书店经销
2020 年 9 月第 1 版　　2020 年 9 月第 1 次印刷
210×148 毫米　32 开本　9 印张　225 千字
定价：35.00 元

如遇图书印装质量问题，请与本社营销部联系调换，电话：(022)23508339

目 录

第一章 绪论 1
    一、选题依据与意义 2
    二、研究现状述评 4
    三、研究思路与方法 7
    四、研究创新之处 10
第二章 高校思想政治理论课有机课程观理论构建 11
  第一节 实体课程观的教学过程及其实践反思 11
    一、实体哲学的基本思想 11
    二、实体思想的基本表征 15
    三、实体课程观的教学过程及其实践反思 17
  第二节 有机课程观理论构建 22
    一、怀特海过程哲学基本思想 23
    二、有机课程观的理论构建 32
  第三节 有机课程教学过程实践变革 48
    一、有机课程教学过程实践变革的案例研究 48
    二、有机课程教学过程实践变革的基本途径 54
  本章小结 55
第三章 高校思想政治理论课教学过程角色生成 56
  第一节 教学过程教师与学生角色关系的历史发展 56
    一、教师与学生角色关系的混沌阶段 56

二、教师与学生角色关系的分化阶段 58
　　三、教师与学生角色关系的有机统一阶段 60
　第二节　高校思想政治理论课教学过程教师生成 65
　　一、为谁教 65
　　二、教什么 72
　　三、怎么教 77
　　四、谁来教 92
　第三节　高校思想政治理论课教学过程学生生成 99
　　一、对学习者问答式主体性的反思 99
　　二、学习者主体性生成的路径探究 106
　本章小结 115

第四章　高校思想政治理论课教学过程有效维度 116
　第一节　教学过程育人价值生成的基本特征 116
　　一、教学过程育人价值生成的自在性 116
　　二、教学过程育人价值生成的复杂性 118
　　三、教学过程育人价值生成的过程性 121
　第二节　教学过程有效维度理论构建 124
　　一、教学主导的有力实现 125
　　二、合理的教学思维方式 133
　　三、科学的教学价值理念 139
　　四、有效的课堂教学提问 148
　　五、教学过程有效维度生成路径 155
　第三节　教学过程有效维度实证研究 162
　　一、实证研究的设计与过程 163
　　二、实证研究的结果与分析 165
　　三、实证研究的基本结论 171
　　四、教学过程价值生成实践策略 171

五、教学过程有效维度体系构建 173
　本章小结 174
第五章　高校思想政治理论课教学过程发展评价 176
　第一节　发展评价：教师专业发展重要途径 176
　　　一、发展评价对课堂教学活动的作用机制 178
　　　二、教学过程发展评价的实践反思 180
　　　三、发展评价推动教师专业发展的现实路径 181
　第二节　教学过程发展评价内容 189
　　　一、教学评价、课程评价、教育评价的关系 189
　　　二、思想政治理论课教学育人的本真价值 191
　第三节　教学过程发展评价载体与方法 195
　　　一、教学过程教师评价载体 196
　　　二、教学过程学生评价方法 207
　第四节　教学过程发展评价要素构成 212
　　　一、价值层面评价要素 213
　　　二、操作层面评价要素 216
　　　三、管理层面评价要素 221
　本章小结 224
第六章　高校思想政治理论课教学过程课堂管理 225
　第一节　课堂管理研究述评 225
　　　一、课堂管理国外学术概要 225
　　　二、课堂管理国内研究趋向 228
　　　三、高校思想政治理论课课堂管理研究述评 229
　第二节　有效课堂管理的内涵与动因 235
　　　一、有效课堂管理的内涵 235
　　　二、有效课堂管理的根本动因 238
　第三节　有效课堂管理的现状与对策 241

一、课堂管理整体性视角的理论构建 241
　　二、整体性视角下课堂管理现状 242
　　三、整体性课堂管理策略 249
　第四节　有效课堂管理影响因子实证研究 253
　　一、研究的设计与过程 254
　　二、研究的结果与分析 257
　　三、基本结论 265
　　四、课堂管理实践建议 266
　本章小结 267
结　　语 268
参考文献 270

第一章 绪 论

高校思想政治理论课作为一种教育实践活动，有其明确的教育目的。从总体国家安全观看，高校思想政治理论课的教育目的能否充分实现，事关国家政治安全。从立德树人是学校教育的根本任务、思想政治理论课是立德树人的关键课程看，高校思想政治理论课的教育目的能否充分实现，从根本上决定着高校能否为中华民族伟大复兴培育好一代又一代的社会主义建设者和接班人。基于价值哲学的分析话语，教育目的是反映价值主体需要的价值目的，价值目的实现是价值主体的需要得到了满足，或者说价值客体满足了价值主体的需要。就高校培育社会主义建设者和接班人的价值目的而言，高校思想政治理论课作为立德树人的关键课程，就必然是满足价值主体需要的极为重要的价值客体之一。思想政治理论课立德树人的关键作用是不可替代的，这肯定的是思想政治理论这一价值客体的特殊性、重要性。然而，无论价值客体如何特殊、如何重要，价值客体只是满足价值主体需要的一个必要而非充分的条件，价值客体要满足价值主体的需要，必然要有一个价值创造的过程。而这个过程，就是思想政治理论课教学过程。离开了真实可感的教学实践过程，思想政治理论课育人价值的创造就是无源之水、无本之木。简言之，思想政治理论课作为高校立德树人的关键课程，离开了教学过程或者不在教学过程下功夫，思想政治理论课作为价值客体存在的合法性就会丧失。在某种意义上，思想政治理论课教师不忘初心、不辱使命，不是在于思想政治理论课教师个体对这一职业岗位的选择，而是在于思想政治理论课教师对课堂教学过程的身心投入、孜孜以求。为此，笔者以高校思想政治理论课教学过程为研究对象，旨在从理论上对高校思想政治理论课教学过程展开多维度的构建，从而增强思想政治理论课教师教学过程的行动自觉，推动思想政治理论课教学质量提升。

一、选题依据与意义

高校思想政治理论课教学过程，与其他课程的教学过程既有相似的发展规律，也有自身存在的特殊性。作为思想政治理论课教师，把握教学过程生成发展的内在机理，进而提升教学过程中育人价值的创造能力，是增强思想政治理论课教育教学效果的必然要求，也是提升思想政治理论课教师的获得感、幸福感的必然要求。

（一）有利于增强思想政治理论课教育教学效果

思想政治理论课是学校思想政治教育的重要载体。思想政治教育研究有宏观、中观和微观三个层面，思想政治理论课教学过程的探讨应属于思想政治教育研究领域的微观层面。然而，这种微观层面的探讨往往得不到深入细致的展开，原因复杂，主要有三：一是微观层面的教学过程探讨往往停留于实践主体经验层面的总结，具有个性化色彩而缺乏"学术"论文的价值；二是因为教学过程探讨的经验性、个体性没有"学术"论文的价值，对于需要提升学历、晋升职称的教师而言，自然就没有深入研究的动力；三是教学过程对于思想政治理论课教师而言，是再寻常不过的职业生活片段，几乎每天都要重复的教学已经使得教师习惯于按部就班。然而，当我们的老师在习以为常的教学过程中丧失了自我审视的意识和能力，不知道作为教师的"我"为何而来，也不清楚教学过程中的"我"身处何方，更难明白教学过程中的"我"

是否为"我"的时候,增强思想政治理论课教育教学效果的口号就会成为空洞的话语。开展思想政治理论课教学过程的理论探究与实践反思,提升思想政治理论课教师教学过程的自我审视意识和能力,引导教师在教学过程中知道"我"为何而来、"我"身处何方、"我"是否为"我"、"我"如何成为"我",有利于增强思想政治理论课教育教学效果。

（二）有利于提升思想政治理论课教师的获得感、幸福感

思想政治理论教师首先是人,是"作为思想政治理论课教师的人"与"作为人的思想政治理论课教师"的统一。①一方面,思想政治理论课教师要扮演好社会主义意识形态教育工作者的角色,从而为国家稳定、社会和谐、学生健康成长提供重要保障,这是思想政治理论课教师的本职所在;另一方面,思想政治理论课作为立德树人的关键课程,其重要性、特殊性改变不了思想政治理论课教师作为一种社会职业存在的客观现实。毋庸置疑,改革开放以来特别是十八大以来高校思想政治理论课教师的职业生存环境得到了很大改善,不仅在物质上得到了厚待,而且在提升学历、晋升职称方面也得到了优待。可以说,党和国家为思想政治理论课教师创造了非常有利的工作条件、发展环境,极大地增强了思想政治理论课教师的获得感和幸福感,激励着思想政治理论课教师为课堂教学投入更大的热情、更多的努力。然而,缺乏对教学过程价值生成发展规律的深刻洞察,没有对教学过程价值创造的深刻理解,以及无法做到对教学过程价值实现进行理性判断,思想政治理论课教师对课堂教学的努力和热情,终将难以真正有效地转化成为实际的教育教学效果。因此,开展思想政治理论课教学过程研究,增强思想政治理论课教师在教学过程中的行

---

① 李海峰. 高校思想政治理论课教师角色研究[M]. 北京：人民出版社，2012.

动自觉和价值自信，有助于从教师自我实现的价值维度，提升思想政治理论课教师的获得感、幸福感。

二、研究现状述评

思想政治理论课教学过程是一个怎样的存在，取决于对思想政治理论课教学关系的把握。对此问题的不同回答就会构建起一个不同的教学过程。从教学认识的历史看，至今为止，人们对教学的认识大体经历了三种范式：

一是把教学理解为未分化的"教"或"学"，这个阶段的认识基本上是经验层面的总结和表述，即"教学混沌范式"。混沌范式下的教学与"教"或"学"的含义没有明显区别，要么把教学看作学生的学习活动，学与教学等同；要么把教学看作教师的教授过程，教学就是教师如何教学生学习的活动，教学即教授。总之，没有看到教学活动是由教师的教和学生的学构成的统一活动。

二是随着教学理论和实践的深入，教与学在逻辑上相对独立，自为体系，即对教学关系的把握发展到了"教学分化范式"。如德国教育家赫尔巴特认为："教育学作为一种科学，是以实践哲学和心理学为基础的。前者说明教育的目的，后者说明教育的途径、手段与障碍。"简单而言，赫尔巴特以实践哲学论证教育目的、以心理学论证教育方法的路线开辟了教学理论研究的二元体系。自赫氏以后，教学理论逐步分化为"教"与"学"两条研究路线：一条路线是以形而上学为基础，重点论证"为何教"的问题，一般称为"教的理论"；另一条路线是吸收心理学的研究成果，注重经验、实证层面的研究，力图实现教学的"心理学化"，着重探讨"如何学"的问题，一般称为"学的理论"，即"学习理论"。

三是强调教与学是一个关系范畴，实现了教与学的有机结合，即"教学融合"范式。教学融合范式强调课程教学是教与学的有机统一体。教学活动的质量和效果如何,是教师的教授与学生的学习相互作用、相互融合的结果。高质量、高效率的课堂教学,必然是"教"有力地推动了学,学生的"学"有力地体现了教。学是教之所学,教是从学而教。对教学的认知从教与学的分化转向于教与学的有机统一,是从客观的课堂教学实践构建教学理论的必然结果。教学如何实现有机统一、相互融合,非指导、合作、交往是行动的关键词。

应该说,思想政治教育研究领域对教学关系的认识脉络,基本反映了以上三个范式的历史变迁。在思想政治理论课教学研究领域,主体性、合作、交往、探究也已成为高频词。然而,从充分增强思想政治理论课教育教学实效性、有力提升思想政治理论课教师的获得感和幸福感而言,学界对高校思想政治理论课教学过程的研究还有亟须解决的问题。

(一)把握了教学过程的整体性而忽视了要素的生成性

当前学界对高校思想政治理论课教学过程的认识,体现出明显的要素结构论取向。基于要素结构的立场,对各教学要素的认识得到深入,教学过程的整体性得以充分架构,但这种架构缺乏对要素生成论的分析视野,因此对思想政治理论课教学变革创新的实质意义更多局限于理论层面。或者说,学界对教学过程的要素研究更多的是理念构想的具化而非基于实践问题的真正解决。如教学目标的问题,宽泛的或理想化的讨论显然对教师课程教学的改进来说作用有限。如有研究者提出,思想政治理论课具体包含三重目标,即知识目标、能力目标和价值目标。三重目标互为一体,知识目标是基础,能力目标是核心,价值目标是归宿。[①]然

---

① 钱翠玉,叶雷. 高校思想政治理论课教学目标及其实现[J]. 常州工业学报(社会科学版),2013(3):117-120.

而，对于任何一个教师而言，教学过程都不是抽象的而是具体的，所谓具体是指现实的教学过程总是面对着不同发展层次和学习心理特征的学生，有具体的教学环境，还有具体的教学管理，这些都会决定着教学目标绝不是一个先天的实体存在，而是受制于各种复杂影响因素的生成存在。如果教师认为教学目标应该得到充分实现的话，就一定会认识到教学目标的复杂性和生成性。只有基于教学目标的复杂性和生成性，思想政治理论课教师才能清楚自己在教学过程中为何而来。如面对高职层次的学生，有研究者认为，基于高等职业教育"以服务为宗旨，以就业为导向，以能力为本位"的发展理念，从能力本位构建思想政治理论课教学目标非常重要。高职思想政治理论课教学目标应是一个由政治鉴别能力、理论思维能力、公民行动能力和职业核心能力"四位一体"构成的能力目标体系[①]。而在众多的教学要素中，教师、学生的要素生成则是根本性的、本源性的，教学内容、教学方法、教学目标等要素的生成归根到底取决于教师、学生两个主体要素的生成质量。教学的改革创新实质上可以简单地理解为对教师、学生两个主体要素生成的努力。因此，深入分析教学过程中教师、学生的角色生成是思想政治理论课教学过程研究的重要方面。

（二）重视了教学过程的结果价值而忽视了过程价值

对思想政治理论课而言，教学过程就是创造育人价值的过程，关注教学过程的结果价值是评价思想政治理论课教学质量、改进教学的必须。价值目的是否实现，首先要从结果价值得到反映。如有研究者指出："高校思想政治理论课的教育效果，集中体现为大学生对高校思想政治理论课知识的掌握效果、大学生通过接受

[①] 魏启晋. 论能力本位视野下的高职思想政治理论课教学目标[J]. 北京教育（德育），2013（11）：50-52.

高校思想政治教育提高综合素质的效果、大学生走入社会之后推动社会实践的效果。"[①]因此,无论是从知识目标、能力目标、价值目标(从思想政治理论课要实现育人价值的话语表述看,"价值目标"作为教学目标的二级目标显然不妥当,笔者注)构建教学目标或者主张从教学实效性出发,提出从知识传授效果、能力培养效果和品德教育效果三方面建立思想政治理论课评价内容体系[②],实质上体现了对教学过程教育结果的价值诉求。然而,无论是社会实践的效果,还是综合素质的提高,乃至知识的掌握效果,都需要在一定教育周期内才能得到反馈,这些效果的反馈也不可能由思想政治理论课教师这一单一的评价主体来完成。可是,教学过程每天在持续发生。如果教师缺乏对教学过程价值的关注,不能及时有效地反省自己的教学行为,对低效或无效的教学过程不能察觉甚至还以此为快,思想政治理论课教学质量的提升就难以实现。可见,教学过程的结果价值当然要及时科学的反馈,教学过程的价值生成更需要展开深入分析。只有充分了解思想政治理论课教学过程价值生成维度即有效性维度,才能为一线教师增强课程教学创新变革的主体作用提供有力的支撑。总而言之,着力构建教学过程有效维度,应成为思想政治理论课教学过程研究的重要内容。

三、研究思路与方法

(一)研究思路

本书的出发点不在于提出什么新的理论观点,只是希望以过程哲学的过程性、生成性理论视角对高校思想政治理论教学过程

[①] 骆郁廷. 论高校思想政治理论课评价之深化[J]. 思想理论教育, 2007 (11): 44-50.
[②] 盛湘鄂. 高校思想政治理论课教学实效性及其评价[J]. 思想理论教育导刊, 2009 (1): 75-78.

展开多维度构建，推动思想政治理论课教师教学过程的行动自觉和反思实践，从而为增强思想政治理论课教育教学实效性、提升思想政治理论课教师的获得感和幸福感提供新的视角。

全书的架构如下：以思想政治理论课程的本体论探讨即有机课程观的构建为学理基础，对思想政治理论课教学过程的角色生成、价值生成、价值评价、课堂管理展开理论与实践相结合的阐释，最终为思想政治理论课教师如何通过教学过程实现育人价值的创造提供多维度、多层次的行动借鉴。全书除结语外，共有六章：

第一章绪论主要介绍了选题依据和研究意义，并在分析研究现状的基础上提出本书的研究思路，明确本研究的着力点。

第二章为高校思想政治理论课有机课程观理论构建。本章主要任务在于探讨课程教学的本体论问题。基于实体哲学和过程哲学的不同立场，对课程教学这一现实存在会有不同的回答。因此，反思实体课程观及其教学过程，在此基础上以过程哲学为指引，深刻理解高校思想政治理论课有机课程观的理论旨趣及其教学实践指向，是构建高校思想政治理论课教学过程研究问题域的学理基础。

第三章为高校思想政治理论课教学过程角色生成。本章立足有机课程观，主要解决教学过程教师和学生的角色生成问题。探讨作为教师的个体如何成为"教师"的过程，以及作为学生的个体何以成为"学生"的过程，生动演绎了有机课程观所主张的课程生成性。

第四章为高校思想政治理论课教学过程有效维度。本章立足有机课程观，主要解决了教学过程价值生成的有效性问题。在对教学过程价值生成基本特征并深入把握的基础上，通过对教学过程中教学关系、教学状态和教学理念等过程性要素的分析，构建高校思想政治理论课教学过程育人价值有效生成的基本维度。

第五章为高校思想政治理论课教学过程发展评价。本章立足有机课程观，主要解决面向教学过程价值生成的发展教学评价。通过发展评价，不断增强教师在教学过程中的反思意识与行动自觉，应成为增强课堂教学过程有效性的核心议题。

第六章为高校思想政治理论课教学过程课堂管理。本章主要解决教学过程课堂管理问题。课堂管理是教学过程价值创造的提升，思想政治理论课角色生成、价值生成都必须立足有效课堂管理才能得以充分实现。

结语部分概括性地指出，高校思想政治理论课教学过程是一个多变量的复杂生成，教师对教学过程做到身心投入、孜孜以求、不忘初心、牢记使命，把对党和人民的忠诚转化为对思想政治理论课三尺讲台的敬畏和执着是教学过程有效性的根本保证。

（二）研究方法

一是理论与实证相结合。本书以过程哲学为理论基础，实现对高校思想政治理论课有机课程观的理论构建。在角色生成、价值生成、课堂管理的探究方面，则充分利用了教学反思的实践案例和教学实践的问卷调查，在学理认识的基础上增强了实践指导价值。

二是系统研究方法。通过对教学过程价值生成不同层次要素的探讨，构建高校思想政治理论课教学过程育人价值的基本框架，即从核心层的角色生成，到操作层的价值生成及评价，再到外围层的课堂管理，既体现了教学过程价值生成的普遍规律，又凸显了高校思想政治理论课教学过程价值生成的特殊性。

三是历史研究方法。本书在对教学过程角色生成问题的探讨方面，注重对教师、学生角色认识的历史脉络梳理，从而为角色生成提供坚实的理论与实践基础，构建起角色生成认识的时代意义。

四、研究创新之处

本书的主要创新点之一是理论视角的创新。既基于实体课程观视域深刻反思高校思想政治理论课教学过程的认识与实践误区，又从过程课程观的视角深入揭示高校思想政治理论课教学过程价值生成的各个维度，有助于克服高校思想政治理论课教学研究领域经验研究普遍化而学理性不足的弊端，从而为高校思想政治理论课教学改革的推进提供更为坚实的理论支撑与实践指引。

本书的主要创新点之二是研究方法的创新。无论是角色生成、价值生成、价值评价，还是课堂管理，本书都注重理论与实证相结合。一方面，教学实践反思案例的运用。之所以特别重视真实教育教学情境的教学实践反思案例的呈现，而不是局限于相关实践经验的提炼总结，根本的考虑是：教学过程价值生成的问题要得到相关方特别是高校思政课教师的重视，理性的策略分析固然重要，而基于真实教育教学情境的教学反思案例，既能让高校思政课教师在熟悉的情境中形成感同身受的情感与认知，也能启发高校思政课教师对自身教学实践反思的开展。简言之，相对于已有研究，通过教学实践反思案例的阐释能够更有力地保证本课题研究价值的实现。另一方面，问卷调查数据分析方法的运用。本书通过实证研究深入揭示教学过程价值生成维度的内部构成以及教学过程价值评价、课堂管理的影响因素，对于思想政治理论课教师提升教学过程育人价值的创造能力有重要参考价值。相对以往普遍的理论研究或者感性的经验总结，本书对思想政治理论课教师优化和改进教学过程的建议必然更具实践说服力。

第二章 高校思想政治理论课有机课程观理论构建

有什么样的课程观就会有什么样的教学观。回答课程是一个怎样的现实存在是展开教学过程研究的首要问题。然而，基于实体哲学和过程哲学的不同立场，对课程这一现实存在有着不同的回答。因此，反思实体课程观及其教学过程，在此基础上以过程哲学为指引，只有深刻理解高校思想政治理论课有机课程观的理论旨趣及其教学实践指向，才能为高校思想政治理论课教学过程研究的问题域明确方向。

第一节 实体课程观的教学过程及其实践反思

一、实体哲学的基本思想

实体课程观的哲学基础是实体哲学。实体课程观是实体哲学在教育领域的现实化或实际应用。要深刻理解实体课程观及其教学过程，就离不开对实体哲学基本思想的认识。可以简单地认为，实体哲学贯穿了整个西方哲学史。基于"本源""存在"问题的追问，系统的实体思想发端于亚里士多德的"形而上学"。而自亚里士多德提出了万物本原即实体之后，实体就成为能独立自存、促成他物改变而自身不变之物。自此之后，西方哲学界探索世界本源"存在论"或"本体论"的哲学进路便得以确立。因此，从某种意义上可以说，自亚里士多德之后，整个西方传统哲学的历史是关于实体发展的历史。

（一）亚里士多德的多重实体观

亚里士多德认为，形而上学就是"对最初本原和原因的思辨科学"。①因此，形而上学要考察的内容就是事物存在的基本原因，就是"作为存在的存在"。存在有多重意义，然而"是什么"是首要的。其他一切都因实体而存在，在原始意义上存在不是某物，而是单纯的存在，只能是实体。在亚氏看来有多重实体：第一是客观存在的实物，像水、土、火等，以及由这些实物构成的一般事物；第二是指存在于这些物内部的"种"或"属"，具有规定和标明事物本身的功能，如果它们消失，整个事物就会消失；第三是神，因为在最初因上，神是第一实体。神实体是亚里士多德在理性思想上所要达到的"至善"②。亚里士多德进一步认为，实体是最初的，它在定义、认识顺序和时间上都是第一的。我们想要充分认识每一事物，那么知道其具体是什么比知道其具有哪些性质、处在什么位置更为重要。亚氏对"实体"本性的确立，为西方传统哲学的理论主旨奠定了基本方向。无论是中世纪基督教哲学家、16世纪到18世纪欧洲大陆唯理论和英国经验哲学家，还是从康德开始的德国古典哲学家、现代欧洲大陆现象学与解释学哲学家或者英美哲学家，他们都无一例外地深受亚里士多德学说，特别是亚里士多德实体学说的影响。

---

① 亚里士多德. 形而上学[M]. 苗力田, 译. 北京：中国人民大学出版社，2003.
② 陆杰荣，牛小侠. 论亚里士多德的"实体"学说及其意义[J]. 学术交流，2008（10）：1-4.

（二）笛卡尔的心物二元实体论

笛卡尔是理性哲学和二元论的奠基者，与培根并称"近代哲学之父"，对17世纪的欧洲哲学界和科学界具有深远的影响，也被誉为"近代科学的始祖"。笛卡尔的实体理论是亚里士多德实体学说的进一步发展。"我思故我在"作为笛卡尔哲学研究的第一原理，自然也是理解笛卡尔实体理论的关键。

一方面，笛卡尔认为"怀疑"是"我"存在的基础，他认为："严格地说，我只是一个在思想的东西，也就是说我只是一个心灵、一个理智或一个理性。这个'我'是超越形体的，因为'我'完全可以想象自己没有形体，不能摄取营养和走路，但是却无论如何也无法想象'我'没有思想。思想是'我'的一种本质属性，'我'思想多久，就存在多久。'我'只要停止思想，自身就不复存在了。"①因此，在笛卡尔看来，"我"是存在的并且是可靠的，这是不能怀疑且不得不承认的事情。而"我"的存在，并不是因为"我"的肉体、手、脚、胳膊等，而是因为"我的怀疑"这件事情本身，而"我的怀疑"就是"我"的一种思想状况，所以我们可以说"我思故我在"，即"我"在思考，"我"在怀疑，所以"我"是存在的。

另一方面，心灵与身体是彼此独立的两种实体。笛卡尔认为，实体就是那种自己存在，而且其存在与别的东西无关的东西。所以，心灵、上帝、物质这三个事物就自然而然地成了笛卡尔所论述的实体。就实体的原初本意而言，只有上帝才能称作实体。心灵与物质都是需要神的帮助的，是依存于上帝的，不能归为实体。但是如果排除最初因"上帝"，心灵与物质又成为其他所有东西依

---

① 谢宜麟. 笛卡尔"我思故我在"的含义及意义[J]. 吉首大学学报（社会科学版），2017（s2）：94-96.

存的对象。因此，物质与心灵就是实体，心灵的根本属性就是思考。思考并不是物质的产物，物质也不产生思考能力。所以，心灵与物质没有相互依存的关系，它们之间谁也不决定谁，彼此独立存在。简言之，心灵和身体是可以独自存在的两种实体，这就是古典的心物二元实体论。

（三）斯宾诺莎的唯一实体观

斯宾诺莎认为，实体具有以下三个方面的性质：第一，实体是唯一的，即从数量上看只有它一个。如果说心灵与物质作为两个实体存在，那么就会与"不能存在两个或多个相同的实体存在"这个实体的定义相矛盾。因此只能存在一个实体。第二，实体不由别的事物产生，它产生的原因是自己，也就是"自因"。第三，实体不受其他事物的限制，因此是无限的。因为如果受到了限制，实体就存在于他物之内，也就产生不了实体。

基于唯一实体的观念，斯宾诺莎认为，实体就是神或自然。因为神是无限的，是不可创造的，万事万物的存在以神作为原因。没有神，其他的事物不可能存在，也不可能被理解。神是整个世界所有存在物存在的唯一原因。从另一方面来说，神与自然是相通的。神就是自然，这个神不是精神性的实体，而是具有整体性的自然本身。因此，神、自然、实体三者合为一体。基于自然为神的唯一实体观念，斯宾诺莎认为，样式是实体存在的特殊状态，即具体事物。实体与样式，就是整体与部分、原因与结果。样式存在于实体之中，样式是实体变现的形式，样式的产生是因为实体。没有实体，样式则无从谈起。同样，缺乏样式，实体的特性就不会被揭示出来。实体作为本质存在，样式作为形式存在。也就是说，实体作为完整的自然，具有神的特性，而样式是作为现实的自然存在。①

（四）莱布尼茨的精神实体论

沿承亚里士多德"述说的最终主体"的实体定义，莱布尼茨把"实体的形式"从"实体"中独立出来。从"实体"中独立出来的"实体的形式"，莱布尼茨称之为"单子"。所谓"单子"，就是某种类似于灵魂的形式的东西，它是支配初级物质的一种"力"。"单子"在本质上是一种非物质的东西，或者是灵魂或精神性的东西。因此，"单子"在本质上就是一种精神性的东西。"单子"成为"述说的最终主体"意味着宇宙的基本构成在本质上是心灵的或精神的，莱布尼茨的实体观念就是心灵的精神实体论。

作为一位理性主义者，莱布尼茨在充分吸收和扬弃唯理论和经验论的基础上，形成了自己对于心灵问题的基本观点。莱布尼茨认为心灵是能动的精神实体，即"一个思想着的存在（A thinking being），我称之为心灵"。②心灵与形体的关系是"前定和谐的"，心灵准确地反映身体所发生的事情，这是由上帝预先安排的，而不是因为某种因果联系形成的。对于认知来源，他强调天赋观念是潜存于心灵之中的，借助感觉机缘，心灵将天赋观念从自身中抽离出来。

二、实体思想的基本表征

所谓实体思想，即以实体为第一性、以属性为第二性的本体论原理认识世界、解释世界的立场、观点和方法。本质主义、理性主义、抽象主义是实体思想的基本表征。

---

① 张黎. 亚里士多德实体学说探析[D]. 武汉：湖北大学，2013.

② Leibniz, G W.Leibniz Philosophical Papers and Letters[M]. Lo-emker, L.E. (ed.). Chicago: The University of Chicago Press, 1956.

（一）本质主义

基于实体—属性的本体论，世界可以分为本质与现象。日常生活所感知到的现象世界是虚假的、不可靠的。认识的过程是透过复杂现象看本质。无论是物质本原还是精神本原，唯一真实的、可靠的本质一定存在于现象背后。本质决定属性，认识就是要穷尽繁杂现象世界背后的本质。认识最终要得到的结果是所谓客观的、科学的当然也是具有普遍意义的概念、原理、公式、程序、规律等抽象的知识体系。知识具有确定性和绝对性，人类的知识和信仰可以建立在一个稳定不变的基础之上。简言之，承认世界的万事万物存在本质，认为人们可以运用理性的力量，通过逻辑推理和哲学分析透过现象揭露本质。"本质范畴""本质信念"体现的就是本质主义的知识观和认识论。

（二）理性主义

实体是万物的本原，无论实体是物质性的、精神性的还是经验性的东西，实体必然是独立的、确定的、永恒的。对事物的认识，就是要从原初实体的本质或规律出发解释事物。如何求得本质或规律，必须是理性的推断或证明，认识的过程是运用概念、原理逻辑演绎的过程。认识的可靠性要建立在对现象世界的充分过滤之上，尽可能把复杂多变的现象世界排除在认识之外。人的直觉、情感等主观因素对于事物的认识而言，是没有意义的。简言之，就认识论而言，实体哲学主张认识世界的理性方式，真理不会因任何外在的因素而改变，真理只能通过理性才可以占有。理性和科学的任务就是发现隐藏在事物背后的真实本质。正如黑格尔所言："一切理性的东西同时又可称之为神秘的，但这只是说，它是超出知性上的，而绝不是说，它是完全不能为思维接受和把握的。"①

（三）抽象主义

一方面，实体是确定的、永恒的。就知识论而言，知识的价值在于本质的把握，一旦知识的获取得到了确定，知识就具有普遍性，知识的运用就具有天然的正当性。认识不是对个别事物的本质进行设定，而是对所有事物的共同本质进行概括，通过概括能够把具有复杂性和差异性的世界归结为一个确定性的实体，以实现对世界一劳永逸的把握。简言之，从错综复杂的差异性、多样性、丰富性中确定普遍性、同一性、终极性，知识的运用从一个存在者推导到另一个存在者就具有天然的正当性。另一方面，实体也是自足的。就本体论而言，只要是实体的事物，必定是独立自存的。事物之间的联系是与本质改变无关的相互作用。本质对于复杂多变的相互作用而言，是确定的、绝对的、恒定的。

三、实体课程观的教学过程及其实践反思

实体思想对教育的渗透所形成的课程观就是实体课程观。基于实体思想的基本表征，简单而言，包含本质主义、理性主义、抽象主义的课程观念，或者以本质主义、理性主义、抽象主义为精神内核的课程理念、课程思想都可以称之为实体课程观。有什么样的课程观就会有什么样的教学观，进而有什么样的教学观就有什么样的教学过程预设或教学过程实施。要推动教学过程的改革创新，对实体课程观之下的教学过程展开理论层面的深入分析与实践层面的深刻反思尤为必要。

（一）本质主义知识观的教学过程及其实践反思

教育的产生源于知识获取的需要。学校课程的创制及其演变

---

① 黑格尔. 小逻辑 [M]. 贺麟, 译. 北京：商务印书馆, 1980.

从根本上来说就是为了更好地满足教育对象对知识的获取。教学作为课程实施的基本形式，其过程必然首先是知识的传授。然而，对知识是什么、知识从哪里来的本质主义的回答所构成的知识观，从深层次影响着教育者对教学过程的预设或实施。

知识是什么，在本质主义看来，知识就是也必然是复杂现象背后的本质。事物现象有千万种变化，是不确定的、不可信的，而作为本质的知识是确定的、永恒的，也就是人类所共同认可的普遍真理。教育者所要传授的知识，是一种客观的、普遍的、永恒的真理。因此，教学过程就是教师带领学生"攻占"作为普遍真理的知识的过程，教学过程的核心问题就是如何在有限时间内通过有计划有组织的步骤以最大程度占有知识的问题。因此，本质知识观之下的教学过程强调知识传授过程的预设性、内容的确定性、结果的统一性是其主要特征。基于预设、确定和统一的寻求，师生所构建的教学过程是封闭而非开放的。所谓封闭而非开放是指教育者基于本质主义的知识观，教学过程的知识传授必然是单向的、线性的，而没有注意到由于教育对象文化背景的复杂性所导致的知识建构的多样性。然而，从思想政治理论课的教学实践看，不同经历或者文化情境的教育对象，面对预设的、确定的、统一的知识是否有着相同的认知或者感受，甚至能否积极正面地接受，进而在追求确定的、统一的教学过程中教育的道德性能否得到维护都会不同程度地成为现实问题。

例如，对"公平正义"这一问题的教学，来自不同阶层、不同成长背景的教育对象面对"教育公平"这一话题有可能产生不同的情感认知。教育公平是当前社会生活关注的热点问题。教育公平贴近生活、贴近社会，能够充分激发学生的学习兴趣。然而，学生在课堂中的讨论发言表明，他们对教育公平的理解是不同的，甚至有着对立的看法。显然，公平问题的复杂性需要教师在课前充分思考，这也应该在教学过程中得到充分呈现。应该说，"教育公平"话题讨论所生成的教学过程更倾向于不确定与多元，而非确定与统一。但是，对社会公平问题各抒己见、相互聆听的经历无疑有助于降低教育对象以后面对公平问题走向偏执的风险，也有益于教育对象学会以多元包容的态度去审视社会公平问题，而不是固执于以己为是而以人为非。同时，把针对贫困地区的高考招生政策简单解读为对贫困群体的同情是否会伤害到部分学生的自尊情感，这也是教育者需要反思的问题。

（二）理性主义认识论的教学过程及其实践反思

怎么获得知识，就知识是隐藏在复杂现象背后的确定永恒的实体而言，知识的获得过程就是充分运用概念、原则进行逻辑推理、演绎的过程，以此确保复杂多变的现象世界尽可能被排除在外，从而使得知识的可靠性、确定性得到最大程度的实现。简言之，教学过程是一个与人的情感、直觉无涉的过程，教学过程的有效性就是教师引导学生概念构建、逻辑推理的有效性。理性，唯有理性才应该在教学过程中显现。什么样的知识建构观就会有什么样的教学过程。教师基于理性的知识建构，教学过程的内容组织、实施方法以及评价反馈就会有理性主义的价值预设。

教学内容的组织方面，教师关注的是宏大层面的理论知识、基本原则。教学过程所依赖的方法主要是理论演绎和逻辑推理。教学过程的效果评价方面，则以理论知识、原则的掌握为基本标准。而在理性主义认识论所建构的教学过程中成长起来的学生，理性思维的发展是可见的，对理论观点、基本原则的掌握也是可见的。然而，理性思维的发展、理论知识的掌握是否意味着教育对象的成长？是否意味着教育对象从内心认同、接受了那些确定的、永恒的"真理"？思想政治理论课作为人文教育的课程，情感无疑是极其重要的教学资源，如列宁所言："没有'人的感情'，就从来没有也不可能有人对真理的追求。"①教育对象深刻的、丰富的情感经历、心灵体验是促成他们思想政治素质和道德修养提升不可或缺的关键因素。如果只有概念构建、理论演绎和逻辑推理的教学过程，那么培育的就是"知识人""理性人"，而不是一个有信仰、有坚守的人。

例如，大学生法律教育的有效性问题就值得关注。法律教育是高校思想政治理论课的重要内容，案例教学是法律教育最常用的手段。然而，如何在法律教育中通过案例教学引导大学生成为信仰法律、尊重法律、服从法律和维护法律的公民，却是一个亟须反思的问题。以真实的司法案例组织教学内容，无疑有助于增强课堂教学的吸引力与说服力。然而，如果司法案例只是教师生动展开法理阐释的载体，案例教学只是为让学生感受法律公正、熟悉法律条文和司法程序，那么，司法案例教学内容的组织必然受线性的因果逻辑驱动，事件—结果—裁决就是法律教育案例教学的标准路径。案例背后的故事，当事人或关联者人生命运变化历程都没有在课堂中得到呈现，他（她）只是作为千篇一律的"当事人"而存在。然而，要培养学生对法律的信仰，课堂的法律教育倘若只是简化为线性的因果逻辑，教学过程没有让学生从当事人或关联者整体的生活过程中感受法律、认识法律，而只是在理性博弈、利益算计的情境中占有了法律知识，何来法律信仰的有力生成？简言之，基于司法案例的法律教育如果不能充分激发教育对象内心的情感触动，不能有力引导他们去审视法律事件对人生价值、生活意义的深刻影响，法律教育的有效性就难以真正得到提升。

---

① 列宁全集：第 20 卷[M]. 北京：人民教育出版社，1958.

（三）抽象主义要素论的教学过程及其实践反思

在抽象主义看来，知识是对差异性、特殊性的消解，知识就是一个确定的、不变的事物本质的规定。知识所反映的或言说的必然具有普遍性、同一性，如果一个能够被称之为知识的东西就一定具有无可置疑的普适性。简言之，从一切本来复杂多样的事物中提炼出共有的、本质的规律或原则，认识的任务便大功告成了。对于教师而言，教学过程无非是知识的运用，是把我们所熟知的教学方法、教学内容组织实施到课堂中来。同时，一切实体都是自足的、自存的，事物之所以是其所是，与周围环境、其他事物没有任何关系，而是事物作为实体存在的应然。事物之间的关系，是一种与本质无关的作用关系，不是谁改变了谁，而是谁占有了谁、谁支配了谁、谁征服了谁。基于实体的自足自存，抽象主义视域下的教学过程，"教师"的在场是天然的，作为学习者的"学生"也从来没有缺席。然而，对课堂教学生活的反思可以使人认识到，由真实的课堂教学生活所建构起来的景象有着太多的混沌、模糊和不确定性。倘若对教学的创新变革无视教学过程中这一客观存在的混沌、模糊和不确定性，主观地视教师、学生以及师生关系为实体存在，教学的创新变革就难以在实践中获得真正的突破。

例如高校思想政治理论课所热衷的探究教学改革，就遭遇如何才能在教学实践中落地的现实难题。无疑，有效的课堂教学过程应充分体现教师主导性和学生主体性的统一。探究学习之所以是一种有效的教学方法，在于通过学生的自主探究能够充分激发教育对象的学习主体性，变"要我学"为"我要学"，自我教育得以生成。然而，高校思想政治理论课的探究教学改革似乎并不那么成功。很多学生的探究学习是浅层次的、应付式的，教师想要"翻转"的课堂并没有真正的"翻转"过来。究其根本，教育对象课程学习的主体性不会因为教师设置了探究学习的任务,成立了一个探究学习小组就会自动生成。因为"学习者"从来都不是一个"天然"的存在,作为一个个鲜活的生命个体,学习对于教育对象而言,只是众多有待选择的一种需要而已,仅此而已。所以,以为设置了探究学习的项目,学生就能把课堂"翻转"过来,往往给教师带来的是失望而不是惊喜,是挫败而不是成功。进一步,以为设置了探究学习的项目,学生就能把课堂"翻转"过来,实质就是抽象主义的思维方式。简言之,把教育对象简单等同于学习者,进而视"学习者"为一种"天然自在"的不会缺席的对象,这必然导致探究教学的表面化、形式化。基于"学习者"从来都不是一个先天自足的存在,探究教学的成败究其根本在于"学习者"能否有力生成。因此,教学内容是否能够激发学生的兴趣,探究问题是否在学生学习能力的"最近发展区"内,都是探究学习能否有效生成的关键。同时,探究学习的形式是否多样化,如课堂讨论不会是所有学生都乐意或者擅长的学习方法。对个体而言,有效学习的差异性是否得到了充分尊重,也是影响探究教学的关键因素。总之,离开了"学习者"的有力生成,就难以实现探究教学的创新变革。

第二节 有机课程观理论构建

伴随学校教育的漫长发展,各种各样的课程观念轮番登场。从历史维度看,课程观的发展嬗变总体上经历了古代课程观、现代课程观和后现代课程观三个历史形态。古代课程观、现代课程观是传统的课程观,从传统课程观向后现代课程观的转变曾经被视为教育教学改革的希望。然而,当后现代的殿堂"一地鸡毛"

的时候，这样的希望似乎越来越经不起实践的检验。反思实践，历史久远的四书五经、八股文章的学堂被现代学科课程所占领的学校所取代，而如今先进的多媒体技术得以在课堂教学中充分运用，传统课堂教学的"一言堂"变成了今天的"主体学习""快乐学习"，教育者的课程价值理念、课程思维方式是否发生了根本性的转变，对这个问题的回答无疑需要谨慎的态度。

没有课程观念的变革就不会产生课堂教学的真正改变，而有了哲学基础的变更才会有课程观念的深刻变革。"不管是传统课程观，还是后现代课程观，它们都有一个共同的、难以克服的弊病，这就是建立在二元对立思维和实体观的基础之上，采取排他性而非关系性的主观主义价值取向，将原本连续、关联、互嵌、共创的关系扭曲成了间断、割裂、排斥、竞争的关系。"①可见，基于实体哲学对本体论、方法论、认识论根深蒂固的影响，从古代到现代再到时髦的后现代，课程观念的变革只有在超越实体哲学的意义上才能真正实现。而如朱小曼所言："怀特海的哲学思想是所有外来哲学思想中离中国的课程改革主旨，也与我们中国深厚的传统文化意识最为契合的一朵浪花，或者说一种最可借鉴的思维方式。"因此，从课程变革的主旨出发梳理怀特海的过程哲学思想，以过程哲学为理论基础构建有机课程观，探讨有机课程观的教学过程及其实践变革，是着力推动高校思想政治理论课教学实践领域创新的必然。

一、怀特海过程哲学基本思想

怀特海（Alfred North Whitehead, 1861—1947），著名哲学家，过程哲学（philosophy of process，也称有机哲学）流派创始人。怀

---

① 张晓瑜. 有机课程观研究[M]. 北京：中国社会科学出版社，2016.

特海学识渊博，是至今为止极为少见的在多个学科（横跨自然学科和人文学科，集数学家、逻辑学家、哲学家、教育家、社会学家等于一身）颇有建树的大师级人物。就哲学思想而言，《过程与实在：宇宙论研究》一书是其哲学思想精华的集合。格里芬（David Griffin）认为这一著作是"最近两个世纪以来最重要的哲学著作之一"，也是"历来最为复杂并最富创见的哲学论著之一"。而在怀特海看来，《科学与现代世界》《过程与实在：宇宙论研究》《观念的冒险》这三本著作是相互补充的，但每本著作都可以分开来读。因此，对怀特海过程哲学思想的解读将重点参考《过程与实在：宇宙论研究》，并吸纳怀特海的其他著作以及过程哲学后续研究者的思想智慧。同时，以过程课程观的理论构建为出发点，怀特海过程哲学思想的解读拟以本体论、方法论、认识论为线索展开。

（一）过程哲学本体论

《过程与实在：宇宙论研究》的副标题是"宇宙论研究"。在怀特海看来，"什么是真实的世界"即宇宙论要探求的问题。过程哲学坚持过程就是实在，实在就是过程。宇宙是由一个各种现实存在相互作用、相互影响、相互摄入而不断生成的过程。怀特海认为："根据本体论原理，世界上的任何事物都不会是无中生有、空穴来风。现实世界中的任何事物都可从现实存在中找到原因。它要么是从过去的现实存在转化而来，要么是它属于其合生的那种现实存在的主体性目的。"[①]因此，无论是以实体性形式存在的东西（如河流、山川等），还是以非实体性存在的东西（如信息、思想等），只有处于不断生成的现实过程中，它们才是真正的、实

[①] 怀特海. 过程与实在：宇宙论研究[M]. 修订版. 杨富斌，译. 北京：中国人民大学出版社，2013.

在的存在。简言之，自然、社会和思维乃至整个宇宙，是有机生命体，处于永恒的创造和进化过程当中，表现为生生不息的活动过程。因此，怀特海认为："现实存在的'存在'是由其'生成'所构成的。这就是'过程原理'。"①

可见，怀特海的实在论是不同于实体实在论的过程实在论，也可称之为有机实在论。实在生成于过程，实在进化于过程，过程才是实在。构成世界的最终的实在事物，既不是柏拉图所言的"理念"（现实世界的一切不过是理念世界的影子），也不是原子、单子，也不是笛卡尔所说的"物质实体"和"精神实体"，当然也不是黑格尔的"绝对观念"或者"绝对理念"。构成世界的最终的实在事物是现实存在。"'现实存在'——亦称'现实发生'——是构成世界的最终的实在事物，在这些现实存在的背后再也找不到任何更为实在的事物了"②，而"现实存在的本质仅仅在于这样一个事实：它是一种正在摄入的事物"。如果说现实存在与其他事项有完全确定的联系，这种确定的联系便是它对那个事项的摄入。而无论是肯定性的摄入还是否定性的摄入，无论物质性的摄入还是概念性的摄入，现实存在必然是现实生成。从微观来说，万物是通过当前的现实存在对先前的现实存在的摄入而形成。从宏观来说，诸多现实存在的合生形成聚合体，"聚合体是各种现实存在的集合，这些现实存在由于相互摄入而构成关系的统一体，或者——反过来说也一样——由于它们的相互客体化而构成关系性的统一体"。③综上，过程实在论同传统的实体实在论有着明显的

---

① 怀特海. 过程与实在：宇宙论研究[M]. 修订版. 杨富斌，译. 北京：中国人民大学出版社，2013.
② 怀特海. 过程与实在：宇宙论研究[M]. 修订版. 杨富斌，译. 北京：中国人民大学出版社，2013.
③ 怀特海. 过程与实在：宇宙论研究[M]. 修订版. 杨富斌，译. 北京：中国人民大学出版社，2013.

和本质的区别，它所蕴含的关系生成和过程发展理念，同传统的实体实在论所蕴含的静止不变理念是针锋相对的。过程哲学的本体论思想可以简单归纳为以下三点：

第一，现实世界是一个过程，过程就是各种现实存在的生成。因此，现实存在都是创造物，也可称为"现实发生"。一个现实存在的生成一方面需要通过物质性摄入，即吸纳先前现实存在的客体性材料；另一方面也需要通过概念性摄入来创新自己的存在形式。

第二，现实世界中的各种现实存在都不是孤立的，而是内在联系的。任何现实存在本质上都是关系性中的存在，只有在特定和具体的关系中，它才能是其所是或其所不是。

第三，任何现实存在都是一个能动的主体，既有自己的主体性形式，也有自己的主体性目的。现实存在是积极主动的存在。现实存在与现实存在的关系，是"主体间关系"或"主体际关系"。

（二）过程哲学方法论

与传统实体哲学相比，过程哲学对现实存在的认识，不仅注重形态学角度的分析，而且还特别重视对现实存在的发生学考察。传统实体哲学的根本缺陷就是缺失了对现实存在的发生学把握。自存自足的实体观，无论是物质实体、精神实体，还是场域系统，构建起的是孤立的、静止的和片面的方法论。就过程而言，实体哲学视域中的过程是现实存在自我运动、自我发展的过程，而不是现实生成的过程；就关系而言，实体哲学视域中的现实存在的关系只是外在的相互作用、相互支配的物理关系，现实存在是其所是或其所不是的关系生成属性，即现实存在的内在关系性并没有得到承认。基于过程哲学所主张的过程性和关系性，任何现实存在就本体论而言都不能脱离具体的生成过程和内在关联。过程哲学方法论可以简述为以下三个方面：

1. 以过程分析代替形态分析

实在生成于过程，过程才是现实存在的生成，现实存在都是创造物。过程哲学所坚持的过程实在论意味着"创造性"成为该哲学的根本原则，"实体—属性"概念对于过程哲学而言是不能理解的和接受的，而创造性存在于事物的性质之中，是新生事物的本原，一个现实发生便是一种新的存在。因此，面对宇宙及其过程，过程哲学的基本方法是以流变和生成为基本特征的动力学方法，而不是静态的形态学描述方法。如怀特海所言："过程哲学体系所要寻求保持的内在一致性正是要发现，任何一种现实存在的过程或者合生都将会涉及其自身组成成分之中的其他现实存在。这样一来，世界的明显的协同性就会得到合理的说明。"①概言之，世界是流变的，万物都是一个不断生成的过程。坚持生成流变的过程分析，一个人不可能两次踏进同一条河流，同样，一个思想者不可能进行两次同样的思考。

2. 以关系分析代替要素分析

在怀特海看来，"过程"具有双重含义。作为时间性的变化，过程是同一现实存在的合生过程和不同现实存在的转化过程。作为关联性的活动，现实存在的合生或转变，都会涉及各种各样的现实事态。现实事态简单而言就是由许多感受相互关联所形成的机体，它影响着从事摄入的"主体"的价值选择、喜好等主体性形式，决定着现实存在的生成转化。所以，现实存在的生成转化过程实质就是与其他存在物的关联过程。"联系性是属于一切类型的一切事物的本质"②，简言之，联系性是宇宙中所有现实存在内在固有的一种本质。如果抽掉联系性，必然会取消在客观事实中

---

① 怀特海. 过程与实在：宇宙论研究[M]. 修订版. 杨富斌，译. 北京：中国人民大学出版社，2013.

② 怀特海. 思维方式[M]. 刘放桐，译. 北京：商务印书馆，2004.

的一个本质性因素，因为"关于单纯事实的概念是抽象理智的成果……任何一个事实都不仅仅是它本身"。①

综上所述，关系性是宇宙中所有现实事物内在固有的一种本质。就每一具体的现实存在而言，关系是其自身固有的，正是这样的或那样的与其他现实存在的关系才使得现实存在是其所是。因此，任何现实存在必然是一定现实关系中的存在，如果脱离具体的特定关系，现实存在的性质就会发生改变。对现实存在的认识，实际上就是要认识这种现实的关系。一切认识本质上都是对现实存在关系的认识。对单个现实存在的任何考虑，必然要意识到这一现实存在所必不可少的环境。脱离现实关系不可能真正认识现实存在，对现实存在的把握只能是抽象理智的成果。必须清楚的是，现实存在的各种关系，其重要性是不同等级的。如果把具体的现实存在的各种关系视为一个场域，意味着无数的细节就会产生无数的结果。对现实存在生成转化的认识必然是从有限的视角来认识无限。

3. 以思辨分析代替实证分析

过程哲学是形而上学，是奠基于现代科学之上的形而上学思辨哲学体系。在《过程与实在：宇宙论研究》中，怀特海明确指出，过程哲学的目的就是要构建一种思辨哲学体系。思辨方法与实证方法一样，都是产生重要知识的方法。自然科学需要思辨方法，因为从有限的事实、观察中概括出具有普遍性的科学定律，一定需要科学实证方法之外的思辨方法。然而，在作为数学家、逻辑学家和半个物理学家的怀特海看来，思辨分析绝不是一种自我幻想或理念推理的历程，"真正的发现方法宛如飞机的航行，它从特殊的观察基地起飞，继而在想象性概括的稀薄空气中翱翔，

---

① 怀特海. 思维方式[M]. 刘放桐，译. 北京：商务印书馆，2004.

最后降落在由理性的解释使之更为敏锐的新观察基地上"。①具体而言，怀特海所强调的思辨分析有如下要求：第一，真正的发现方法必须从特殊的或者具体的经验事实出发。过程哲学与实证科学一样，必须建立在可靠的基础即经验事实之上。第二，要在观察和经验事实基础上通过想象和思辨进行理性的抽象和概括，即"首要的要求便是通过概括的方法来进行"。②第三，在做出初步的抽象概括之后，还需要进一步对抽象的概念、范畴和命题进行深度的理论演绎，逐步形成系统的、内在一致的理论体系。第四，经过想象性的思辨和逻辑的理论演绎所得到的结论，还必须回到坚实的经验大地上接受实践的检验。

（三）过程哲学认识论

1. 坚持任何事物在本质上都是可以认识的

怀特海对康德的不可知论进行了解构，指出康德哲学"赋予每一现实存在以两个世界，一个是纯粹的表象世界，另一个则是充满了终极实体事实的世界"③的两个世界的区分，是康德不可知论的本体论根源。在过程哲学看来，现实世界既是现象的，也是实在的，实在世界与现象世界是同一现实世界的两个方面。现实存在的生成过程，现象与实在都不可缺失。没有纯粹的表象世界或实体世界。而笛卡尔的实体学说，把实体区分为物质实体和精神实体，对于认识论也会导致无法克服的困难。因为从实体本体论出发，现实世界是物质实体与精神实体的构成，物质实体与精神实体有没有联系、如何联系或发生相互作用的问题就会成为一

---

① 怀特海. 过程与实在：宇宙论研究[M]. 修订版. 杨富斌，译. 北京：中国人民大学出版社，2013.
② 怀特海. 过程与实在：宇宙论研究[M]. 修订版. 杨富斌，译. 北京：中国人民大学出版社，2013.
③ 怀特海. 过程与实在：宇宙论研究[M]. 修订版. 杨富斌，译. 北京：中国人民大学出版社，2013.

个非常难以解释的问题。然而，过程哲学认识论从根本上反对以实体主义为前提的认识论。在过程哲学看来，既不存在所谓的物质实体也没有不可知的精神实体，现实存在都是关系性的存在，对所谓"实体"的认识，只能也只需要从它们所处的关系场中去认识它们。

2. 认识的可能性依赖于事物间的联系

根据过程哲学，任何事实都是关系中的事实，是生成过程中的事实，世界上"根本不存在任何漂浮在虚无之中的自足的事实"。①对事实认识的可能性只能依赖于事物间相互联系的本性。只有对现实世界的本体把握和对终极体系的总体把握，才能真正认识和把握当下有限的世界。如果把经验事实从关系系统和动态系统中孤立出来进行静态的描述，描述与真实事实的偏离就不可避免。同样，对于所谓的客观事实都会有自己的主观解释，"谁要坚持让事实本身说话，那就无异于让石头自己写传记"。②

概言之，对复杂的现实世界认识之所以是可能的，就在于现实世界的各种现实事物是相互联系的，事物相互联系的本性是使认识成为可能的本体根源。如怀特海所言："存在的联系性所涉及的是理解的本质。"理解归根到底是对现实存在的联系性的理解。如果现实存在之间根本没有联系，人们对世界的理解就是不可能的。所以，无论是对自然界的认识还是对他人、对社会的认识，把握认识主体与认识对象相互作用、相互影响和相互制约的关系，应成为认识的首要论题。

---

① 怀特海. 过程与实在：宇宙论研究[M]. 修订版. 杨富斌，译. 北京：中国人民大学出版社，2013.
② 杨富斌，杰伊·麦克丹尼尔. 怀特海过程哲学研究[M]. 北京：中国人民大学出版社，2018.

3. 认识活动具有不可重复性和创造性

过程就是实在，实在就是过程。根据过程哲学的本体论，世界上的任何现实存在都不可能完全出现两次。从认识活动看，无论是认识活动主体的人还是认识活动对象，都处于不断生成流变的过程当中。"一个人不可能两次踏进同一条河流"，同理，"一个思想者不可能进行两次同样的思考""一个主体不可能有两次同样的经验"。①怀特海既坚持了古代哲学的客体流变思想，又开辟了主体流变的思想。基于过程哲学的本体视域，整个世界都是流变的，都是一个不断生成的过程。任何现实存在离开生成过程都不可能存在。因此，认识主体或认识客体，都不会是现实认识活动之前就已经存在的，现实的认识主体和客体都是在现实活动之中生成。只有通过主体现实的认识活动，才能具体生成现实的认识主体和客体。"我"成为"我自己"的过程，就是"我"从"我"拥有的那一部分世界生成的过程。②一句话，"我思故我在"，思想活动创造了思想者，而不是思想者创造了思想活动。

基于认识活动的不可重复性和创造性，可以肯定的是，没有抽象的认识主体或认识客体。既要看到现实的认识主体并不是事先存在的，而是在认识活动过程中生成的，也要看到认识对象也不是预先存在的。没有认识主体能动性的认识和实践活动，认识对象对主体而言实际上就不存在，所谓的认识主体也不存在。正如马克思主义的认识论所强调的那样，要从实践方面和主体方面去理解"对象、现实、感性"。认识不是消极的反映，而是能动的、革命的反映。正是实践的、能动的认识过程才有了认识主体、认

---

① 怀特海. 过程与实在：宇宙论研究[M]. 修订版. 杨富斌, 译. 北京：中国人民大学出版社, 2013.
② 怀特海. 过程与实在：宇宙论研究[M]. 修订版. 杨富斌, 译. 北京：中国人民大学出版社, 2013.

识对象的生成。

二、有机课程观的理论构建

（一）有机课程价值观

论及课程价值观，面对不同主体需要的满足，历史上主要有社会本位论、个体本位论、工具理性论、有机和谐论四种不同的课程价值取向。

1. 社会本位论课程价值取向

所谓社会本位论，就是社会本位主义，简单地说就是以他人、集体、国家和民族利益为重的理论和学说。课程价值的社会本位，强调课程要以社会对个人的要求来设计，课程价值就是社会需要的满足。社会本位论历史悠久，如古希腊斯巴达所推行的军事至上的教育就是典型的社会本位。欧洲中世纪以宗教神权取代世俗政权对教育的统治，则是另一种社会本位。中国古代教育的科举制度以及由科举制度所生成的空间仪式无疑也是对社会本位的深刻阐释。至今，社会本位的课程价值取向依然深得人心。如孔德所言："真正的个人是不存在的，只有人类才存在，因为不管从哪一方面看，我们个人的一切发展，都有赖于社会。"[①]也如涂尔干所说："教育就是使年轻一代系统地社会化的过程。"[②]在当代，社会重建主义教育思想为社会本位的课程价值取向赋予了新的内涵。

重建主义教育认为自己是进步主义教育的真正继承者，在社会重建主义者看来，教育的目的在于推动社会的变化，设计并实现理想的社会。教育是变革社会的主要工具。学校是社会变革的

---

① 吴俊升. 教育哲学大纲[M]. 福州：福建教育出版社，2011.
② 瞿葆奎，陈桂生，丁证霖，等. 教育学文集：教育与社会发展[M]. 北京：人民教育出版社，2011.

主要场所。课程内容应以社会问题为中心,在教学中学生和教师都应以现实的并与每一个人切身相关的问题为起点,共同探讨解决的策略。毫无疑问,社会重建主义教育者对学校的作用有着浪漫主义的幻想。但是,以推动社会变革为目的的课程价值取向无疑具有进步的意义。如其代表人物康茨所言:"如果进步主义教育是真正进步的,它必须从这一阶层的影响中解放出来,直接地、勇敢地面对每一个社会问题,着手应对生活中各种赤裸裸的社会现实。"①

2. 个体本位论课程价值取向

自古希腊以来的趋向于个体本位的和谐教育由来已久,文艺复兴对人性、人道的主张更是有力地催生了教育个体主义。18世纪,启蒙运动的开展使得重视儿童天性的自然主义教育受到重视。在卢梭看来,教育必须顺应人的本性,顺乎自然地去教育。"必须把人当人看,把儿童当儿童看",简言之,教育要适应自然,要符合儿童的年龄特征。要教儿童真正有用的知识和真实的知识,对于要求儿童学习古典书籍的教育,卢梭极为否定:"请你们牢记,我们的教育方法的要旨是不要向儿童传授多量的知识,而应该永远使他们不产生错误、混乱的观念。如果他们没有错误的知识,即使他们一无所知,那么我也会毫不介意的。我们所致力的是叫他熟悉真理,以保证必要时能够抵制错误。"②显然,自然主义教育思想的个体本位,本质上是价值实现的个体本位而不是价值目的的个体本位。卢梭并不反对教育的社会意义,更直接地说,卢梭尊重天性、培养自然人的教育主张就是为了反对封建主义对人的毒害,就是为了培养封建社会的叛逆者。

---

① 陈晓端,郝文武. 西方教育哲学流派课程与教学思想[M]. 北京:中国轻工业出版社,2008.

② 单中惠. 外国教育思想史[M]. 北京:高等教育出版社,2006.

时至今日，个体本位的课程价值取向或隐或显地成为了现代教育思想不可缺失的"标签"。简言之，对于不关注个体价值的教育思想，今天的人们很难认同与接受。例如，存在主义教育思想无不体现着对个体价值的肯定和学生主体性的张扬。存在主义强调人的存在，认为存在先于本质，教育的目的是使学生认识到自己的存在，形成自己独特的生活方式，养成正确的生活态度。在存在主义看来，课程应该充分尊重学生的需要、兴趣和经验，反对以学科为中心的课程内容。在教学过程中，反对教师的专制和控制，提倡师生之间的交流与对话，教师的作用在于帮助学生自由地做出适合于他们自己的选择。依此，雅思贝尔斯给人们描绘了一幅美好的教育景象："所谓教育，不过是人与人的主体间灵肉的交流活动（尤其是老一代对年轻一代），包括知识内容的传授、生命内涵的领悟、意志行为的规范，并通过文化传递功能，将文化遗产教给年轻一代，使他们自由地生成，并启迪其自由天性。"①

3. 工具理性论课程价值取向

就教育作为推动社会发展与提升个体素养的有效手段而言，工具理性不仅无可厚非而且要大力推崇。正因为如此，才要发展教育、研究教育、改革教育。显然，工具理性论课程价值取向中的"工具理性"有其特定的内涵，是相对于价值理性、发展理性而言的工具理性，是指课程为科学主义所俘虏、为实用主义所支配的价值取向。

科学让人得以挺立，使人是其所是。无论是古希腊人为彰显自己的理性和尊严所展开的探究万物本源的活动，还是文艺复兴时期倡导理性自由反对神权压迫的思想，都表明了人文精神对科

---

① 陈晓端，郝文武. 西方教育哲学流派课程与教学思想[M]. 北京：中国轻工业出版社，2008.

学精神的孕育。正是基于对封建神权统治的反抗，才推动了人对客观世界的认知和改造，才有了科学的发展。然而，对科学的推崇，特别是工业革命所取得的成就使得人们开始坚信，科学所追求的普遍规律与真理是最有价值的，只有科学知识才是唯一真正可靠的知识。教育改变人的命运的可能根本在于通过教育学生掌握科学知识，而为了更好地适应现代工业文明乃至经济全球化，基于学科中心的课程设置、课程知识的标准化和国际化就是必然的。一旦教育沦落为经济的工具，教育只是为了学生的职业前途而存在，课程价值取向的工具理性就一定是高歌猛进。

4. 有机和谐论课程价值取向

反思现代教育在社会危机、生态危机和生存危机中所扮演的角色，确立与坚持有机和谐的课程价值取向就是过程课程观的重要内涵。简言之，社会危机、生态危机和生存危机根源于社会与个体的关系紧张、物质生存与精神生活的失衡，以及社会与自然的矛盾加剧。有机和谐的课程价值取向是有效地解决社会与个体紧张关系、人与自然矛盾加剧以及物质生存与精神生活失衡的必须。

有机和谐的课程价值取向强调社会与个体的相互包容、相互生成。基于过程哲学的本体论认为，世界万物的存在是关系的存在，而非实体的存在。就社会与个体的关系而言，有序和谐的社会必然需要文明的个体，个体的发展除了个性的自由还需要有序和谐的社会。社会与个体，其中任何一方都以另一方的存在和发展作为自己存在和发展的条件。基于有机和谐的课程价值取向，社会与个体在课程中的出现应该是共同体的在场，"个人的共同体"和"共同体的个人"的同场建构才能有效地消解社会与个体的紧张关系。

有机和谐的课程价值取向强调人与自然的和解，人对自然的敬畏。立足过程哲学的本体论视域，宇宙就是万物交织的共同体。人可以通过科学技术利用自然资源，但人也只是自然的一部分而不能凌驾于自然之上。人是万物的尺度，但不能改变一个简单的事实：人与自然共存于生物圈，人的心智和思考能力改变不了身体对自然的归属。有机和谐的课程价值取向，既在课程中肯定人对自然认知的勇气，鼓励人对自然奥秘的探寻，也有意推动人与自然的和解，培养人对自然的敬畏之心、爱护之情。"人的自然"与"自然的人"在课程中的相得益彰就能有效地消解人与自然的矛盾关系。

　　有机和谐的课程价值取向强调科学与人文的统一。人文精神孕育科学精神，科学精神夯实人文精神，人文与科学有着深刻的一致性和密切的联系。当人们把科学知识视为真正唯一可靠有用的知识，人文知识只是主观的、非理性的、无用的知识的时候，科学与人文就走向了对立，价值理性就已经被工具理性所代替。在学校教育的课程内容中，科学知识无疑占据了绝对的主导地位；而课程目的，当然是以培养科学技术的人才为根本。然而，生活问题的解决不意味着生命意义的澄明。人的精神家园的荒芜，生命意义的无处安放，一方面使科技越来越强的现代社会为"丛林时代"所占据，另一方面让人"穷得只剩下钱"。基于过程哲学的关系本体论，人是物质的"我"与精神的"我"、自然的"我"与社会的"我"的有机统一体，当代人的生存危机根源在于：科学与人文的对立所导致的作为有机整体的人的分裂。面对当代人所遭遇的生存危机，有机和谐的课程价值取向强调，成为人的教育应是科学与人文的融合，即在课程中努力实现人文与科学的相互贯通、相融相生。

　　综上所述，不能将有机和谐课程价值取向简单地看作对社会本位、个体本位、工具理性的取代，社会本位、个体本位、工具理性所形成的时代背景在很大程度上与今天乃至明天都还有着密切关联，其时代的合理性需要认真地批判性吸纳。有机和谐课程价值取向之所以应成为未来教育的坚持，根本在于它立足于社会与个体、人与自然、科学与人文的关系整体，从关系性的存在理解人类社会，着力于建设社会与个体包容、人与自然和谐、科学与人文相融的美好生活。

就思想政治理论课而言，构建有机和谐的课程价值取向是坚持马克思主义理论指导思想政治教育的必然要求。马克思指出，人的本质是一切社会关系的总和。个体价值的实现必须在社会实践中才有可能。思想政治理论课的社会价值和个体价值是内在统一的。一方面，和谐的社会生活需要每一个社会成员对普遍规则秩序的遵守。可见，公共知识、公共规则与伦理秩序的教育不可缺失。另一方面，中华民族伟大复兴是我们每一个个体充分实现人生梦想的最为重要的前提。只有社会主义才能救中国，只有中国特色社会主义才能发展中国，对中国特色社会主义道路、中国特色社会主义理论体系、中国特色社会主义制度、中国特色社会主义文化高度认同、高度自信，坚持中国道路、弘扬中国精神、凝聚中国力量，才能为实现中华民族伟大复兴的中国梦提供强大精神动力。这既能实现国家政治稳定，也与每一个个体的现实利益密切相关。简言之，如亚里士多德所言，人是政治的动物，公民的政治社会化固然是国家统治阶级的需要，也是公民个体生存的需要。在中国，爱国与爱社会主义、爱党的一致性决定了政治社会化与个体充分实现人生价值是有机统一的。

马克思还指出，社会生活在本质上是实践的。正是通过实践，发展了一定的生产力，随之同时形成了一定的生产关系，进而以此为基础构建起了复杂的社会关系。社会关系的基础是生产关系，生产关系的核心是利益关系。由此，社会关系诉求的是价值理性，而生产力需要解决的问题则是工具理性。社会历史的发展既是价值理性不断提升变革的过程，也是工具理性不断彰显增强的过程。同时，基于人文精神对科学精神的孕育、科学精神对人文精神的推动的社会历史，人类的历史是人文精神与科学精神交织发展的历程。思想政治理论课要更有效地培养社会主义建设者和接班人，就应努力推动当代大学生价值理性与工具理性的和谐发展。一方面，要使当代大学生增强"四个意识"、坚定"四个自信"、做到"两个维护"；另一方面，要着力于培养当代大学生运用马克思主义立场、观点和方法分析社会问题、参与社会实践的能力，既要使当代大学生面对各种社会舆论、社会思潮，真正成为一个有思想、能判断、善辨别的人，也要在课堂教学和实践教学中，注重引导教育对象运用马克思主义的立场、观点、方法，对本专业新业态的发展有一个从历史到现状、从现象到本质的认知洞察，通过思想政治理论课提升大学生的社会实践能力。概言之，构建有机和谐课程价值取向，实现思想政治教育社会价值与个体价值的相得益彰，推动教育对象价值理性与工具理性、人文精神与科学精神的和谐共生是新时代办好思想政治理论课的内在要求。

（二）有机课程知识观

对已有课程知识观进行简单划分，主要有客观主义知识观、主观主义知识观、有机课程知识观。不同的课程知识观有着不同的哲学基底，秉持不同课程知识观的教师对课程内容、教学方法的理解和选择有着明显的差异性。

1. 客观主义知识观

西方哲学史在某种程度上就是对客观性知识追求的历史。如苏格拉底认为"概念的知识是唯一真实的知识"，而柏拉图则明确地提出："知识是思想同实在或存在的一致性，它必须有一个对象。因此，如果观念和概念要有作为知识的价值的话，某种实在的东西必然同它相符合。"①后来，亚里士多德则认为："只有具有最高层次的普遍知识的人，才必然通晓一切。因为，他以某种方式知道了事物背后的全部依据。"②到了近代，随着科学技术的发展、工业文明的迅猛突进，知识的确定性、客观性成了无可置疑的信念。什么样的知识才能成为知识，成为真正有用的知识，必须是也只能是具有客观性、唯一性、确定性的现代知识，感性的、个体的知识是非本质的、非本真的知识，应当尽可能拒绝。因此，教育需要解决的问题是如何让学生占有实证的、客观的、确定的、普遍的知识，教师如何向学生灌输这些知识。永恒主义课程与教学思想突出反映了客观知识论的价值旨趣。

就课程内容而言，永恒主义者认为，我们所生活的世界是一个真实得到的世界，是永恒不变的，是一个可以被人认识和理解的理智世界。知识就存在于这永恒不变的理智世界中，是绝对的、普遍的真理。就教育的目的而言，教育应当着力发展人的理智能力，去适应真理性的知识。只要人的理智能力得到一定程度的发展，他就能认识世界的本质，即共性的真理性知识。如郝钦斯所认为的那样，"教育的一个目的是要引出我们人类天性中共同的要素，这些要素在任何时间或任何地方都是相同的"。③就教学形式而言，既然学习是要获取那些永恒的、普遍的知识，要重视以占有普遍真理为目的的理智训练，以教师为中心，注重教师的真理权威，强调教师的课堂讲授和指导就是必然。概言之，永恒主义者的教育图景就是在教师权威和严厉管教之下，通过理智训练使学生占有那些普遍性真理的知识。

---

① 梯利，伍德. 西方哲学史：增补修订版[M]. 葛力，译. 北京：商务印书馆，1995.
② 亚里士多德. 形而上学[M]. 苗力田，译. 北京：中国人民大学出版社，2003.
③ 王承绪，赵祥麟. 西方现代教育论著选[M]. 北京：人民教育出版社，2001.

2. 主观主义知识观

主观主义知识观并非现代产物,而是与客观主义知识观有同样悠久的历史。古希腊的诡辩学家主张:"所有知识都是来自个人的经验,而每个人对事物的感受不同,因此知识仅仅是相对于个人而言的,没有绝对意义的知识。"①从诡辩学家对知识的看法可以总结三点:一是知识源于经验;二是经验感受不同,知识也不同;三是没有绝对意义的、普遍真理性的知识。概言之,知识是主观的、因人而异的,知识的基础是不确定性的经验。到了近代,休谟则把知识的基础归结为人的自然本性,认为正是人的"习惯"和"联想"构成了知识。康德则进一步从认识主体的主观能动性去阐释知识的形成,他认为:"只有在自我意识能够把所有表象综合为统一体的情况下,我才能意识到这些表象都是我的。"简单地说,知识的获得只有在主体主动建构之下才能实现。

综上所述,主观主义知识观在知识的获得上强调直接经验、自主学习,也更关注个体知识的价值。主观主义知识观对知识的情境性、个体性、参与性、流动性的强调,在后现代主义的课程与教学思想中得到了充分体现。简单而言,放弃现代主义表象式的知识观,以建构式知识观取而代之是后现代主义知识观演变的主流。后现代主义者对知识进行了双重解构:一是将知识还原为"意义开放"的文本,将知识和其主体——学习者紧密结合起来,即认为不同的学习者以自己对知识的"前理解""先见""偏见"为基础,对文本意义进行创造性的理解。二是把知识还原为"某些人的知识"。②课程知识应反映不同阶层、不同地方的文化。立足境遇性、主观性、流动性的知识观,后现代主义者认为教学应

---

① 郭强. 现代知识社会学[M]. 北京:中国社会出版社,2000.
② 麦克·扬. 教育社会学中的知识与课程[J]. 周志平,岳欣云,译. 华东师范大学学报(教育科学版),2002(3):36-43.

是围绕文本的对话和交流，教育的目的应是培养具有丰富个性和创新能力的个体。但是，片面夸大知识的主观性、相对性和情境性，是否容易导致知识的主观主义和相对主义？强调个体知识的价值，以个体意义置于公共知识之上，社会公共知识的边缘化是否容易导致价值多元对统一性的消解？以什么样的课程知识观来引领课程教学，这是一个极为重要的问题。

3. 有机课程知识观

后现代主义者对个体意义的尊崇，对相对性、不确定性的张扬给教育领域带来的消极影响毋庸赘言。所以，"现代之后是后现代，工业文明之后是生态文明，生态文明与后现代就是同一个话题"的说法值得怀疑。去中心化，强调多样性和不确定性固然有其深刻的道理，然而，建设生态文明不仅要去人类中心，不仅要承认特殊性、多样性、不确定性，也要充分重视普遍性、平衡性、因果性。简言之，生态文明应该是与建设性后现代主义有着高度一致的哲理意蕴。基于生态文明的系统性所构建的知识观就是有机课程知识观。

生态文明的系统性可从过程哲学的相关性原理给予把握。怀特海指出："促使诸多存在进入每一种现实之中，成为一种实在的合生之中的要素的潜在性，是所有现实的和非现实的存在都具有的一种普遍的形而上学特征。宇宙中的每一项要素都与每一种合生相关联。换言之，潜在性属于'存在'的本质，因此对每一种'生成'来说，它都是一种潜在性。这就是相关性原理。"[①]对相关性原理的解读，大致可以从三个层面推进：一是每一种现实存在都会是其他现实存在合生的潜在要素；二是每一种现实存在都不

[①] 杨富斌，杰伊·麦克丹尼尔. 怀特海过程哲学研究[M]. 北京：中国人民大学出版社，2018.

是无中生有，而是前一种现实存在的潜能的转化；三是由现实存在所构成的万物内在相关、相互联系，共存于现实的宇宙过程之中。传统实体哲学中的孤立的实体，只是一种抽象概念而不可能是真实的存在。生态文明的系统性，从相关性原理看，消解的就是人类中心主义、技术中心主义，构建的是万物的共通共融共生。就知识观而言，个体性知识与普遍性知识都具有不可替代的价值，也不存在封闭的、纯粹的、各不相干的书本知识和实践经验，知识获得的过程也不会是纯粹的理性逻辑推理过程，还有个体独特性的生活体验、审美品味、价值理念、意志力的参与。因此，就教学过程而言，完整的认识活动是建立在主观情意系统、个体经验系统和客观知识系统互动基础之上的合力运动。就教育目的而言，既要肯定和培养丰富的个性，也要彰显公共知识、规则伦理的价值权威。概言之，有机课程知识观体现了知识与情境、个体与社会、理性与情感不可割裂的内在相关性，这与马克思主义的认识论达成了高度契合。在马克思看来，人的认识从来都不是一种镜像式的反映，而是一种内含能动性、情感性的知识创造活动。

一方面，纵览人类文明史，对自然知识的探索、对社会规律的认知，从来都没有缺失认识主体的价值立场、情感使命这些所谓的非理性因素的参与。就马克思本人而言，如果没有对工人阶级悲苦命运的同情，就不可能有对资本主义的无情批判和科学社会主义思想的形成。如列宁指出："没有人的情感，就从来没有也不可能有人对真理的追求。"非理性因素在认识中的重要作用对于高校思想政治理论课有着重要的指导意义，即思想政治理论课教学过程应重视对学生进行情感的激发，情感激发在教学设计中不是可有可无的部分。通过特定教学内容激发学生参与课堂学习的热情，增强学生爱国、爱党、爱社会主义的情怀，这是推动课堂教学有效实施不可或缺的动力。面对大学生在思想政治理论课隐性缺席的问题，情感激发的教学设计应贯彻到每一位教师对每一堂课的教学准备中。

另一方面，从发生论的角度看，实践是认识的唯一依据，个体的自然知识、社会认知来源于实践。主观主义知识论者肯定个体知识的重要性，在一定程度上肯定了个体实践对于知识建构的重要性。然而，肯定个体知识、个体实践绝不意味着可以忽视公共知识、社会实践的重要性。人的本质是其一切社会关系的总和，个体知识、个体实践的价值最终只能在公共知识、社会实践中获得承认。因此，知识应是个体与社会的统一、主观与客观相融合。对高校思想政治理论课而言，秉持个体与社会相统一、主观与客观相融生的生态知识观，才能有力推动思想政治教育的"入脑入心"。既要清楚思想政治教育"大道理"为什么要讲，更要明白"大道理"如何化解为"小故事"才能让学生"入脑入心"。肯定个体知识、个体实践对于思想政治理论课教学的意义在于，要充分重视学生已有的实践经历或者地方知识，要积极创造学生基于不同生活实践的讨论交流，要着力从更为宏大的社会实践引导学生经验知识、价值思想的再建构，从而在彰显个体主体性的基础上完成公共知识的再生产。因此，基于有机课程的生态知识观，尊重知识的个体性、主观性，承认知识的客观性、社会性，强调个体知识、情感态度在建构公共知识过程中的重要性，思想政治理论课的教学过程就会成为教育对象主观情意系统、个体经验系统和客观知识系统相互促进的过程。

（三）有机课程发展观

有机课程发展观强调课程的生成性。"生成"的概念既具有动态发展的认识论特征，又体现了万物都是过程性存在的本体论立场。简言之，"生成"是对"本质先定""一切既成"的本质主义思维和近代科学主义世界观的否定。①从过程原理看，就认识论而言，"生成"主要是指用动态发展的观点来看事物；就本体论而言，"生成"是指世间万物在本质上是一个过程性存在。第一，过程哲学认为，现实存在是什么，实际上是从直接的过去如何生成到现在的这个现实所决定的。现实存在如何生成，构成了该现实存在是什么。第二，现实存在的"存在"就是它的生成活动。现实存在的"存在"与"生成"相互关联，不可分割。事物的"存在"不是静态不变的结果，而是"生成"所构成的。第三，现实存在的"存在"实际上就是现实存在的"生成"。存在就是生成，凡是要成为现实的，就是要成为过程，过程的本质就是生成。任何现实存在，只要脱离这个生成的过程，就不再是现实的存在。作为现实存在的课程，就必然是生成的、过程的。要优化课程与教学，就必然要深入探究课程教学的现实活动过程。

生成还是预成，是两种不同的课程发展观，也是两种不同的课程思维方式。通常认为，"预成"代表的是传统的课程与教学思想，强调教学目标、课程内容、教学过程、教学方法的预设。当然"预成"也意味着教师对课程内容、教学组织、教学方法普遍有效性的预设。"生成"代表的是革新的课程思想与教学理念，生成性课程观关注教学过程与师生体验，包括课程内容生成、教学过程的不确定性。然而，课程是学校教育的主要途径和重要载体，预设教育的目的是课程存在的逻辑前提，没有目的的课程与没有过程的课程都是不存在的。课程的预成与课程的生成都是课程的本质属性，是课程不同阶段的侧重而已。在课程开发阶段和实施准备阶段，强调的是课程的预成性。在课程正式实施阶段，重视的是课程的生成性。实施过程就是课程生成，课程生成于过程。

---

① 李文阁. 生成性思维：现代哲学的思维方式[J]. 中国社会科学, 2000（6）：45-53.

关注过程的师生体验、师生关系和教学效能才能更有力地推动现实课程的优化。概言之,"从实践层面看,生成往往以预设为基础,是对预设的拓展与深化、修正与调节,预设和生成是一个完整的教学活动中不可分割的有机组成部分,预设里蕴含生成,生成中存在预设"。①而强调课程的生成性,主要有助于推动教学过程三个方面的转变:一是重塑价值,"要求从身体关怀、社会责任和精神自由等个体发展的不同需求出发,重新思考课程的主体性价值"。②二是开放文本,课程的生成性意味着"文本不是意义的容器,而是生成意义的开放框架"。教师与学生面对文本,不是简单再现,而是带着自己的"前见"与文本达成视界的融合,产生更为丰富的、深刻的意义。简言之,课程生成性的根本动力在于尊重教师与学生的视界和立场,赋予他们理解课程文本的主体地位,突破文本对人的束缚,从而在实践中生成和创建出更有价值的文本。三是基于重塑价值和开放文本,生成性课程就不仅仅是教育活动的中介和载体,更是成了师生不断超越自我、实现理想的舞台。通过课程文本的生成和创建,师生从课堂主体转化为课程主体,课程成为师生发挥创造精神、建构个性化经验的窗口;课程文本的开放性构建起师生之间、生生之间的视域融合,课程成为构筑和谐、实现多元共生、体验生命意义的场域。

理解和坚持课程的生成性是正确评价高校思想政治理论课教学价值的前提。如何才能正确评价教学价值?一方面,要正确区分课程价值预设和课程价值实现。课程作为学校教育最为重要的载体,教育的目的性决定了课程价值预设的客观必然。因此,预设性和生成性都是课程的重要属性。价值是价值客体对价值主

---

① 赵小雅. 课堂:如何让"预设"与"生成"共精彩[N]. 中国教育报, 2005-05-17.
② 张晓瑜. 有机课程观研究[M]. 北京:中国社会科学出版社, 2016.

体需要的满足。换言之，对需要的满足才能称之为价值，不能满足则是无价值。价值与价值实现指向的是同一个对象，即价值客体已经达成的对价值主体需要的满足。因此，价值就是价值实现，之所以提出"价值实现"这一概念，主要是为了区分价值预设或预设价值。价值评价，就是对价值客体满足价值主体需要的程度的判断。课程价值评价，就是对课程满足主体需要的程度的判断。另一方面，正确评价课程价值的关键是要深刻理解课程价值的生成性。"皮之不存，毛将焉附"，课程的生成性决定了课程价值的生成性、过程性。离开了具体的教学活动过程，课程价值就无从生成也不会存在。因此，基于课程的生成性视域，正确评价课程价值，需要立足具体的教学活动过程，从知识获得、情感培养和能力提升各维度对课程价值的生成进行分析。提升课程价值，根本的任务是要对教学价值生成的过程路径展开优化。

理解和坚持课程的生成性有助于推动高校思想政治理论课教材体系向教学体系的有效转变。教材体系向教学体系的转变不能简单等同于把教材变为演示文稿。教材体系转化为教学体系，首先意味着对学生学习体验的关怀。从被动学习转变为主动学习，课程文本从单一教材文本转变为多样性的更能吸引学生学习、容纳学生参与的文本，从而推动学生转变为"学习者"。没有学习者的课程不是现实存在的课程，没有学也就无所谓教。因此，课程生成实质就是学习者的生成。理解和坚持课程的生成性，必然要重视教材体系向教学体系的转变，以推动学习者的有效生成。简言之，课程生成性构建的是人本关怀的教学过程，遵循的不是学科而是学习者如何才能生成的逻辑路径。教材体系转化为教学体系，同时也意味着对学生成长经验的关照。基于课程的生成性，教材体系向教学体系的转变意味着课程文本成为意义开放的框架，意味着教材不再是课程文本本身，而是课程文本生成的重要线索或导引。概言之，课程生成性视域下的教学体系构建，实质是课程文本的创建和生成。思想政治理论课只有着力于引导教育对象的政治立场、价值观念、思想态度，关照学生的成长经验并使之成为课程文本的主要资源，才能更有力地推动学生对知识的主动建构、情感态度的自主养成。简言之，从课程文本的开放生成理解思想政治理论课教学体系的构建，关照学生成长经验、反映学生成长历程是一个非常重要的方面。因此，理解和坚持课程的生成性，就能深刻把握思想政治理论课教材体系向教学体系的有效转变，作为教师首先要有以学生为本的人文情怀。总之，教师是否足够关注学生的学习体验，是否高度肯定学生成长经验于课程文本生成的重要性，关系着教学体系构建的有效性。

理解和坚持课程的生成性有助于高校思想政治理论课构建共同成长的师生和谐关系。亲其师而信其道，师生关系的和谐有利于思想政治理论课教育教学目的的实现。如果把教学视为重要的生活交往，和谐的师生关系则关系到学生人格的健康成长。"一言堂"的课堂教学固然凸显了教师的话语中心地位，然而却无法增强教师对学生内在的说服力。另外，对教师话语中心地位的消极抵制或盲目服从会伤害学生主体性人格的健康发展。理解和坚持课程的生成性，教材只是课程文本的重要导引，教学不是对教材的言语化，而是由教材指引的课程生成。课程生成性意味着课程文本的开放性，课程文本的生成实质是多视域和异质体验的融合，师生彼此真诚敞开，聆听并分享成长经验。因此，生成性课程最终构建的是师生基于课程文本生成创新过程中的共同成长。概言之，理解和坚持课程生成性，强调课堂教学交往中师生主体间关系的建构，着眼于师生成长经验的相互吸纳，有助于高校思想政治理论课构建共同成长的师生和谐关系。

第三节 有机课程教学过程实践变革

通过有机课程观的理论构建，有机课程观的理论旨趣得以基本揭示。就课程价值取向而言，有机课程观着重强调的是社会价值与个体价值、科学精神与人文精神的融合共生；从课程知识观来说，有机课程观主张的是公共知识与个体知识的彼此吸纳、教学过程理性认知与情感态度的共同生成；就课程发展观而言，有机课程观主张师生对课程文本的创新生成和意义建构、课程生成与课程预设的有机统一。课程理念的革新只有落实到教学实践的变革，才能真正推动教育教学质量的提升。以有机课程观为指引，高校思想政治理论课教学过程的价值目的、教学内容的选择和教学问题的提出，无疑需要教师新的思考和行动。为关照教师有机课程观的教学实践建构，也为了丰富研究文本的阐释方式，本节的探讨采取教学案例研究的方式展开。

一、有机课程教学过程实践变革的案例研究

（一）教材分析

本书选取的教学案例是高校思想政治理论课教材《毛泽东思想和中国特色社会主义理论体系概论》[1]中第十章第一节"建设现代化经济体系"的第一小点"贯彻新发展理念"的课堂教学。面对全面建成小康社会决胜阶段复杂的国内外形势，面对经济社会发展的新趋势、新机遇、新矛盾和新挑战，党提出了五大新发展

---

[1] 本书编写组. 毛泽东思想和中国特色社会主义理论体系概论[M]. 2018 年版. 北京：高等教育出版社，2018.

理念。新发展理念是党关于发展理论的重大升华,是习近平新时代中国特色社会主义经济思想的主要内容。从"建设现代化经济体系"这一节的教学内容结构看,关于"新发展理念"的课堂教学具有基础性的作用。学生只有首先深刻理解了新发展理念,才能对后续内容"深化供给侧结构性改革"(以下简称"深化改革")、"建设现代化经济体系的主要任务"(以下简称"主要任务")展开更有效的学习。理解了新发展理念,才能更好地理解深化改革;理解了深化改革,才能对主要任务知其所以然。基于以上对教材的整体性分析,"贯彻新发展理念"是极为重要的教学环节。限于篇幅,此处仅对"创新发展理念"展开教学案例研究。

(二)学情分析

创新发展,发展创新,对于"00 后"大学生而言并不是什么"新道理",用一句当代大学生的话来说,创新之所以重要是因为当今世界唯一不变的是"变"。而在科技一日千里的时代,再加上新媒体生活的到来,作为教育对象的"00 后"大学生,他们更是无时无刻地在感受着时代的创新步伐和创新的时代脉动。创新的话题如何来得新鲜,创新发展理念的教学内容如何才能吸引学生,首先成为"贯彻新发展理念"课堂教学无法回避的难题。基于过程哲学的本体论,现实存在皆为生成,生成于活动过程。学生不能简单地等同于"学习者",课堂教学的内容如果与"00 后"大学生所触及的信息资讯高度同质化(课堂信息化固然会使课堂活跃),课堂就会沦落为以学习为名义的消遣,"学习者"缺席的可能性也会大大增加。因为这样的课堂对学生的学习体验来说,毫无疑问是肤浅的,学生难以在课堂教学中成为真正的"学习者"。作为"学习者",学生既需要深刻地理解创新发展是应对发展环境变化、增强发展动力、把握发展主动权的根本之策,又需要清楚地明白创新发展绝不是轻轻松松就能实现的,创新发展实质包括坚持不懈的奋斗精神和挑战勇气，创新在全社会蔚然成风意味着奋斗、挑战、革新的精神风貌在全社会的形成。简言之，学生对新发展理念的学习，不仅要理解新发展理念在中国特色社会主义现代化建设中的科学性，还要领悟新发展理念所蕴含的人文精神。只有这样，教育对象才能真正成为贯彻新发展理念的实践者。从科学精神和人文精神相融合的立场考虑教学价值目的，彰显了有机课程价值取向，有助于更好地实现高校思想政治理论课的教育教学目的。

（三）教学设计

在教学内容方面，基于学情分析，创新的重要性对于"00后"大学生是容易建构的知识。第一步，历史视野，从中国特色社会主义道路的开辟历程分析理论创新、制度创新的重要性。第二步，在中观层面，从"中兴""华为"等相关新闻引出科技创新对于全球化竞争背景下现代企业发展的重要性。以上内容激活学生已有创新发展的知识基础，有利于推动学生进入后一阶段的课堂学习。从知识建构的理论视角，个体知识的激活是课堂教学深入实施的基础，教学过程充分考虑在个体知识激活的基础上推进公共知识的接受，体现了有机课程知识观。第三步，通过我国页岩气开采科技创新故事（播放视频）引导学生讨论分析两个方面的问题：一是创新发展如何赢得发展主动权，二是创新发展过程需要什么来推动。

在教学方法方面，以问题讨论、教师启发为基本形式。问题设计应保证问题指向的连贯性和学生的学习参与性。通过问题讨论、发言回答的教学过程生成课程文本，使课程文本成为多视域的融合。简言之，围绕创新故事展开问题讨论，教师的启发推动了课程文本的开放与意义建构，师生得以真正成为课程文本的创造者、生成者，学生的学习体验得到关注，而不再是停留于网络信息的简单重复消费。从应付学习到探究学习，教学体系在师生共同作用下实现了基于教材体系的构建，共同成长的和谐师生关系得以形成。

（四）教学实施

教学过程主要有两个阶段：第一阶段是从创新发展视角阐释中国特色社会主义道路的开辟历程和对相关新闻的解读，目的在于激活个体关于创新发展的已有知识，增强课堂学习兴趣。第二阶段是课堂教学的主要阶段，在对第一阶段总结的基础上提出论点。没有理论创新、制度创新，就没有中国特色社会主义道路；没有科技创新，现代企业就不会具备核心竞争力，从而丧失发展主动权。要推动创新发展，要成为创新发展的积极实践者，就要清楚创新如何增强发展动力，如何赢得发展主动权，也要深刻认识创新发展过程所必需的核心动力。在提出论点之后，播放视频大概 10 分钟，通过视频完整地呈现我国页岩气开发的科技创新历程。视频结束以后，学生围绕以上两个问题展开讨论，课堂气氛活跃。通过基于真实性问题的解决，使学生对于创新发展的认识达到了新的水平。更为重要的是，关于对创新发展过程核心动力的认识，使学生的思想情感得到了升华。学生发言认为，创新发展过程需要实践智慧，而强烈的使命担当，一种敢于突破不服输的挑战精神，一种艰苦奋斗、奋发图强的意志品格对于能否实现创新发展同样非常重要。教学实施过程得到了学生的积极参与，理性与情感、人文精神与科学精神和谐培育的教学目标得到比较完整的实现。

（五）教学反思

1. 课程价值方面。思想政治理论课是立德树人的关键课程，着力于培养社会主义建设者和接班人。思想认识的提高、情感意志的养成、实践能力的增强三个价值维度，对于社会主义建设者和接班人的培养都极为重要，缺一不可。思想认识解决"理"的问题，情感意志解决"情"的问题，实践能力解决"力"的问题。就"情""理"而言，人非草木，孰能无情？机械唯物主义语境下的"人是机器"违背了人是理性和情感共在的客观事实。有机课程观在价值取向上强调科学精神与人文精神、工具理性与价值理性的统一，主张教育要重视人的情感意志的健康养成。"贯彻新发展理念"的教学，以有机课程价值观为指引，既要帮助学生深刻理解坚持新发展理念的重要性，也要引导学生充分领悟新发展理念所蕴含的人文精神。视频教学环节所设计的两个教学问题，体现了有机课程的价值取向。而着力于引导学生领悟新发展理念所蕴含的人文精神，对于推动学生成为新发展理念的坚定实践者具有重要的意义。反观思想政治理论课的日常教学，情感维度的缺失值得注意。教师注重于因果逻辑、理论逻辑的分析，因而注重"理"的构建而忽视了教育对象"情"的养成，这不利于学生的健康成长。思想政治理论课要想凸显"情"的养成，则应在有机课程知识观指引下有效组织教学内容，精心设计教学问题。

2. 课程内容方面。思想政治理论课普遍注重"理"的构建而忽视"情"的养成。基于重"理"轻"情"的课程价值导向，思想政治理论课教师在"理"的知识构建上，着力于因果逻辑、理论逻辑的阐释。以"贯彻新发展理念"教学为例，通过前因后果的客观事实的呈现，就可以回答为什么要贯彻新发展理念的问题。例如创新发展理念的教学案例，从因果逻辑的教学思维看，以视频作为课程内容完全没有必要。10分钟的视频其实就是一个基本的过程：通过科技创新，我国实现了核心技术自主、关键设备自主，不再受制于西方发达国家，赢得发展主动权。教师只需要把这个过程中的客观事实告诉学生，让学生构建起科技创新与发展主动权的因果逻辑即可。然而，因果逻辑、理论逻辑的演绎，只是一种认知思维方式的建构，而非客观的实践过程，真实复杂的、具有多种可能性的实践，在因果逻辑、理论逻辑的演绎中处于一种被悬置的状态，从而远离学生的内心。简言之，科技创新的艰难过程、当事人的心路历程对课堂教学而言，是可以置之不理的东西。因此，基于因果逻辑、理论逻辑的演绎所构建的课程文本，教育的只是学生的认知，而缺失情感的养成。而情感教育只能通过情感生活而不是知识观念的传授来完成。通过观看 10 分钟视频，真实完整地呈现我国页岩气开采科技创新的艰难过程，尤其是当事人的心路历程得到了生动展示。学生通过观看视频，自然而然地建构起了创新发展理念所蕴含的人文精神，对敢于担当、勇于挑战、不畏艰难的新时代创新精神有了生动真实的情感体验。可以说，没有这 10 分钟的视频，课堂教学很难实现这样的目的。通过视频特有的情境呈现，有助于"理"的认知建构。基于有机课程的生态知识观，知识既有个体性、主观性，又有客观性、社会性，个体知识、情感态度在建构公共知识过程中有着重要作用，有效的教学过程实质是教育对象主观情意系统、个体经验系统和客观知识系统相互作用的过程。在创新发展理念课堂教学播放的视频中，科技创新团队负责人讲述了我国页岩气开采核心技术获得突破的过程。其中，当事人在讲到自己率领的科研团队在经过几天几夜的努力之后，不得不承认失败而退出项目，眼睁睁看着国外团队进场施工的时候几度哽咽，此情境给学生留下了深刻印象。通过这样的视频片段，学生认识到创新发展绝不是轻轻松松的事情，创新需要巨大的勇气和克服困难的顽强意志，能否创新不仅仅是发展的问题，还关系到民族的尊严和荣誉。显然，如果只是教师讲授，学生对创新发展的情感体验会显得苍白，学生对创新发展的理性认识也会显得简单。

综上所述，基于有机课程"情""理"共融共生的课程价值取向，视频播放的教学形式有着教师讲授无法达到的教育作用。重视视频情境性、过程性课程资源的开发利用，深度结合视频设计教学问题，推动课堂教学"情""理"和谐发展，应成为高校思想政治理论课教师提升课堂教学有效性的重要举措。

二、有机课程教学过程实践变革的基本途径

（一）重视课程价值的有机融合

基于教学案例研究可以发现，有机课程教学过程的实施，关键在于教师课程价值取向是否与有机课程达成契合。有机课程基于对现代性的反思，强调教育应着眼于科学与人文、个体与社会的和谐共存。有什么样的课程价值观就会有什么样的课程知识观。着眼于"理"的教育，体现因果逻辑的客观事实、构建理论逻辑的概念原理自然就会成为重要的课程知识。然而，关注"情"的培育，事物生成的情境与过程就会是不可或缺的课程知识。思想政治理论课教学内容源于课程知识的选择，而教师的课程价值取向决定了什么样的知识会成为课程知识。因此，对于思想政治理论课有机课程的实施，教师课程价值取向能否实现"情"与"理"的有机融合是关键。

（二）重视隐性课程知识的激活利用

有机课程强调主观知识、情感体验在客观知识、公共知识建构中的不可缺失。然而，具有个体性、主观性和情感性的主观知识、个体经验相比客观知识、公共知识，更多的是隐性存在的课程知识，或存在于碎片化的经验体悟中，或存在于特定的实践情境下。因此，高校思想政治理论课有机课程的实施，要充分重视隐性课程知识的激活利用，才能更有力地推动学生对公共知识、客观知识的自主建构。一方面，要以开放性的教学问题为学生个体知识的涌现提供通道；另一方面，要重视对过程性、情境性的个体

知识展开教育学的分析，进而确立课程知识的生长点和利用路径。

（三）重视课程文本的多维生成

有机课程主张课程文本的生成，课程文本生成的过程应是多视域的交互作用过程。其中，要充分坚持体现国家教育意志的教材在课程文本生成中的价值导向作用，也要充分激活师生的个体知识、情感体验，使之成为具有教育意义的课程文本。新媒体技术的发展为课程文本的生成拓展了空间，课程文本的生成也要充分利用第三者的视角，通过不同时空的特定情境的他者叙述，使课程文本的生成具有多重的视域，赋予课程文本更为丰富的、深刻的教育意义。

总之，高校思想政治理论课有机课程是一个开放的课程，课程文本生成于不同视域的交融。过程的、情境的、个体性的隐性知识得以充分激活，学生思想政治的理性认知和情感境界在有机课程中和谐发展。

本章小结

本章主要是对高校思想政治理论课有机课程观展开理论构建。立足实体哲学与过程哲学的分野，课程观有传统实体课程观和有机课程观之分。在对实体哲学思想脉络做出概要性分析的基础上，探讨实体课程观的教学过程并展开了实践反思。以怀特海的过程哲学本体论、方法论、认识论为理论依据，从课程价值论、课程知识论、课程发展论对有机课程观展开理论构建。最后，基于有机课程的理论旨趣，展开高校思想政治理论课教学过程案例研究，提炼总结高校思想政治理论课教师实现有机课程教学变革的基本路径。

第三章　高校思想政治理论课教学过程角色生成

教师和学生是教学过程最为重要的两个角色。教学过程对于教师、学生而言，不是各自身体的在场组合。教学过程是教与学的合二为一，教学过程具有整体性和生成性。作为教师的个体成为"教师"的过程，作为学生的个体成为"学习者"的过程，生动演绎了有机课程观所主张的课程生成性。概言之，理解教学过程的角色生成是洞察高校思想政治理论课教学过程价值生成的基本前提。

第一节　教学过程教师与学生角色关系的历史发展

把握教学过程教师与学生角色关系的历史脉络是构建高校思想政治理论课教学过程角色生成的基础。在教学过程中，教师与学生角色关系大概经历了三个发展阶段。

一、教师与学生角色关系的混沌阶段

教学过程中教师与学生角色关系的混沌化，根本原因在于对"教学"的认识与"教"或"学"的含义没有明显区别，要么把教学看作学生的学习活动，学与教学等同；要么把教学看作教师的

教授过程，教学就是教师如何教学生学习的活动，教学即教授。总之，没有看到教学活动是由教师的教和学生的学构成的统一活动。具体表现为以下两个方面：

（一）学与教学等同的教师与学生角色关系

我国古代的教育思想在教学本体的认识方面，基本上是以学立论，以学论教。如我国第一部比较系统的教育论著《学记》，就是从探讨学生如何学习入手，然后以学论教，故取名为"学记"。《学记》充分体现了我国古代教育家对学生学习过程和学习方法的重视，始终把学生的学习作为教学过程的核心和重点，要求教学必须从学生的学习出发，在此基础上总结出了诸如"因材施教""启发诱导""循序渐进"等非常重要的教学原则和教学方法。简言之，我国古代教育家对教学活动的认识，主要是从学生学习的角度进行论述，学生角色在教学过程的发展中占有主导地位。

（二）教是教学核心的教师与学生角色关系

19世纪末至20世纪初，受"教师中心论"和"主知主义"思想的影响，教师"怎样教"的问题成为我国教育学界研究的热门话题，教学活动就是一个向学生传授知识和技能的过程，"教学即教授"的观点成为主流。如1928年版的《中国教育辞典》就把"教学法"解释为"各种教授方术者"。如在主张"如何教"（教学的方法和技术问题）应作为教学研究中心的德国教育家拉特克看来，"教学论"要探求的"教授之术"，即作为教师必须懂得如何才能使学生最容易、最牢固地掌握知识和技能的教授之术。捷克著名教育家夸美纽斯继承发展了拉特克的教学法思想，在自己的著作《大教学论》中指出，写这本书的目的就是要"寻求并找出一种教学的方法，使教员因此可以少教，但学生可以多学；使学校因此可以少些喧嚣、厌恶和无益的劳苦，多具闲暇、快乐和坚实的进步"。①可以看到，不管是认为教学是一种传授的技术的拉特克，还是认为教学是一种传授的艺术的夸美纽斯，"教学即教授"的思想是一脉相承的。基于"教学即教授"的认识，教学过程中的教师角色有着绝对的权威地位，学生在教学过程中处于服从的地位。

二、教师与学生角色关系的分化阶段

自教学理论逐步分化为"教"与"学"两条研究路线，即"教的理论"和"学的理论"以后，教学过程中教师与学生的角色关系就进入了分化阶段。

（一）教的理论视域下教师与学生的角色关系

教的理论即哲学取向的教学理论，一般是以哲学、伦理学、价值论和认识论作为理论基础。主要研究"为什么教"（教学目的）、"教什么"（教学内容）和"怎么教"（教学过程和方法）等问题，研究方法以哲学思辨为主，力图构建一套关于如何进行教学的理论体系。如赫尔巴特以实践哲学为基础，回答了教学理论的基本问题。在教学目的方面，赫尔巴特指出，教学的任务是以"内在自由""完善""善意""正义"和"公平"这五种道德观念作为主要内容，去培养"真正善良的人"。在教学过程和方法方面，赫尔巴特提出了内含"明了""联想""系统"和"方法"四个阶段的教学过程阶段理论，明确反对放任儿童"自然"成长和适应自然的教学原则。苏联的凯洛夫沿袭了赫尔巴特的研究范式，以马克思主义关于人的全面发展学说和辩证唯物主义认识论为指导，构建了以教师为中心，以"如何教"为主要内容的教学理论体系。简单而言，"教的理论"视域下教师与学生的角色关系具有以下几

---

① 夸美纽斯. 大教学论[M]. 傅任敢, 译. 北京：人民教育出版社，1984.

个基本特征：一是教师往往以某种哲学理论为指导，以此确定自己的教育教学目的；二是教师比较重视书本知识和教师的主导作用，教学过程以教师"知识授受"为主；三是教师对于学生在教学活动中的主体地位认识不足，对发展学生智力、个性和能力关注较少。

（二）学的理论视域下教师与学生角色关系

为学习理论开辟道路的是实用主义教育家杜威。在杜威看来，"教育不是把外面的东西强迫儿童或青年去吸收，而是须使人类'与生俱来'的能力得以生长"。①关于"学什么"，杜威认为教育应与儿童眼前的生活融为一体，要加强与儿童生活经验、社会现实的联系，把教材的知识强加给儿童，只会把儿童自己统一的生活经验加以割裂和肢解。关于"怎么学"的问题，杜威主张"做中学"，认为"使儿童认识到他的社会遗产的唯一方法是使他去实践"。②简单而言，学的理论视域下教师与学生的角色关系表现为：教学活动的重心要从教师的教授转向学生的学习，教师的教授对于学生的学习不再是主要的方面，而只是学生学习活动的帮助者和助手，教学方式则由教师的单向灌输转向学生的自主学习。

在教师与学生的角色关系方面，"学习理论"关注学生在学习过程中的主体地位和作用，但忽视教师的主导作用。而"教的理论"则片面强调教师在教学过程中的主导地位和作用，忽视学生的主体性。在教学方法上，"教的理论"认为应以教师的讲授为主，而"学习理论"则是提倡学生的发现和探究。基于"教的理论"与"学习理论"的关系梳理，教学过程所构建的图景要么是学生接受教师的讲授，要么是学生主动探究，教学过程中教师的教与

---

① 王天一，夏之莲，朱美玉. 外国教育史：下册[M]. 北京：北京师范大学出版社，1985.
② 王天一，夏之莲，朱美玉. 外国教育史：下册[M]. 北京：北京师范大学出版社，1985.

学生的学是无涉的，是可以自足的。

然而，理论研究层面的独立并不意味着实践现实的生成。学生的学习和教师的教授是同一教学活动中相互作用、相互影响、相互制约的两个方面。教师的教本身不是目的，教是为了学，教师的教学要得到学生的响应，就得充分启发学生的学习愿望、契合学生的学习兴趣和找准学生的学习方式。教师只有通过教学内容的设置、教学方法的实施有效控制影响学生学习的各种心理变量，才能达成预期的教学效果。同样，无论是操作学习、活动学习还是发现学习，教学活动的内容都离不开教师的精心选择和设置，也需要教师富有实践智慧的组织引导和灵活激励。

所以，强调学生学习主体的地位绝不意味着教师主导作用的缺失，相反，教学过程学生主体性的生成，恰恰需要教师作为一个引导者、帮助者更好发挥主导作用。简言之，作为学生个体的学需要教，教师的教不能没有学。在教学过程中，"学生是在教师依据'教的理论'创设的外部条件中实践着学习理论，教师则是在学习理论揭示的关于学习过程内部机制的基础上实践着'教的理论'"。[①]只有在教与学有机统一的基础上建立起来的教学理论，才能更有力地引导教学实践。

三、教师与学生角色关系的有机统一阶段

如前分析，课程教学是教与学的有机统一体。教学活动的质量和效果如何，是教师的教授与学生的学习相互作用、相互融合的结果。高质量、高效率的课堂教学，必然是"教"有力地推动了"学"，学生的"学"有力地体现了"教"。学是教之所学，教是从学而教。对教学的认知从教与学的分化转向教与学的有机统

---

① 裴娣娜. 现代教学论：第二卷[M]. 北京：人民教育出版社，2005.

一，教师与学生的相互融合，非指导、合作、交往成为教学过程研究的关键词。

（一）人本主义视域下教师与学生角色关系

无论是行为主义心理学还是认知主义心理学，都没有从人的整体性（知、情、信、意、行）去把握人的学习过程，学习个体既不是刺激—反应的机器人，也不是只有理性逻辑的理性人。持续有力的学习过程是对学习者多方面需要的满足，而不仅仅是知识方面。然而，传统教学过程教师更多地扮演了"指导性"的角色，学习是学生对教师教授的服从，而不是对真理的热情追寻。传统教学过程对学习者所塑造的性格是对知识权威的服从，并非对真理的热爱。罗杰斯从人本主义心理学出发，指出教师在教学过程中应成为"促进者"而非指导者。一方面，罗杰斯认为，教师的任务不能局限于知识和学习方法的传授，而是要充分满足学生的好奇心，要为学生提供必要的学习手段，由学生自己决定如何学习；另一方面，在罗杰斯看来，教师要发挥好"促进者"的作用，关键在于教师要注意维持有利于学习过程的心理气氛。教师和学生之间应是一种人对人的"帮助关系"而不是其他关系，这种关系不仅是学习的需要，也是学生心理情感健康发展的必须。进而，教师与学生"帮助关系"的建立需要一些不可或缺的态度品质："一是真诚。教师与学生之间应坦诚相见、畅所欲言，不要任何的做作和虚伪，喜怒哀乐要完全溢于言表。二是接受。教师应该能够接受学生碰到某一问题时表露出来的畏惧和犹豫，也能分享学生达到目的时的那种惬意。三是理解。教师能设身处地地站在学生的立场上考察或认识学生的所思、所言、所为，而不是用教师的标准及主观的臆断来'框套'学生。"[①]

---

① 裴娣娜. 现代教学论：第二卷[M]. 北京：人民教育出版社，2005.

(二)合作教育学视域下教师与学生角色关系

以阿莫纳什维利为代表的合作教育学认为,教学是教师的活动和由教师活动所激起的学生学习活动所组成的一个完整的活动状态。而传统的教学理论仅仅把学生看作消极的受教育者和教师教授活动的客体,从而造成教学理论的"无人"与教师的"利己主义",以及教学过程的不民主和由此形成的紧张的师生关系。合作教育学根本的宗旨是倡导教学过程民主化,一是使学习成为学生生活的需要,学生应成为教师教学活动的伙伴而不是教师要努力支配和控制的客体。作为伙伴,教师的教学活动应成为学生积极参与的、充分展示成长潜力的过程。二是教学活动中要以人道、乐观的态度对待学生,构建和谐民主的师生关系,"只有师生关系建立在人道原则基础上的教育过程,才是对学生的个性发展,同时也是对作为个性特点的认识积极性的发展最有效的教育过程"。①概言之,合作教学理论立足于对不平等师生关系的消解,强调教学活动中师生之间的合作、平等、信任,使教师与学生互为伙伴,体现了教与学的有机结合。

(三)交往教育理论视域下教师与学生角色关系

交往教育理论认为,学生学习的最终目标是"解放"。"解放"意味着通过交往走出偏见狭隘的自我束缚,意味着学生个体独特的个性、独立的人格和独立的能力都能够得到充分发展。"解放"需要师生在教学活动中秉持理性的交往原则:一是教学活动应是教师与学生之间一种平等、民主的交往过程,是人与人之间的主体间关系,与把教学看作知识传授、发展智力、培养能力相比较,交往教学更接近人的全面发展,更能彰显学生在教学过程中的主

---

① 阿莫纳什维利. 学校没有分数行吗?[M]. 朱佩荣,译. 北京:教育科学出版社,1986. 转引自裴娣娜. 现代教育论:第二卷[M]. 北京:人民教育出版社,2005.

体地位和作用。二是"交往"不是要解构教师在教学活动中的地位和职能,而是强调教师在平等、信任的师生交往中,通过积极引导让学生在经验、认知和理解方面有所提高,达成"解放"的目的。三是"交往"蕴含着多重维度,既有认知维度也有人际维度,师生的理性交往不仅是知识、经验的相互欣赏、相互吸纳,也是师生人际情感得以丰富发展的重要途径。

教师与学生角色关系的有机统一具有如下特征:

第一,教学是教与学不可分割、辩证统一的双边活动。之所以提出教学是教与学的双边活动,是因为教师的教和学生的学各有自己的独立性。一是教与学的关注点不同。作为教师的教,教学活动的实施要始终考虑课程目标的达成;作为学生的学,更多关注的是学习内容、学习方式对自己的吸引力。二是教师与学生在教学活动中作用不同,不管是强调非指导、合作还是交往,教师对学生的学习活动要充分发挥引导、促进、帮助的作用,否则"教"就不能为教。之所以认为教与学不可分割、辩证统一,是因为教离不开学,无学就无教;学也离不开教,教是学的依托。教学过程就是教与学的相互影响、相互生成的过程。没有学生对教学活动的积极参与、响应,教何以为教?所以,学生成教,学成就教。反之,离开教师的有力引导、促进、鼓励和帮助,学何以成学?所以,教促成学,教成就学。教学就是教与学的有机结合,是教与学的相互作用、相互生成。

第二,教与学的相互生成离不开教师的主导作用。教师教学活动的主动性、能动性是以教促学的关键。学生个体能否成为教学活动积极的"学习者",需要教师重视对学生学习意愿的启发,也需要教师契合学生的学习兴趣组织课程内容,还需要教师找准学生更愿意参与的学习方式。因此,认识到教与学的相互影响、相互作用、相互生成,将教学理解为一个关系范畴还不够,还要把握到这一关系范畴的主要方面、主要矛盾，才能切切实实地以教为本推进课堂教学质量的提升。

第三，教生成学，学成就教，教师情感的投入非常重要。如果启发学生学习意愿、契合学生学习兴趣、找准学生学习方式可以看作某种技术手段的话，遵循的是工具理性的逻辑。那么，使学生在教学活动体验到教师对每一个学习者的真诚、接受和理解，促使学生个体能够愿意接受教师引导、坦然面对学习的各种结果，从而成为教学活动积极参与者，则离不开教师对教育对象深沉的关怀情感。简言之，教师在教学过程中作为"关怀者"，自然地、主动地与学生建立起相互尊重、彼此欣赏、共同成长的师生关系，才能有力推动教与学的相互生成。

作为教师的个体有"教"才能为"教师"，作为学生的个体有"学"才能为"学习者"。教生成学，学成就教，通过教与学的相互生成把握教学活动情境下的教师与学生两个角色。作为现实存在，二者既有各自的独立性，又都是过程性与关系性的存在。没有教师角色的生成，作为教师的个体在教学活动中没有起到应有的引导、帮助、鼓励、组织的作用，学生难以成为"学习者"；没有"学习者"的生成，作为学生的个体在教学活动中隐性缺席，教师难以成为"教师"。概言之，从教学活动而非社会职业的立场看教师与学生，二者是相互生成的两个角色，是彼此摄入、生成、发展的两个现实存在。高效的课堂教学，就是教师更快地、更好地成为"教师"，学生更快地、更好地成为"学习者"的课堂。教学过程育人价值创造的有效性，根本在于教学过程教师与学生角色生成的有效性。

第二节　高校思想政治理论课教学过程教师生成

思想政治理论课是立德树人的关键课程。学校思想政治教育课程体系化是贯彻落实全员育人、全方位育人、全过程育人的教育理念的客观要求。非思想政治理论课的教学育人需要引起高度重视和有力推进，以构建起"课程思政"与"思政课程"协同育人的氛围格局。思想政治理论课作为学校立德树人的主阵地、主渠道的角色只能强化而不能弱化，只有思想政治理论课教育教学发挥强有力的作用，"课程思政"才能获得强有力的政治引领、价值引领和话语支撑。课程发展实质是教师发展。教师个体能否成为"教师"，在教学过程中作为教育对象学习成长的带路人和帮助者，从根本上决定了课程教学的优与劣。因此，高校思想政治理论课教学过程的有效性，教师角色有力生成是根本。以十八大以来习近平总书记关于思想政治教育的讲话精神为指引，高校思想政治理论课教学过程教师角色的生成，是"为谁教""教什么""怎么教""谁来教"四个维度合力作用的过程。

一、为谁教

"为谁教"是教师对自己教授课程价值意义的回答。教师是一种职业，随着国家对教育事业的重视程度和支持力度的加大，特别是随着教师薪酬待遇的普遍提高，肯定教师的社会价值和个人价值已经成为社会共识。教师工作总是与具体课程的教授相关，教师教授课程的价值意义与教师职业价值既有联系，又有区别。一方面，教师职业价值归根到底要通过课程教授来实现；另一方面，教师教授课程的价值意义从人才培养的层面，又需要具体分析。教师对自己教授课程价值意义的认知理解和接受认同，是教师实现专业化发展的重要维度。没有教师专业化发展就不会有教学过程教师角色的有力生成。

教师对教授课程价值意义的认知与认同之所以是教师专业化发展的重要维度，是由教师专业化发展内涵所决定的。如果把教师专业化发展理解为教师个体素质及修养的实践过程，那么"高校思想政治理论课教师专业化发展，就是指高校思想政治理论课教师在整个教育生涯中，通过终身的专业训练，树立专业信念，遵守专业伦理，习得专业知识，掌握专业技能，提升专业素养，实施专业自主，成为一名优秀高校思想政治理论课教师的专业成长过程"。[①]可见，教师专业化内涵具有多个维度，教师专业化不仅有专业技能、专业知识的掌握，还有专业信念、专业伦理的成长。就发展变化而言，专业知识、专业技能具有相对的稳定性，只要通过不断的学习操练就能得到提升，是从量变到质变不断发展的过程，具有单向直线性的特性。但是，专业信念、专业伦理的形成却有着不同于专业知识、专业技能的发展规律。

从生成论的角度来看，专业信念、专业伦理的形成发展与主体的世界观、人生观、价值观密切相关。专业化发展主体的世界观、人生观、价值观发生转变，就会从根本上改变他的专业信念、专业伦理。人作为其一切社会关系的总和决定了人的生成性，人的世界观、人生观、价值观既不可能无中生有，也不会一成不变，而是现实生成过程中的现实存在，具有无限的可能性。简言之，专业信念、专业伦理的发展具有多向性、非直线的特征，教师主体的专业信念、专业伦理在职业发展过程中具有不确定性。因此，

---

① 蔡中宏, 麻艳香. 思想政治理论课教师专业化发展的内涵与对策——高校思想政治理论课教师专业化发展研究[J]. 兰州交通大学学报, 2012（2）: 130-133.

与教师主体世界观、人生观、价值观密切相关的专业信念、专业伦理，对于教师专业化发展而言就是一个生成的、变动不居的维度。

可见，教师专业化不是静止的、恒常不变的，而是一个不断演变的、动态的发展过程。这个发展过程既是教师主体专业知识、专业技能的不断丰富、不断提高的过程，也是教师主体专业伦理、专业信念的不断抉择、不断沉淀、不断自信的过程。从应然的维度看，高校思想政治理论课教师专业化发展，既包括教师应具有扎实的马克思主义理论学术功底，又包括教育专业性的发展，即教师应掌握思想政治教育的基本规律和大学生身心发展的基本规律，还包括教师对思想政治教育事业的使命担当、真诚热爱和执着追求。从实然的维度看，高校思想政治理论课教师作为现实的人，在生活、工作、家庭的多重压力之下，维系专业化发展最为根本的力量是教师对思想政治教育事业的使命担当、真诚热爱和执着追求。因为没有了思想政治理论课教师作为现实的人对课堂教学的使命担当、真诚热爱和执着追求，教师对课堂教学精益求精的探究精神和不断展开理论研究、技能提升的学习态度必然会逐步消减，本应极富挑战性、不确定性和充满惊奇的课堂在这样的教师看来也会变得毫无生机。概言之，"为谁教"是指思想政治理论课教师能否理解、认同乃至于悦纳自己所教授课程的价值意义，是课堂教学过程教师角色生成至关重要的维度。而要提升思想政治理论课教师对教授课程价值意义的深刻认知、高度认同，则需要教师对思想政治教育事业的重要性有着理论与实践上的认识。

（一）要从马克思主义阶级斗争理论中领悟思想政治教育的重要性

马克思恩格斯认为，无产阶级在实现自己历史使命的过程中，思想政治教育具有不可替代的作用。虽然马克思恩格斯没有明确提出过"思想政治教育"概念，但是在他们的著作和文章中使用了大量与现代思想政治教育密切相关的基本概念，如"宣传""宣传工作""鼓动""政治鼓动工作"等。关于思想政治教育与无产阶级斗争的关系，马克思恩格斯经历了实践认识的过程。

1839年，恩格斯在一封信中谈到，普鲁士现行法律和国家管理机关的实质，就是靠牺牲贫民的利益来优待金钱贵族并追求一成不变的专制制度，而实施的办法就是"压制政治教育，使大多数人处于愚昧状态"。①1852年，马克思在谈到英国工人运动的问题时指出："当前的商业繁荣有利于托利党的反动。为什么？……人民群众有足够的工作，并且生活也比较有保障，当然贫民（他们的存在与不列颠的繁荣是不可分的）除外。因此在目前人民是不大听信政治鼓动的。"②可见，在马克思恩格斯看来，革命运动如要得到成功的开展，就必然离不开有效的政治鼓动工作。而在革命运动发生的地方，政治宣传工作则是影响革命运动发展至关重要的因素。1890年，恩格斯在给佐尔格的信中明确谈到，革命运动发展最快的地方，"当然是一部分无产阶级已经组织起来并且受过理论教育的地方"。③1895年，恩格斯在《1848年至1850年法兰西阶级斗争》中对社会主义运动与群众宣传工作的关系作了精辟的总结，认为社会主义者要争取广大人民群众，才有可能使革命运动取得持久的胜利，"耐心的宣传工作和议会活动，在那里也被认为是党的当前任务"。④

综上可见，无产阶级政党要想在革命运动中成为人民群众的

---

① 马克思恩格斯全集：第41卷[M]. 北京：人民出版社，1982.
② 马克思恩格斯全集：第8卷[M]. 北京：人民出版社，1961.
③ 马克思恩格斯全集：第37卷[M]. 北京：人民出版社，1971.
④ 马克思恩格斯选集：第4卷[M]. 北京：人民出版社，1995.

支持者、拥护者，对人民群众展开思想政治的宣传是一项非常重要的工作。批判的武器要转变为武器的批判，革命的理论要变成革命的物质力量，革命的理论就必须为人民群众所掌握和接受，成为他们的思想指导和行动指南。而要使人民群众掌握革命理论，就必须在人民群众当中进行革命理论的宣传教育，即我们现在所说的思想政治教育。

（二）要从社会主义现代化建设的人才竞争中认识思想政治教育的重要性

马克思恩格斯在《共产党宣言》中明确指出，"任何一个时代的统治思想始终都不过是统治阶级的思想"。①统治阶级总是基于自己在经济上的统治地位，并利用政治权力和文化优势向全体社会成员进行有目的有意识的思想政治宣传，进而实现从经济上的统治到思想上的统治。东欧剧变、苏联解体的历史已经充分证明，社会主义建设过程中忽视社会主义意识形态的思想统治必然导致颠覆性的错误。前事不忘，后事之师。习近平总书记从党和国家事业发展的全局出发，指出教育是国之大计、党之大计。培养什么人，是教育的首要问题。青少年是祖国的未来、民族的希望。我们党立志于中华民族千秋伟业，必须培养一代又一代拥护中国共产党领导和我国社会主义制度、立志为中国特色社会主义事业奋斗终身的有用人才。在这个根本问题上，必须旗帜鲜明、毫不含糊。育人之本，在于立德铸魂。只有坚持立德树人，不断培养德智体美劳全面发展的社会主义建设者和接班人，才能让党和国家事业兴旺发达、后继有人，才能推进伟大事业、实现伟大梦想。

因此，必须清醒地认识到，当今世界的竞争归根到底是人才的全面竞争。建成社会主义现代化强国是中华民族伟大复兴的必

---

① 马克思恩格斯选集：第 1 卷[M]. 北京：人民出版社，1995.

然要求。放眼世界，历史正在并已经证明，没有一个国家能够在孤立的状态下实现现代化，封闭只能导致落后。中国要实现现代化，必须对外开放，走进"开放的世界"。"开放的世界"所形成的全球化，既是国际合作的舞台，也是国与国竞争的疆场。中华民族伟大复兴的未来征程，必然是与其他国家、其他民族竞争和合作相互交织的宏伟画卷。科学技术是第一生产力，当今世界的竞争归根到底是人才的全面竞争。人民不会忘记那么一群人，在中华人民共和国成立的前后，无数科技精英义无反顾地舍弃国外优厚的发展条件、生活环境回到一穷二白的祖国，参与国家现代化建设，为中华民族的崛起奉献一腔热血而无怨无悔、鞠躬尽瘁。回顾历史，赢得人才就能赢得未来。人才的竞争从来不仅仅是人才智能的竞争，还是人才思想的竞争。人才智能的弱势会导致发展差距，人才思想的混乱就有可能会犯下颠覆性的错误。历史没有终结，就共产主义运动的伟大征途而言，社会主义制度与资本主义制度的较量、马克思主义与资产阶级意识形态的斗争才刚刚拉开序幕。中华民族伟大复兴，要赢得人才智能，更要赢得人才思想。

综上所述，立足人才的全面竞争，教育要真正成为国之大计、党之大计，赢得人才思想是根本。列宁指出，科学社会主义的思想体系是不可能在群众的头脑中自发产生的。办好中国特色社会主义教育，必须坚持把立德树人作为根本任务。简言之，教育对象能否增强"四个意识"、坚定"四个自信"、做到"两个维护"直接关系到中国特色社会主义教育的成败，直接关系着中华民族未来命运的兴衰。

（三）要从高校作为培育建设者和接班人的重地、要地的角度把握思想政治教育重要性

现代化自西方始，高素质专业化人才培养的高等教育也首先

兴盛于西方。发达国家没有不发达的高等教育，发展中国家的高等教育尚不发达。概言之，高等教育发展水平与国家现代化程度紧密相关。作为专注于大规模高素质专业化人才培养的高校，无疑是当今世界人才竞争的制高点。我国高校是社会主义建设者和接班人培育的重地、要地。作为重地，高校是大规模高素质专业化社会主义建设者和接班人最为重要的"生产"部门，只有经历了高等教育，教育对象才能具备从事某领域工作的专业素质和技能。作为要地，高校是大规模高素质专业化社会主义建设者和接班人最为关键的"生产"环节。在大学阶段，无论是教育对象的世界观、人生观、价值观，还是教育对象的家国情怀和政治观，都处于生成发展的关键点。要更有成效、更大规模培养社会主义建设者和接班人，高校必须卓有成效地落实立德树人的根本任务。概言之，着力于提升和巩固青年大学生的国家认同，有力促成他们爱祖国和爱国家的高度统一，不断坚定青年学生对中国特色社会主义的道路自信、理论自信、制度自信和文化自信，应成为新时代高校人才培养质量的内核。

　　立足全球化的时代背景，基于不同制度、不同意识形态的较量，中华民族伟大复兴不仅要赢得人才智能，更要赢得人才思想。作为专注于大规模高素质专业化人才培养的高校，就是人才竞争的制高点。我国高校作为社会主义建设者和接班人培育的重地、要地，人才培养质量的内核不能模糊、不能放松，更不能动摇。简言之，能否培养一代又一代拥护中国共产党领导和我国社会主义制度、立志为中国特色社会主义事业奋斗终身的有用人才就是高校人才培养质量的根本。这一根本是否"牢固"关系着中国未来的历史命运，涉及党和国家事业由什么人来接班的重大问题。对此，邓小平曾尖锐地指出："不要以为有一点精神污染不算什么，值不得大惊小怪。有的现象可能短期内看不出多大坏处。但是如果我们不及时注意和采取坚定的措施加以制止，而任其自由泛滥，就会影响更多的人走上邪路，后果就可能非常严重。从长远来看，这个问题关系到我们的事业将由什么样的人来接班，关系到党和国家的命运和前途。"①简言之，青年大学生的思想问题，在任何时候、任何地方都不能忽视。思想政治理论课作为高校大学生思想政治教育的主渠道、主阵地，高校思想政治理论课教学过程的优劣直接关系到高校人才培养质量的内核是否坚硬。因此，高校思想政治理论课就是落实立德树人根本任务的关键课程，课程建设只能加强不能削弱。思想政治理论课教师不忘初心、牢记使命，忠诚于党的思想政治教育事业，是新时代办好高校思想政治理论课的关键。

二、教什么

如何培养社会主义建设者和接班人？高校思想政治理论课作为立德树人的关键课程、关键环节应如何精准发力？具体到课程的实施，如何培养社会主义建设者和接班人首先就会转化为思想政治理论课教师"教什么"的问题，即通过什么样的教学目标才能更有力地实现社会主义建设者和接班人的培养。习近平总书记在 2018 年 9 月全国教育大会强调，要在坚定理想信念上下功夫，要在厚植爱国主义情怀上下功夫，要在加强品德修养上下功夫，要在增长知识见识上下功夫，要在培养奋斗精神上下功夫，要在增强综合素质上下功夫。这"六个下功夫"，回答了"教什么"的问题，为高校思想政治理论课教师做好新时代立德树人工作指明了努力方向。简言之，真正做到"六个下功夫"就是评价高校思想政治理论课教学过程的根本标准，或者说"六个下功夫"就是

---

① 邓小平文选：第 3 卷[M]. 北京：人民出版社，1993.

高校思想政治理论课教学过程教师角色生成的重要体现。

（一）要在坚定理想信念上下功夫

高校思想政治理论课教师首先应在坚定理想信念下功夫，着力于青年大学生理想信念的教育。要培养社会主义建设者和接班人，就必须重视培育青年大学生中国特色社会主义的道路自信、理论自信、制度自信和文化自信。青年大学生如果没有坚定的中国特色社会主义理想信念，这必然意味着，在错综复杂、多元竞争的意识形态环境下，他们就不可能成为拥护中国共产党领导和我国社会主义制度、立志为中国特色社会主义奋斗终生的有用人才，更不可能成为树立共产主义远大理想和中国特色社会主义共同理想的有志之才。因为意识形态的较量斗争从根本上而言只有一个结果，人们不是为资本主义思想所"俘虏"，就是为社会主义思想的真理性所征服。高校思想政治理论课作为立德树人的关键，把理想信念的教育贯穿于课程实施的全过程，立足不同视角，从理论阐释和实践构建两个维度夯实青年大学生中国特色社会主义理想信念的理论根基和实践体验，应成为高校思想政治理论课教学过程的核心价值目标。

（二）要在厚植爱国主义情怀上下功夫

高校思想政治理论课教师，应在厚植爱国主义情怀上下功夫，着力于青年大学生爱国主义的教育。在2018年9月全国教育大会上，习近平总书记强调，要在厚植爱国主义情怀上下功夫，让爱国主义精神在学生心中牢牢扎根，教育引导学生热爱和拥护中国共产党，立志听党话、跟党走，立志扎根人民、奉献国家。通过教育在学子们心中播下爱国的种子，就能收获（他们）对国家和民族的浓浓之情、拳拳之心，才能培养出合格的社会主义建设者和接班人。如果认为爱国之情是再朴素不过的情感，强国之志是再基本不过的抱负，报国之行是再自然不过的选择，就以为爱国主义的教育是一件轻而易举的事情则大错特错。面对青年大学生的思想成长特点，面对中华民族日益走近世界舞台中心的历史时刻，面对中国人民对人类命运共同体要做出的有力担当，高校思想政治理论课各门课程的实施，应立足具体课程内容，理论和实践相结合地讲清楚爱祖国和爱国家的关系、爱国与爱人类的关系。既要批判国家虚无主义，也要批判本民族利益至上的国家主义。总之，能否厚植爱国主义情怀，使青年大学生充分实现爱国与爱党、爱社会主义高度统一的同时，告别崇洋媚外和盲目排外等错误思想，让年轻一代做堂堂正正的大国公民、世界公民，做忠诚的社会主义建设者和接班人，已经成为新时代高校思想政治理论课极为重要的使命。

（三）要在加强品德修养上下功夫

高校思想政治理论课教师，应在加强品德修养上下功夫，着力于青年大学生修身立德的教育。在 2018 年 9 月全国教育大会上，习近平总书记强调要"在加强品德修养上下功夫"，把"品德修养"作为社会主义建设者和接班人的基本素质。人无德不立，育人的根本在于立德。立德为先，修身为本，一个人只有成人才能成材，只有立心立德才能立功立言，这是人才成长的基本逻辑。因此，合格的社会主义建设者和接班人既需要"德智体美劳"全面发展，更要旗帜鲜明地把"德"摆在第一位。高校思想政治理论课作为立德树人的关键课程，通过各课程不同视角的理论教育和实践教学的生动展开，有力引导青年大学生培育和践行社会主义核心价值观，踏踏实实展开品德修养，提升个人品德、完善社会公德、厚植热爱祖国和人民的大德，无疑是新时代赋予高校思想政治理论课的重要使命。

（四）要在增长知识见识上下功夫

高校思想政治理论课教师，应在增长知识见识上下功夫，着力于帮助引导青年大学生锤炼建设祖国、贡献人类世界的真本领。当今时代，知识更新的节奏不断加快，知识融合的范围与程度也越来越广、越来越深，学习只有进行时，没有完成时。同时，面对中华民族日益走近世界舞台的中央，增长知识与见识，不仅指向"上下五千年"，更要围绕"纵横八万里"。新时代中国特色社会主义的建设者和接班人，要担负起民族复兴的大任，不仅要有中国情怀，而且要有世界眼光和国际视野。习近平总书记在2018年9月全国教育大会指出："要在增长知识见识上下功夫，教育引导学生珍惜学习时光，心无旁骛求知问学，增长见识，丰富学识，沿着求真理、悟道理、明事理的方向前进。"高校思想政治理论课各门课程应在增长知识见识上下功夫。首先，可以通过教育引导帮助青年大学生确立起对国对家的使命担当，从而促成时不我待、珍惜时光的学习态度；其次，可以从理论、历史和现实的维度，帮助引导青年大学生确立起开放创新的学习观念、面向世界的问题视野；最后，通过革新教学方式，增强实践探究，使高校思想政治理论课教学成为充满探究合作、丰富社会见识、孕育实践智慧的过程。总之，"在增长知识见识上下功夫"对高校思想政治理论课而言，不仅责无旁贷，也大有可为。

（五）要在培养奋斗精神上下功夫

高校思想政治理论课教师，应在培养奋斗精神上下功夫，着力帮助引导青年大学生以奋斗作为青春的底色，用奋斗架起走向未来的桥梁。在2018年9月全国教育大会上，习近平总书记强调："要在培养奋斗精神上下功夫，教育引导学生树立高远志向，历练敢于担当、不懈奋斗的精神，具有勇于奋斗的精神状态、乐观向上的人生态度，做到刚健有为、自强不息。"中华人民共和国成立后，民族复兴的现代化建设一路走来，从来都不是一马平川的坦途，而是披荆斩棘、坎坎坷坷、历经磨难的。没有敢叫日月换天地的坚强意志、拼搏精神，没有"有条件要上，没有条件创造条件也要上"的自力更生、艰苦奋斗、敢于挑战的精神，就不可能有中国社会主义建设的辉煌成就。立足两个百年目标，面对历史所赋予这一代青年人的伟大使命，对青年大学生奋斗精神的培养，应是新时代立德树人的关键内容，是培养社会主义建设者和接班人的题中之义。高校思想政治理论课，应在培养奋斗精神上下功夫。一方面，加强奋斗精神的教育引导，要从"知"的层面帮助青年大学生深刻理解：身处"两个一百年"奋斗目标的历史交汇期，身处中国日益走近世界舞台中央的大时代，应把人生梦想汇入时代洪流，蓬勃青春与家国情怀共振，在复兴征程中找到建功立业的舞台。前景光明，征途豪迈，不奋斗，何以谈青春，何以谈梦想？另一方面，重视奋斗精神的实践养成。要从"行"的层面帮助引导青年大学生真真切切地体悟：青春如果没有奋斗的底色，行动没有艰苦付出和拼搏挑战的精神相伴随，理想目标的实现就必然是一种奢望。奋斗，唯有奋斗，才是通向未来梦想的桥梁。概言之，"以行求知、以知促行、知行合一"就是高校思想政治理论课培育青年大学生奋斗精神的重要途径。

（六）要在增强综合素养上下功夫

高校思想政治理论课教师，应在增强综合素养上下功夫，着力帮助引导青年大学生全面发展。在 2018 年 9 月全国教育大会上，习近平总书记强调，"要在增强综合素质上下功夫，教育引导学生培养综合能力，培养创新思维"。简言之，我们的教育不仅要引导学生乐于学习、勤于学习、善于学习，还要努力实现"德智体美劳"的总体要求，在综合能力、创新思维、文明素养的培育上有更多进益。办好人民满意的教育，对高校而言，仅用专业知识教育人是不够的。让人民满意的教育，就不能仅仅是知识的传递，还要通过学习让青年学子拥有高尚的品德、创新的思维、健康的体魄、良好的审美、劳动的习惯,这样的教育才能让人民满意、让人民放心。高校思想政治理论课,要充分彰显全方位育人的课程价值,就应在提升综合素养上下功夫。第一,守好德育的本分。立德为先,修身为本,在青年大学生综合素养的提升中育德为根本,有德是首位。高校思想政治理论课要守土有责,切切实实帮助引导青年大学生扣好人生的"第一粒纽扣"。第二,高校思想政治理论课不是空洞的说教,也不是口号的堆砌。教学过程重视分析问题的辩证方法,内涵逻辑性的理论阐释有利于教育对象创新思维的形成。第三,高校思想政治理论课的教材体系向教学体系的转化,意味着丰富的人文知识的进入。精心选择、合理设置教学内容,就能使高校思想政治理论课成为具有极好人文滋润的课堂。可见,对于提升大学生综合素养,高校思想政治理论课有着非常重要的地位,也有着自身特殊的实现方式。

三、怎么教

如果说坚定理想信念、厚植爱国主义情怀、加强品德修养、增长知识见识、培养奋斗精神以及增强综合素养的"六个下功夫"深刻契合了中华民族伟大复兴的时代趋向,与新时代中国特色社会主义现代化建设对人才的需要密切呼应,是高校思想政治理论课应着力达成的教学价值目标,那么,如何通过具体的教学实施来实现教学价值目标就是一个关键问题。

就价值的实现而言,实践是目的和手段的统一。价值目标的确立不等于价值目标的实现。习近平总书记在学校思想政治理论课教师座谈会上指出,推动思想政治理论课改革创新,要不断增强思政课的思想性、理论性、亲和力、针对性。要做到:坚持政治性和学理性相统一,坚持价值性和知识性相统一,坚持建设性和批判性相统一,坚持理论性和实践性相统一,坚持统一性和多样性相统一，坚持主导性和主体性相统一，坚持灌输性和启发性相统一，坚持显性教育和隐性教育相统一。习近平总书记强调的这"八个统一"，深刻总结了思想政治理论课建设长期以来形成的规律性认识和成功经验，是一个紧密联系、有机统一的整体，为思想政治理论教师"怎么教"构建起了重要的教育理念、方法原则。简言之，遵循"八个统一"的教学实施过程，思想政治理论课教学过程的教师角色才能有力生成。然而，对于思想政治理论课教师而言，要积极主动进而创造性地在教学过程中贯彻落实"八个统一"，应从以下三个方面努力。

（一）要深刻理解"八个统一"的逻辑结构、矛盾关系

有研究者认为，"'八个统一'是思政课建设长期以来形成的一系列规律性认识和成功经验的科学概括，更为新时代思政课的改革创新提供了基本遵循"。①然而，不能把握"八个统一"整体的逻辑结构，"八个统一"的理论价值和实践意义就会大打折扣。一方面，要充分意识到"八个统一"的整体性。就具体内容而言，"八个统一"在已有认识中都有不同程度、不同方式的表述，如理论与实践的统一、统一性和多样性的统一、显性教育与隐性教育的结合等。但如果没有充分意识到八个方面的统一的整体性，即"八个方面的统一在实践中是共同起作用的，具有整体性的功能和作用……而是满足于把它们都打散而分别地加以考察，那就是认识上的倒退，也不可能取得实践上的全面进步"。②简言之，思想政治理论课教学改革的创新，应是"八个统一"的合力生成，如"八个统一"提到的政治性、价值性、建设性就必须建立在思政课

---

① 冯刚，陈步云. 深刻把握新时代思政课"八个统一"的建设规律[J]. 中国高等教育，2019（09）：11-14.

② 刘建军. 论高校思想政治理论课教育教学的"八个统一"[J]. 教学与研究，2019（07）：13-19.

教师主导性的基础上。具体而言，思想政治理论课教学过程如果没有彰显教师的主导性，我们所强调的政治性、价值性、建设性就难以实现。因此，把握"八个统一"的整体性，就要理解"八个统一"作为一个整体的内在逻辑结构。关于"八个统一"内在的逻辑结构，从质的规定上看，"八个统一"蕴含着三个层面的内在逻辑：第一，课程价值论层面，坚持政治性与学理性相统一，坚持价值性和知识性相统一，坚持建设性和批判性相统一，体现了思政课价值论的基本要求。第二，课程建设原则层面，坚持理论性和实践性相统一，坚持统一性和多样性相统一，反映了思政课程建设的基本原则。第三，教学方法论层面，坚持主导性和主体性相统一，坚持灌输性和启发性相统一，坚持显性教育和隐性教育相统一，概括了思政课教学的基本方法。而基于矛盾分析的方法，"八个统一"实际上是"八对矛盾"。因此，"思政课教育教学是一个系统工程，是一个矛盾的集合体，它里面不只有一个方面的矛盾，而是具有多个方面的矛盾"。进一步来讲，把握矛盾的主要方面是关键。在政治性与学理性、价值性和知识性、建设性和批判性、理论性和实践性、统一性和多样性、主导性和主体性、灌输性和启发性、显教性和隐教性①这八对矛盾中，政治性、价值性、建设性、理论性、统一性、主导性、灌输性、显教性就是矛盾的主要方面，或者说它们是学理性、知识性、批判性、实践性、多样性、主体性、启发性、隐教性最终要实现的价值归宿。搞不清楚"八对矛盾"中的矛盾关系，就教学实践来看，造成的问题就是教学目标迷失、教学重点模糊、教学手段和教学目的的错位。简言之，深刻把握"八个统一"的整体性及其内在的逻辑结构、

---

① 刘建军教授建议将"坚持显性教育和隐性教育相统一"调整为"坚持显教性和隐教性相统一"。这样"八个统一"的形式更加一致，表述更加完满。

矛盾关系,才能更有效地构建起"八个统一"的理论创新价值和实践指导意义。

(二)要从教学实践中深刻领悟"八个统一"的科学内涵

有研究者指出,从产生的来源和过程看,"八个统一"并不仅仅是在思想政治理论课教育教学经验的基础上,而且是在我们党和国家意识形态工作长期以来所积累的经验和规律性认识基础上形成的。因此,"'八个统一'不仅仅适应于思政课教育教学,而且适应于党和国家全部的思想政治教育和意识形态工作,可以说是党和国家思想政治教育和意识形态工作的指导方针和重要原则"。①对思政课教师而言,要在教育教学中积极主动地遵循"八个统一",就应紧紧立足思政课这一具体的教学实践情境,深刻领悟"八个统一"的科学内涵,从而树立针对教学实践创新变革更为深刻的问题意识。不重视具体教学实践情境而只是对"八个统一"作囫囵吞枣、大而化之的理解,必然导致思政课教师教学实践变革意识的缺失而无法生成"八个统一"的行动自觉。

课程价值层面,思想政治理论课教学过程要充分彰显政治性、价值性和建设性,而学理性、知识性和批判性相对于政治性、价值性和建设性而言,归根到底是手段。之所以强调学理性,是因为我们要以理服人而不是以力服人,更不是以势压人。从知识建构论的观点出发,教师在教学过程中能否做到内容丰富、逻辑严密,能否生动地摆事实、讲道理,决定了教育对象思想观念能否有效地实现与教学目标一致的自主建构。简言之,思政课教学过程的学理性是生成、彰显政治性的必须。作为立德树人的关键课程,讲政治是思政课的首要要求。面对信息网络化和价值观念多

---

① 刘建军.论高校思想政治理论课教育教学的"八个统一"[J].教学与研究,2019(07):13-19.

元化环境成长的教育对象，思政课要更好地坚持政治性，就要注重以学理阐释政治。之所以强调知识性，在于我们要通过丰富的知识传授来感染学生、熏陶学生、启发学生，从而培养学生正确的价值观。所以，离开思政课立德树人的基点，就无法区分思政课所强调的知识性与其他课程特别是专业课程的知识性，就不能深刻理解思政课知识传授的根本在于价值引导，知识传授最终是为了帮助学生形成正确的世界观、人生观、价值观。从思政课教学实践领悟"坚持价值性和知识性相统一"，我们才能更深刻地理解为什么要警惕思政课的价值异化问题，才能自觉地把在知识传授中实现价值引导作为审视教学过程有效性的重要原则。之所以强调批判性，在于批判性是马克思主义的理论品格。坚持马克思主义对思想政治工作的指导地位，从方法论看，"把思想政治教育的意识形态功能错误地理解成要为全部的社会现实辩护，不仅理论上是错误的，而且在实践中非常有害"。[①]思政课应积极主动地直面各种消极现象、错误观点和思潮，开展有理有据的理论批判从而达成主流意识形态的传导，才能更有力地保障正面教育的作用。简言之，思政课教学的"批判"究其根本是为了更好地"建设"。

课程建设层面，思想政治理论课应强调理论性和实践性相统一、统一性和多样性相统一。然而，如果把这两个"统一"只放在理论和实践、统一和多样的一般关系中去把握，就会得出思想政治理论课既要重视理论又要深入实践、既要重视统一性又要尊重多样化等所谓"既什么又什么"的似是而非的理解。

关于实践性，思想政治理论课教学情境中的"实践性"不能

[①] 廖伟. 思想政治教育中马克思主义批判性特征的运用[J]. 学校党建与思想教育，2011（11）：28-29.

与生产实践中的"实践"简单等同。思想政治理论课作为专职思想政治理论教育的教学活动,实践性不等于也不可能是生产实践,而是强调教学要与现实相联系,要从脱离实际的空洞说教中摆脱出来。有效的思想政治理论课教学,就课堂教学而言,教学内容应具有强烈的现实感、时事性,教学过程应有更多的生活体验感。就实践教学而言,"教学"是目的,"实践"只是知识建构意义上的观察访谈、调查总结而非真正意义的生产实践。实践教学最终的目的是要通过深入经济社会生活的观察思考,从而增强和巩固理论教学的效果。因此,从思政课教学情境看"坚持理论性和实践性相统一",意味着课堂教学内容要有鲜明的实践指向,意味着实践教学的开展首先要达成的是思想观念的积极认同。简言之,思政课所强调的实践性,要以理论性为首要价值目的,着眼于理论教育效果的提升。当然,需要注意的是,如果从学校思想政治教育或者德育的情境去看理论性与实践性相统一,对于实践性的把握又须另当别论,而不能一概而论。

关于多样性,思想政治理论课教学情境中的多样性与统一性显然不能是同一层面"一和多"的问题。思想政治理论课所强调的多样性,是教学手段、教学内容的多样性,体现的是对教师教学风格差异性、教育对象学习差异性的理解与尊重。作为立德树人的关键课程,一方面,"课程设置的规范性、教学目标和要求上的规定性、教材编写的权威性,以及教学管理上的统一要求,这是保证思政课性质和要求的基本前提和保障"。[①]另一方面,要面对不同层次教育对象学习能力的差异性,也要面对不同层次教育对象成长需要的差异性,还要面对不同层次学校教学条件的差异

---

① 刘建军. 论高校思想政治理论课教育教学的"八个统一"[J]. 教学与研究,2019(07):13-19.

性,思想政治理论课教师既要有保证教育目的统一性的高度自觉,也要有因地制宜、因时制宜、因材施教以提升思想政治理论课教学针对性的意识能力,即以最丰富有效的多样性实现最大的统一性,以最大的统一性引领最大的丰富性。简言之,思想政治理论课所强调的多样性,要以教育目的统一性为价值旨归,通过不断创新变革教育教学方式以满足不同学生的成长需要。

教学方法层面,思想政治理论课要坚持主导性和主体性相统一、坚持灌输性和启发性相统一、坚持显性教育和隐性教育相统一。然而,从教学实践中出现的问题看,教师对于主导性和主体性、灌输性和启发性、显性教育和隐性教育这三对矛盾关系的认识有待进一步深化。一是主体性教育理念的宣扬重构了课堂教学生活,原来的"一言堂"为学生自由的课堂参与所替代。进而,学生是否积极参与成为判断课堂教学好坏的基本标准。总之,所谓的主体性教育就是把课堂还给学生,帮助学生成为课堂的主人。因此,课堂教学过程中的喧哗取代了沉静的思考,课堂教学碎片化的只言片语代替了严密逻辑的理性分析。可见,所谓的主体性教育只有沉迷的主体而没有智慧的教育。二是注重教学启发性才能有利于学生思想观念的自主建构,思政课要激发学生课堂学习的兴趣也应增强教学过程的启发性。然而,单向度地关照了教育对象的学习兴趣、教学内容的吸引力,而没有深入地分析教学内容与教学目标的逻辑关联,将会导致教学目标与积极活跃的教学过程相脱离。值得注意的是,此类问题在目前的思政课教学中不少见。而问题形成的根源在于,思政课教师教学过程中灌输意识的缺失。从意识形态的灌输性出发,课堂教学的启发性只是灌输性生成的重要手段。对思政课而言,教学问题的设置、教学内容的组织首先要明确的是灌输性的目的能确立,然后才是启发性的创设。三是思想政治理论课作为立德树人的关键课程,决定了思政课教师不同于其他专业课程教师，思政课教师就是正确的世界观、人生观、价值观的直接宣扬者，就是中国特色社会主义道路、理论、制度、文化的直接阐释者。从社会观察学习理论出发，教育对象是否具有正确的世界观、人生观、价值观，对中国特色社会主义道路、理论、制度、文化是否自信，进而能否把这种认同自信内化外行，思政课教师就是教育对象首先学习观察的对象。因此，教师在教学生活中的言行举止实际上是学校立德树人极为重要的隐性课程，是否意识到这一点进而努力地开发建设好这一隐性课程，直接关系到课堂教学有效性的生成。

综上所述，主体性、启发性、隐性教育，从思想政治理论课教学实践看，最终的意义在于更好地实现主导性、灌输性、显性教育。以上三对矛盾关系，主导性、灌输性和显性教育无疑是矛盾的主要方面，主体性、启发性和隐性教育的构建，都应围绕和立足主导性、灌输性和显性教育的实现。因此，主体性、启发性、隐性教育才能有的放矢、事半功倍，从而最大限度地避免教学目标的迷失。

（三）要从教学的反思行动中落实"八个统一"的实践指引

遵循"八个统一"，既要清楚"八个统一"内在的逻辑结构、矛盾关系，也要知道立足思想政治理论课教学实践的具体实际，特别是思政课教学过程存在的普遍问题、突出问题，深刻领悟"八个统一"的科学内涵，还要自觉地以"八个统一"为根本指引，通过教学反思行动优化创新教学的方式方法，切实增强思政课教学实效性。教师教学成长离不开反思行动，反思是教师教学成长的重要途径。完整的教学反思行动应是教学实践的再认识、再思考、再审视、再实践。再认识，就是对教学目标、内容、方法的回顾，即对教学过程的再还原；再思考，就是对教学目标、内容、方法的再审视，即对教学目标是否明确、教学内容是否与教学目标紧密联系、教学过程是否得到学生积极回应的评价判断；再审视，是教学反思的核心环节，既需要教师对课堂教学精益求精的敬业精神，也需要教师敢于自我否定的优秀品格；再实践，就是教师在对自身教学问题认识的基础上展开新一轮的教学实践活动，以此检验固化已有的经验，从而实现对教学质量的不断提升。教学复杂性决定了思想政治理论课教师遵循"八个统一"不可能一蹴而就，必然要坚持不懈地展开教学反思行动。

从教学实践看，思想政治理论课教师遵循"八个统一"，对课堂教学的反思往往需要触及三个方面的问题。第一个问题是教育目标能否实现的问题。思政课教学活动的开展目的就是对学生展开思想政治教育，这似乎是不言而喻的问题。然而，对于思想政治教育的实践建构却在课堂教学中充满了复杂性和不确定性。一方面，教学过程无法生成与思想政治教育目标紧密对应的教学内容，或者说思想政治教育的教学内容在思政课教学过程中并没有得到有效的组织。相反，课堂被知识性、叙事性的教学内容所充斥，识记性的问题在不知不觉中成了教学内容的重要构成，学生得到的只是事实性的知识而非事理性的把握。另一方面，教师在教学内容生成中缺乏复杂性的思维，复杂的经济社会生活在课堂教学中被简化为线性的因果关系，由此导致学生对经济社会问题使用线性思维方式。显然，不重视事理性问题的学习理解，不重视对经济社会问题复杂性的揭示，思想政治理论课所强调的政治性、价值性和建设性就难以实现。如对新时代历史性成就、历史性变革的教学，就存在着教学目标如何确立、教学内容如何组织的问题。

"历史性成就和历史性变革"是高校思想政治理论课"毛泽东思想与中国特色社会主义理论体系概论"课程的重要内容。党的十八大以来，党和国家事业取得了全方位的、开创性的历史性成就，发生了深层次的、根本性的历史性变革。对此，人民群众高度认同。然而，就思政课"概论"课程的教学而言，如何讲好"历史性成就和历史性变革"却是一个比较困惑的问题。困惑之一：讲授历史性成就与历史性变革的教学目标是什么？"历史性成就和历史性变革"是通过丰富生动的事实告诉学生十八大以来我们党带领全国各族人民在各方面取得的重大突破与辉煌成就，还是着重讲清楚、讲明白十八大以来历史性成就和历史性变革与习近平新时代中国特色社会主义思想的本质联系。对此问题的回答要立足教学逻辑结构的分析。从教学逻辑结构看，"历史性成就和历史性变革"是"习近平新时代中国特色社会主义思想及其历史地位"一章的具体教学内容，因此，"历史性成就和历史性变革"的教学应服务于该章的教学目的。进而，只有讲清楚、讲明白十八大以来的历史性成就和历史性变革与习近平新时代中国特色社会主义思想的内在联系，才能帮助学生深刻把握习近平新时代中国特色社会主义思想的内容构成，才能引导学生深刻认同习近平新时代中国特色社会主义思想的历史地位。而"习近平新时代中国特色社会主义思想的主要内容"和"习近平新时代中国特色社会主义思想的历史地位"作为该章后面的教学内容则是有力呼应了这一教学逻辑。因此，把"八个明确"和"十四个坚持"融合在"历史性成就和历史性变革"的教学内容中，从而构建起十八大以来历史性成就和历史性变革与习近平新时代中国特色社会主义思想的内在联系应成为此教学环节的核心目标。简言之，"历史性成就和历史性变革"的教学内容不仅要有丰富生动的事实，更要着力于深刻的事理建构，才能充分实现思想政治理论课教学应有的政治教育、价值引导功能。困惑之二：如何讲清楚、讲明白十八大以来的历史性成就和历史性变革与习近平新时代中国特色社会主义思想的内在联系。以生态文明建设成就为例，教材列举了具体数据，有力证明了十八大以来生态文明建设取得了显著成效。然而，生态文明建设成效显著的根本原因应该得到更为深入的分析，简单地线性思维不利于教育对象的理性成长，也不能够帮助他们学会客观理性地看待生态文明建设仍然面临严峻挑战的现实。如果把生态文明建设成效显著简单归因于某一个政策举措的提出，就必然与现实生态文明建设的复杂性相脱离。只有讲清楚生态文明建设的复杂性（地方利益和整体利益、眼前利益和长远利益以及个人利益和集体利益的冲突矛盾），才能引导学生深刻理解十八大以来把生态文明建设纳入总体布局的重大意义，才能帮助学生深刻把握坚持以人民为中心、坚持新发展理念、坚持人与自然和谐共生的极端重要性，当然也能够有效培养起学生的复杂性思维，意识到生态文明建设是一个复杂工程，需要牢牢坚持以人民为中心、坚持新发展理念、坚持人与自然和谐共生，特别是对于经济落后地区而言，要"在保护中发展，在发展中保护"，任重而道远。简言之，要讲清楚、讲明白十八大以来的历史性成就和历史性变革与习近平新时代中国特色社会主义思想的内在联系，从而引导帮助学生深刻认同实现中华民族伟大复兴必须坚持习近平新时代中国特色社会主义思想，就应该避免线性思维的教学过程，而应充分揭示历史性成就和历史性变革的复杂性，从而才能更有力地构建起习近平新时代中国特色社会主义思想的内容体系及其历史地位。

教学反思需要触及的第二个问题是教学内容能否得到了学生的关注。从上一问题的分析可以得到的结论是，相比教学手段，思想政治理论课教学有效性的关键在于教学内容的有效生成，简单而言就是教学内容契合了学生的课程学习心理、价值诉求。然而，"思政课的重大难点之一，就是它以最大的统一性来面对最大的多样性，因此，如果不能把统一性和多样性有效结合起来，就很可能陷入众口难调的困境"。①教学内容能否吸引学生，无非是两个方面的因素：一是教学内容是否新奇，能否刺激起学生的课堂学习兴趣；二是教学内容与教育对象自身发展的利益是否切实相关，能否得到学生的关注。从教学实践看，网络信息化的世界，教师通过谋求教学内容的新奇来刺激教育对象的学习兴趣，难度越来越大，教师的预想与课堂教学的实际效果往往存在着巨大的反差。而能与学生自身专业发展、职业成长形成密切关联的教学内容则往往能够得到学生更多的关注，学生愿意投入的精力也更多更持久。简言之，要充分激发学生的课程学习兴趣，思想政治理论课教学内容的生成应充分实现与大学生成人成才价值诉求的高度契合。思想政治理论课作为立德树人的关键课程，不仅要关注成人的问题，也要积极关注成才的问题。立足对教育对象专业发展、职业成长问题的关注生成多样性的教学内容，这样的思政课才是更"有温度"的思政课。如对新发展理念的教学，就存在着教学内容如何选择才能激发学生课程学习兴趣的问题。

新发展理念是中国共产党关于发展理论的重大升华，是习近平新时代中国特色社会主义经济思想的主要内容。就高校思政课"毛泽东思想和中国特色社会主义理论体系概论"课程的教学而言，引导教育对象高度认同建设现代化经济体系，必须贯彻新发展理念是其课程教学的重要目标。从教学内容组织来看，关于创新、协调、绿色、开放、共享的教学内容选择，十八大以来的中国特色社会主义经济建设的实践历程与显著成就提供了非常丰富的素材和案例。然而，越是在我们看来随手可得的教学内容，越需要注意一个问题，即这些随手可得的教学内容是否能够激发教

---

① 刘建军. 论高校思想政治理论课教育教学的"八个统一"[J]. 教学与研究，2019（07）：13-19.

育对象的课程学习兴趣。因为对教师而言随手可得的教学内容对学生而言往往也是容易得到的。网络信息化的世界为每一个网民的信息获得提供了非常公平的环境，教师相对学生在信息获取上没有任何的优先权、控制权。因此，教师不加分析地以为自己的教学案例一定能够吸引学生，确实存在着主观主义的嫌疑。这也可能是我们满心期待的课堂却往往不能吸引打动学生的原因。简言之，在网络信息化的学习环境，教师以为拿来一个案例就能吸引打动学生的教学方式已成为过去式。新发展理念的教学内容如何生成，这是一个值得认真探究的问题。

高校思想政治理论课的教学内容如何才能打动学生，关键在于教育理念的变革。思政课作为高校立德树人的关键课程，既要成人也要成才。特别是对应用型的地方院校而言，思政课更应该在应用型人才培养方面积极作为，敢于担当，从而不断拓展深化自己的育人价值。以应用型人才培养的价值诉求为出发点，"理论性和实践性相统一""统一性和多样性相统一"就有了更为丰富的内涵。理论性、统一性意味着思政课教师应坚持课程育人目标，毫不动摇、不打折扣地完成党和国家赋予任教课程的教学目的，实践性、多样性则意味着思政课教师应多关注与教育对象专业发展、职业成长的社会实践，重视从不同的专业发展、职业成长的相关实践中引导教育对象去领悟我党的思想理论、方针政策，自觉地以党的思想理论、方针政策作为自己专业发展、职业成长的根本指引，从而为思想政治教育从知到行的转变提供有力保证。就新发展理念的教学而言，教师不仅在宏观层面要让学生深刻理解建设现代经济体系坚持创新、协调、绿色、开放、共享发展理念的重要性，也非常有必要结合学生的专业背景，引导学生认识到新发展理念在相关产业发展、行业实践中的生动贯彻，从而为学生在未来专业发展、职业成长的过程中自觉贯彻新发展理念提供有效动力。因此，应用型地方本科院校的思政课教师，要达成对"理论性和实践性相统一""统一性和多样性相统一"的有力遵循，从教学内容的生成看，就得有对学生成人成才的深情关注，就得主动了解与教育对象专业发展、职业成长相关的最新行业动态、产业发展，这应该是"思政课程"与"课程思政"实现同频共振的必然要求。

教学反思需要触及的第三个问题是学生课程学习的主体性能否得到提升。主体性人皆有之，然而，主体性有正面的也有负面的。对于课程学习，学生的主体性应是积极地参与课程学习的讨论思考、交流分享，而不是想出各种办法来逃避或消极应付课程学习。高校思想政治理论课隐性缺席的问题如何解决，技术的手段有一定作用但毕竟非常有限。要真正解决课堂教学隐性缺席的问题，根本在于教师能否推动教育对象课程学习主体性的生成。"主导性和主体性相统一""灌输性和启发性相统一""显性教育和隐性教育相统一"三个方面深刻体现了思想政治理论课应重视学生课程学习主体性的基本规律。一方面，教师主导性的充分实现必须以学生主体性的生成为重要保证；另一方面，学生主体性的生成，应着力于教学过程的问题启发和自我领悟。概言之，有了学生对课堂问题的积极讨论、深入思考，有了学生对经济社会生活实践的更多体悟，思想政治理论课教学过程的有效性就有了生成发展的坚实基础。反言之，如何在教学过程中通过教学内容的组织、教学问题的设置来推动、激励学生课程学习主体性的生成，应是高校思政课教师贯彻遵循"八个统一"非常重要的着力点。如对新时代社会主要矛盾转变问题的教学，教师能否引导学生从社会生活的实际体验中自主建构起对社会主要矛盾变化的深刻认识，直接关系到教学目标能否有效达成。

"社会主要矛盾的变化"是高校思想政治理论课"毛泽东思想

和中国特色社会主义理论体系概论"课程的重要内容。我国社会主要矛盾的变化是关系全局的历史性变化,对党和国家工作提出了许多新要求。深刻认识社会主要矛盾的变化,是全面把握习近平新时代中国特色社会主义思想内容构成及其历史地位的重要前提。因此,社会主要矛盾变化的主要依据(以下简称"主要依据")应是这部分的教学重点。秉持主体性的学习才是有效学习的教学理念,"主要依据"的教学过程应充分激励教育对象课程学习主体性的生成,引导学生从自身社会生活的实际体验中建构起对社会主要矛盾变化的理解认同。同时,考虑到教学内容应对教育对象具有更大的吸引力,此部分教学内容的生成要更好地立足于与学生职业发展紧密相关的旅游业进行(笔者教学班级为旅游管理专业的学生)。为此,笔者设置的教学问题是"从我国旅游业发展看社会生产力的历史变化"。然而,该课堂提问并没有得到学生的积极响应,本以为学生能够从旅游的"吃、住、行、游、购、娱"六大要素展开积极的讨论发言,课堂却陷入了长时间的沉默。可见,如何通过课堂提问让学生"动"起来,教学问题需要精心设置。

　　从课堂教学看,主导性和主体性、灌输性和启发性、显性教育和隐性教育三者的统一,关键在于教师要摆脱说教,善于构建起一个知识建构的对话情境。而要顺利实现这一目的,教师应为学生提供一个可以快捷进入的学习通道。对教师而言,作为有效学习通道的教学提问至少有两个方面的问题需要注意:一是提出的问题是实现教学目标的问题吗?二是这个问题的解决是直接面向教学目标,还是需要其他问题的解决才能面向教学目标?可以看到,"从我国旅游业发展看社会生产力的历史变化"的课堂提问之所以不能得到学生的响应,根本在于该问题的解决首先要求学生懂得旅游六大要素的分解,即学生应是一个熟悉旅游业要素构成的学习主体。基于学生专业知识熟悉度的分析，此处有效的教学提问应该是从某一旅游要素入手，引导学生去感受我国社会生产力所发生的阶段性变化。事实上，当教学提问调整为"现在人们旅游休闲的出行方式主要有哪些"后，就有了学生对课堂提问的积极发言。而在问题回答的基础上通过教师纵向与横向的教育引导，学生对我国社会生产力的巨大进步就有了深刻理解，从而认识到我国进入社会主义初级阶段以来的"落后的社会生产力"已经发生了新的阶段性变化，新时代社会主要矛盾的转变有着客观的社会生产力发展基础。

四、谁来教

习近平总书记在学校思想政治理论课教师座谈会强调，思想政治理论课是落实立德树人根本任务的关键课程。思政课作用不可替代，思政课教师队伍责任重大。课程发展的关键在教师，教师的积极性、主动性和创造性决定了课程实施的质量高低。办好思想政治理论课要做的工作千头万绪，然而，思政课能否在学校立德树人的根本任务中发挥中流砥柱的作用，能否在社会主义建设者、接班人的培养中扮演好定海神针的角色，关键是思政课教师。抓住关键是坚持马克思主义矛盾理论的基本要求。毛泽东同志指出："对于矛盾的各种不平衡情况的研究，对于主要的矛盾和非主要的矛盾、主要的矛盾方面和非主要的矛盾方面的研究，成为革命政党正确地决定其政治上和军事上的战略战术方针的重要方法之一，是一切共产党人都应当注意的。"[①]就思政课而言，正确认识课程建设的主要矛盾和矛盾的主要方面是办好思政课的基本前提。把思政课教师作为关键，既符合课程发展的一般规律，

---

① 毛泽东选集：第 1 卷[M]. 北京：人民出版社，1952.

又深度契合思想政治教育自身的内在规律,也非常精准地抓住了当前思想政治理论课教育教学存在的核心问题。

基于思政课教师是关键的立场,思政课"谁来教"的问题就不再是一个简单的问题。思政课当然应是思政课教师来教授,更应是能够充分发挥立德树人育人作用的思政课教师来教授。否则,思政课作为立德树人关键课程的使命就会虚无化。可见,思政课"谁来教"的问题实质是要回答什么样的思政课教师才能不辱使命,才能让思政课真正成为立德树人的关键课程。简言之,思政课教师作为立德树人关键课程的教师,能否扮演好自己的角色非常重要。因此,只有深刻认识思政课教师的角色,才能回答清楚思政课"谁来教"的问题。

通常而言,教师角色意识明确,具有角色扮演所需要的专业技能、专业道德等角色素质,是教师专业化的主要标志。深刻认识思政课教师角色,是思政课教师增强角色意识、准确进行角色定位、提高角色素质,从而成功扮演角色、完成角色使命的重要前提。然而,学界对高校思想政治理论课教师角色问题的理论研究还远远不能适应新形势、新任务的需要。有研究者认为,思政课教师角色的认识存在三个方面的问题[①]:一是对思政课教师角色要求全面,但相对忽视了思想政治理论课及其教师的特殊性,而且过度偏执于社会对教师职业的期望,理想化色彩太重,说服力不够;二是把握住了思政课教师角色的社会价值,但相对忽视了教师个体自身发展的需要和角色的个体价值,不利于教师自觉意识的增强和主动性的发挥;三是从社会规范层面对思政课教师应该扮演什么角色进行了描述性和经验性总结,而从思想政治教育理论层面进行思政课教师角色的研究还有待深入。总之,思政

---

① 李海峰. 高校思想政治理论课教师角色研究[M]. 北京:人民出版社,2012.

课教师角色的认识既是思想政治教育领域一个重要的理论问题，也是一个迫切需要解决的实践问题。

2019年3月18日，习近平总书记在学校思想政治理论课教师座谈会上对思政课教师队伍建设提出了政治要强、情怀要深、思维要新、视野要广、自律要严、人格要正的要求。这六个方面的要求（以下简称"六个要"），为新时代思政课教师队伍建设确立了重要标准，也为思政课教师提升职业素质和授课能力提供了努力方向。从教师角色看，"六个要"既彰显了思政课教师角色的特殊性，又体现了思想政治教育的内在规律，还关注了教师个体价值的自我实现。因此，"六个要"为新时代思政课教师角色定位提供了基本方向，精辟深刻地回答了新时代思想政治理论课"谁来教"的重要问题。一句话，贯彻落实"六个要"，思政课必须要由政治强、情怀深、思维新、视野广、自律严、人格正的思政课老师来教。

（一）思政课教师政治要强

思政课教师"政治要强"是思想政治理论课价值属性的内在要求。思想政治理论课与其他课程最大的不同，在于思想政治理论课要解决的核心问题是学生的理想信念问题，确切地说，是要解决学生作为社会主义建设者、接班人的理想信念问题。如果说，"坚持政治性与学理性相统一、坚持价值性和知识性相统一、坚持建设性和批判性相统一"体现的是思政课价值论的基本要求，那么，从矛盾上把握，在"政治性与学理性""价值性和知识性""建设性和批判性"三对矛盾中，政治性、价值性和建设性就应是牢牢抓住的矛盾的主要方面。思政课的学理性、知识性、批判性都应以政治性、价值性、建设性的充分实现为出发点和落脚点。简言之，学理性、知识性、批判性不是为学理而学理、为知识而知识、为批判而批判，而是要以增强学生马克思主义信仰、中国特色社会主义理想信念的教育引导为价值导向。可见，思政课教师归根到底，端的是"政治碗"，吃的是"政治饭"，其角色扮演，就是为社会主义意识形态服务，具有鲜明的意识形态性。思政课程的建设，意味着其他课程的教师要自觉有为地担当起学生思想政治教育的职责。然而，思政课教师与其他课程教师不同，思政课教师作为马克思主义理论的学习者、研究者、党的路线方针政策的宣讲者和学生健康成长的引导者，在学生理想信念的教育中具有更为直接、更为重要、更为明显的作用。

如果说，不以马克思主义理论为学习、研究、宣传、引导的内容，不以捍卫社会主义意识形态、为社会主义培养人才为目标，就不是真正的思想政治教育，那么，真正意义上的思想政治理论课教师就应做到对马克思主义的"真学、真懂、真信、真用"。就思政课教师可持续发展的职业过程而言，对马克思主义的真信是思政课教师安身立命的根本。只有真信，才能有对马克思主义理论"真学"的坚持不懈，才能有对马克思主义理论"真懂"的实事求是，才能有对马克思主义理论"真用"的理直气壮。就思想政治理论课教学过程而言，思政课教师首先应当有信仰才能讲信仰。如果思政课教师对自己所讲的内容缺少高度认同，甚至连自己都不信，怎么引导学生真信？思政课教师作为马克思主义理论的宣讲者，说一套做一套或照本宣科应付了事，又怎么引导学生真用真懂？一句话，有信仰的思政课教师才能真正成为马克思主义信仰的传播者，才能真正成为党的路线方针的宣讲者和大学生健康成长的引导者。因此，政治要强是思政课教师角色的本质特征。政治要强对思政课教师而言，要对马克思主义有坚定信仰，要对社会主义和共产主义有坚定信念，要对实现中华民族伟大复兴的中国梦有坚定信心。

（二）思政课教师情怀要深、思维要新、视野要广

思政课教师情怀要深、思维要新、视野要广是思想政治理论课提升教学质量的必然。从教学实施过程看，坚持理论性和实践性相统一、坚持统一性和多样性相统一意味着教师要在教材体系向教学体系转变上下功夫，教师对教学内容的组织、教学方式的选择既要体现联系生动实践的取向，也要关注不同学生课程学习的心理特征以及发展诉求。进而，只有立足教学过程理论性和实践性相统一、统一性和多样性相统一的充分实现，学生课堂学习的主体性、启发性才能有力生成，思政课教师的教学主导性、启发性才能充分构建。可见，思政课教师要坚持理论性和实践性相统一、坚持统一性和多样性相统一、坚持主导性和主体性相统一、坚持灌输性和启发性相统一（以下简称"四个统一"），就应着力于思政课教材体系向教学体系的有效转变。如何实现教材体系向教学体系的转变，根本在于情怀要深、思维要新、视野要广。

思政课教师情怀要深，才能为教材体系向教学体系的转变提供足够的动力，增强教学过程感染力。思想政治理论课的教学实践充分表明，离开教学内容的实践性、教学方法的多样性、教学过程的主体性，教学实效性就难以保证。而要达成教学内容的实践性、教学方法的多样性、教学过程的主体性，对任何一个思政课教师而言，都不是轻而易举的，这是一个身心深度投入、充满创造性的过程。教师作为一份职业，外在的约束激励固然不能缺席，然而，教师作为一份需要良心的职业，更需要教师主体对授业解惑责任的自我坚守，对立德树人使命的自觉担当。就思政课教师而言，如果没有对学生成人成才的深情关注，没有对党忠诚的自律意识，没有作为国家意识形态教育工作者的使命担当，就难以做到对课堂教学的精益求精、自我反省，教学过程或应付了事，或投机取巧，"四个统一"的坚持就会大打折扣。进而，亲其

师而信其道,"有情怀的思想政治理论课教师,才会在课堂教学中以情感人、以情动人,才会以情怀为媒介在教师和学生之间架起真正的心灵沟通之桥,并影响学生一生的志向和追求"。①概言之,从教学实施看,思政课教师要不辱使命,就要有对忠诚于马克思主义理论教育事业的真情实感,就要有对课堂教学的执着进取精神,就要有对学生成人成才的深情关爱。

思政课教师思维要新、视野要广,才能为教材体系向教学体系的转变提供有力的内容支撑,增强教学过程吸引力。思政课教学实践充分表明,教材体系向教学体系转变的关键是教学内容的组织生成。从问题发展的逻辑看,教材是提出问题,教学则是回答问题。思政课教师能否通过生动而非枯燥、深刻而非说教的教学内容展开教学,决定了思政课教学过程吸引力的强弱,也最终决定了思政课教学有无实效性。而要实现教学内容的生动深刻,思政课教师就必须思维要新、视野要广。在思维方面,思政课教师首先要有学习心理的把握。学习心理表明,只有好奇心理才能更有力地驱动学习。到了大学阶段,特别是对成长于网络信息环境下的大学生来说,线性思维取向的教学内容组织不仅不会得到学生的关注,反而会引起学生的厌倦。思维要新,思政课教师一方面应加强学习心理的掌握,要重视通过教学问题推动学生好奇心理的产生。另一方面应坚持运用马克思主义辩证思维、历史思维来构建教学内容。所谓辩证思维的教学内容构建,要求思政课教师"当然要敢于和勇于面对当代中国社会发展中的问题和不足,但是更要讲清楚讲明白中国特色社会主义已经取得的巨大成就;

---

① 孙立军,刘爱军. "六个要"与思想政治理论课教师素养提升[J]. 思想理论教育导刊,2019(7):28-33.

既不能只谈成绩不谈不足，更不能只讲问题不谈成绩"。①所谓历史思维，要求思政课教师应重视从客观发展的历史脉络中组织生成教学内容，从而增强思想政治教育的历史厚重感、实践说服力。视野要广，对于新时代的思政课教师而言具有非常重要的意义。一方面，全球化和信息化的成长背景，决定了思政课教师只有重视通过国内国外的横向对比才能顺利解决当代大学生对中国特色社会主义道路自信、制度自信、理论自信、文化自信的坚定问题。因此，思政课教师是否善于运用国内和国外的一些客观事实、典型案例和重要素材，在开放比较中而不是封闭保守中、在自觉自信中而不是自大自卑中构建起"四个自信"，既事关教学过程的吸引力，也直接影响教学有效性的高低。另一方面，高等教育大众化的成长背景决定了当代大学生课程学习或强或弱的功利主义思想。思政课作为立德树人的关键课程，应充分关注学生的成才问题。因此，思政课教师拓展知识视野，把与学生专业发展、职业成长、新业态创新改革的问题充分融入教学内容中，使得思政课成为一门更有"温度"的课，对于增强教学过程吸引力和思想政治教育有效性而言也非常重要。

（三）思政课教师自律要严、人格要正

思政课教师自律要严、人格要正是确保思想政治理论课教师角色生成的无形保障。坚持显性教育与隐性教育相统一，根本在于思政课教师个体自律要严、人格要正。从生活教育的立场出发，生活即教育，有着什么样的生活就会受到什么样的教育。如陶行知所言："过好的生活，便是受好的教育；过坏的生活，便是受坏的教育。"如果说教学生活是学生学校生活的核心构成，对学生健

---

① 孙立军，刘爱军．"六个要"与思想政治理论课教师素养提升[J]．思想理论教育导刊，2019（7）：28-33．

康成长的影响至关重要。那么,思政课作为立德树人的关键课程,思政课教学生活对学生成长的影响则是最不能忽视的方面。作为思想政治教育者,身份的特殊性决定了思政课教师必须能够时时刻刻体现出严格自律的品质和高尚的人格魅力。表里不一、言行有别、"课上一套,课下一套"的思政课教师,不仅课堂教学无法真正地吸引学生、感染学生,教师个人也会被学生所排斥。如此,思想政治理论课的道德教育、思想教育、政治教育都不能为学生认同,更谈不上践行。教学生活的无言之教实质异化为了"无言之毁"。简言之,从教学生活情境建构看,自律要严、人格要正对于思政课教师这一特殊群体而言,其重要性丝毫不逊于思政课教师的马克思主义理论素养,也丝毫不逊于思政课教师的视野思维。背离这一点,就意味着对本来应该发挥教育影响力的教学生活的彻底摧毁,思想政治理论课的教学实效性也会受到极大的冲击。思政课教师角色能否有力生成,答案已经非常清楚。

第三节 高校思想政治理论课教学过程学生生成

学生个体如何成为学生——课堂学习者?作为课堂学习者的学生与教师能否更为积极地互动,思想政治的理论认知能否得到教师的更多引导,在情感态度上能否与教师形成更多的共鸣?这首先反映了学生作为课堂学习者的生成质量,自然也成了教学过程有效性生成的关键因素。

一、对学习者问答式主体性的反思

学生个体成为学习者,离不开主体性的生成。对当下课堂的观察发现,问答式的课堂教学已成为很多人实施主体性教育的标准模板。课堂教学由原来教师的"一言堂"转变为教师与学生的"你问我说",学生不再是课堂的观众而是充分发挥了自己的积极性与主动性,参与了教师所设置的以问答为基本形式的各项课程活动,热闹、兴奋甚至快乐的课堂仿佛成了主体性教育这一"时尚品牌"的标签。面对喧哗的实践场景,有必要对问答式的课堂教学展开多维度的思考,为思想政治理论课学习者主体性的生成发展辨明方向。

(一)对问答式课堂教学的教育伦理审视

教学是交往,教学当然也是生活,教学是学生学校生活最重要、最主要的构成部分。课堂教学的过程自然也是教育对象德性生成的过程。课堂教学过程的德育机制和意义通过课堂社会学、伦理学的视角已经得到充分的揭示,无须赘言。在诺丁斯看来:"道德教育首先是指在计划和实施教育的人们努力道德地对待所有被教育者的意义上是道德的,然后才是一种培养被教育者的伦理理想,以便他们能够道德对待他人的教育活动。"[①]因此,在教育过程中,受教育者受到道德对待是德性教化的前提,这一道德规定性是道德教育活动的安身立命之本,只有道德的道德教育才是真正意义的德育。而如何构建起道德教育的道德性,使受教育者受到道德的对待?诺丁斯强调,教育者与被教育者之间相互关心或关怀关系的建立是关键。在她看来,关心关系是道德人生成的必不可少的条件,"是第一位的,美德条目几乎是从这种关系中自然地发展起来的……关心关系的创建与维持应成为道德教育过程的核心所在"。[②]那么,在问答式的课堂教学活动中,主体之间能否生成和发展彼此关心、相互关切的关系呢?答案是否定的。

[①] 肖巍. 女性主义伦理学[M]. 成都:四川人民出版社,2000.

[②] Nel Noddings. Educating Moral People: A Caring Alternative to Character Education[M]. New York: Teachers College Press, 2002.

在问答式的课堂教学中,无论教师还是学生,在流水生产线式的"一问一答,再问再答"的教学过程中都被异化成了工具。

一方面,学生在课堂中积极主动地根据教材内容回答问题(教师的问题是根据教材内容的安排一个接一个提出的,往往是章、节标题的变形,而学生回答的,更为准确的表述是"读"的是章、节后面的小标题或具体内容),忠实地扮演着教师提问的"应答器"角色,成了教师按既定程序推进教学的一个"生产环节"或者道具。因此,在问答式的课堂德育实施模式下,教师关注的不是受教育者作为一个整体人的存在,而是受教育者是否能够按照既定的问题(条件)给出既定的回答(反应)。由此,受教育者成了条件反射下的"它",而不是对话关系中的"你";教师与学生二者之间在问答式的课堂德育中生成的是物的世界中的"我—它"关系,而不是人的世界中的"我—你"关系。[①]同时,在以取悦教师为旨趣的问答式课堂中,学生与学生之间的交流通道是封闭的,情感是无涉的,他人的回答与"我"是毫无牵涉的。如果有,那就是他人回答的错误可能会给"我"一个取悦教师的机会,他人的失落就是"我"走向成功的基础。所以,"我"所关注的是他人的失败,而不是他人作为一个人的整体存在,他人只是"它"而已。

另一方面,教师在问答式的课堂教学中把学生"它化"或工具化的同时,自己也难以逃脱被对象化、工具化的命运。教师在早已经预设好的对话中得到前一个问题的既定答案之后,需要做的事情还是提问,与学生展开早已经预设好的对话后再得到一个问题的既定答案。如此重复、循环直至把问题"清点"完毕。在"清点"问题的过程中教师实质上已经异化为了流水生产线的"传

---

① 马丁·布伯. 我与你[M]. 陈维纲,译. 北京:生活·读书·新知三联书店,1986.

送带"。因此,"一问一答,再问再答"的教学过程必然导致教师身不由己地成为执行既定教学程序的工具。正如萨特所言,"如果不是所有人都是自由的,那么任何人都不可能是自由的"。①问答式的课堂德育情境中,学生不能成为一个完整的人,必然导致教师不可能作为一个真正的主体而存在。人只能与人相遇,人只能在人的世界相遇。没有了"人"的问答式课堂教学,就不可能生成诺丁斯所主张的作为道德教育存在的前提,即教育者与受教育者之间的关心关系。因此,问答式课堂教学其德性教化的合理性是令人怀疑的。同时,问答式课堂教学由于关心关系的缺失反而会潜移默化地助长受教育者阴暗性心理或品质的形成,如把他人的失败作为自己成功的机会。基于此,问答式课堂教学实质是不道德的道德教育,也就是"坏德育"。②

（二）对问答式课堂教学实践范式的探查

马克思认为,社会实践活动具有两个向度:一是"主体—客体"向度,是主体与客体之间的对象化生产实践活动;二是"主体—主体"向度,是主体与主体之间的交往实践活动。而"生产本身是以个人之间的交往为前提的,这种交往形式又是由生产决定的"。③因此,一切社会实践活动都是"主体—客体"和"主体—主体"双重关系的有机结合,是生产实践与交往实践的辩证统一。但必须清楚地认识到,生产实践和交往实践又是两种不同的、相对独立的社会实践活动,它们分别属于以"物的世界"为对象的生产活动领域和以"人的世界"为对象的交往实践活动领域。

---

① 萨特. 词语[M]. 潘培庆,译. 北京:生活·读书·新知三联书店,1988.
② 汪凤炎. 德化的生活:生活德育模式的理论探索与应用研究[M]. 北京:人民出版社,2005. 所谓"坏德育"是指采取不合乎规律的方式方法进行,使受教育者生成不合理不合德性的德育。
③ 马克思恩格斯全集:第3卷[M]. 北京:人民出版社,1961.

"所谓教育，不过是人对人的主体间灵肉交流活动，包括知识内容的传授、生命内涵的领悟、意志行为的规范，并通过文化传递功能，将文化遗产教给年轻一代，使他们自由地生成，并启迪其自由天性。因此，教育的原则是通过现存世界的全部文化导向人的灵魂觉醒之本原和根基，而不是导向由原初派生出来的东西和平庸的知识。"[①]因此，教育是人的灵魂的教育，所指向的世界是"人的世界"而不是"物的世界"，是人与人之间的一种特殊的交往实践。而"所谓教育交往实践，是指在一定的教育活动情境中，教育主体与教育主体之间以共同客体（主要是课程与教材）为中介，借助于言语或者非言语的符号系统而实现的一种以建构学生完满的精神世界为目标的主体际交往实践过程"。[②]主体性德育的根本旨趣在于通过主体际交往实践的对话过程"唤醒"学习者的人生价值与意义，在心灵的触动中生成对真、善、美的向往，实现灵魂的转向。然而，问答式课堂教学的基本特征充分体现了其实践范式是主体与客体之间的对象化生产实践，而不是主体际的交往实践。

首先，问答式课堂教学所实施的教育活动是一个知识的传递过程，学生在教师的提问程序驱动下一步一步地完成了知识的"复制下载"，学生在教师的眼里已经被同质化为面对问题反应速度略有差异的"存储盘"。因此，教师与学生之间的关系是生产者与有待加工产品的关系，问答的过程实质就是"输入—输出"的生产的过程。作为生产者的教师关注的是如何最有效地把知识传递给学生或者说如何使受教育者按既定的轨道到达既定的地点。所以，在"主体—客体"对象化生产实践范式下的问答式课堂教

[①] 雅斯贝尔斯. 什么是教育[M]. 邹进，译. 北京：生活·读书·新知三联书店，1991.
[②] 张天宝. 走向交往实践的主体性教育[M]. 北京：教育科学出版社，2005.

学尽管有些喧闹但总是显得有条不紊、井然有序，仿佛就是一个生产车间。

其次，问答式课堂教学所传递的知识是外在于人的一种客观存在，是关于思想政治的知识而不是立场态度。教师按教材内容提问，学生按教材内容回答，知识在问答式课堂教学中自然形成了一种确定性的客观存在，教育者的唯一任务就是把这些确定性的思想政治理论知识（如概念、原则、规范）告知给受教育者。因此，在问答式课堂教学的实施过程中，教师必然会"无视学生的现实处境和精神状况，而认为自己比学生优越，对学生耳提面命，不能与学生平等相待，更不能向学生敞开自己的心扉"，[①]由此导致了课堂教学成了机械的、冷冰冰的、没有彼此关心、没有心灵触动的活动，从根本上丧失了对人生价值和意义的关怀，受教育者在确定性思想政治理论知识的传授情境中必然将一个人异化为物——知识的容器。所以，问答式课堂教学把思想政治教育理解为确定性知识的传授，本质上遵循的就是指向"物的世界"的对象化生产实践范式，而不是"人的世界"的主体际交往实践。基于以上分析，问答式课堂教学的实践范式是生产实践而不是主体性德育所内含的交往实践，那么，就不能把问答式课堂教学简单地与主体性德育画等号。

（三）对问答式课堂教学价值追求的推论

"知识人"把人视为一种"认识着的东西而存在的，人的第一使命就是向他之外的客观世界索取种种知识"。[②]而问答式课堂教学所遵循的生产实践范式决定了确定性的思想政治理论知识才是教育者与受教育者共同面对的知识。教师在课堂教学中通过"一

[①] 雅斯贝尔斯. 什么是教育[M]. 邹进，译. 北京：生活·读书·新知三联书店，1991.
[②] 鲁洁. 道德教育的当代论域[M]. 北京：人民出版社，2005.

问一答，再问再答"的教学过程"满足"学生对确定性知识的最大占有，由此完成问答式课堂教学对知识人的价值追求。

问答式课堂教学的基本情趣在于师生"齐心协力"地对问题进行"清点"（你问我答），清点的过程力求准确、完整、有序。因此，无论是教师还是学生的生活经验、情感体验，由于不是生产实践范式所认可的"知识"，同时由于可能会给课程实施造成不确定性的影响，而被教师有意无意地阻挡在课堂之外。课堂的"问答"实质就是告知、再告知，而不是解释，更不是体验与交流。所以，问答式课堂教学就是一个"不解释理由，只要求接受"的讲授。而"如果我们拒绝把所有的这类解释提供给儿童，如果我们不尝试帮助他理解他应该遵守的那些规范的理由，我们就会贬低他，使他陷入一种不完备的低下的道德"。[1]事实上，教师在问答式课堂教学中不容置疑的权威姿态所形成的课程实施文化必然会对学生人格的发展造成不利的影响。更为严重的是，对知识人的追求会导致人的单向度发展和人生意义的缺失。

首先，问答式课堂德育所形成的重竞争、轻合作的课程实施文化容易导致受教育者主体性的单向度发展。在问答式的课堂教学中，学生与学生之间的关系基本上以一种竞争的形态存在，每一个学生都想证明自己才是知识的最大占有者。受这样的课程实施文化熏陶的个体必然会形成竞争性过度膨胀而合作性缺乏的主体性品质。

其次，知识是建构的，人们在他们所建构的知识中必定将自己的需要、本质和一切生命活动对象化于其中，知识所表现的不仅是认识的对象，同样也现实地复现了自身。对于学习者而言，学习活动理应也是他的全部生命投入的过程，是多重意义追寻的

---

[1] 爱弥尔·涂尔干. 道德教育[M]. 陈光金，等译. 上海：上海人民出版社，2001.

过程。在这个过程中，学习者不仅把握和领悟知识本身所具有的多重意义，也会生发出他自己所特有的丰富意义。①由于学习者自身的生活经验、情感体验在问答式课堂教学中被阻挡在课堂之外，教师专注于"知识"的传送，也不可能为学生指出一条路，无暇使"学生经由此路能够理解并能进入他自己的那个活着的、流动的传统中去"。②学生在问答式课堂教学中仅仅只是"占有"了大量的关于思想政治理论的知识，而没有生发出他自己所特有的丰富意义，导致人生意义的缺失。毫无疑问，问答式课堂教学没有为学生打开探寻人生意义的通道。离开了对人生意义的追寻，德性的人从何而生？

二、学习者主体性生成的路径探究

对于学习者而言，学习活动不仅涉及以前知识的激活重构，也是其全部生命投入的过程。学习者领悟的不仅是知识本身的多重意义，也会在自身知识情感体验的基础上建构出属于自己的特有的价值意义。简言之，基于知识的主体建构维度，教育的本质是学习主体的生成，它是一个"唤醒"学习主体的过程。所以，有效的课堂教学过程就是学习者主体性生成的过程，只有包含学习者主体性的教学过程才是真正意义上的教育。因此，思想政治理论课的教学过程应是学习者主体性显现、生成和发展的过程。作为高校思想政治教育主渠道的思想政治理论课，学习主体的缺席则必然意味着教育的失真或无效。所以，能否构建起学习者主体性就成了提升思想政治理论课教学质量的重要问题。然而，学习者主体性能否在课堂教学过程中涌出、生成取决于课堂教学过

---

① 鲁洁. 道德教育的当代论域[M]. 北京：人民出版社，2005.
② 大卫·杰弗里·史密斯. 全球化与后现代教育学[M]. 郭洋生，译. 北京：教育科学出版社，2000.

程是否包含丰富的对话。

从哈贝马斯等所阐发的关于对话的哲学思考和理论视点出发，教育活动中"对话"的展开是课堂教学主体性生成的基础。对话，意味着各种彼此对立、相互矛盾的不同观点之间的充分碰撞和交流，意味着允许各种相反的异质的观点充分地表达，并在此过程中使双方抛弃原先的对立走向某种综合，它与"独白"和"话语霸权"是不相容的。对话是"真理的敞亮和思想本身的实现"，是"倾听""共享""你—我"关系的建构。正是在"对话"的情境中，思想政治理论课的教学活动者才得以从知性德育下的工具性的"人"回归到主体性的"人"。因此，能否有效地展开"对话"是构建学习者主体性的关键。以建构主义的学习理论为基础，基于对"对话"的理解和对当代大学生思想政治学习心理特征的认识把握，要有效地展开"对话"进而推动学习者主体性的有效生成，应从以下四个方面努力。

（一）教学内容：突出真实性任务教学

教材只是课程文本的构成要素之一，课程文本需要课程主体的精心建构和创生。教师是课程文本建设的重要参与者和组织者。从当前高校思想政治理论课的教材特点来看，其表现出高度概括化、抽象化，简单说，就是高度地"去情境化、去生活化"。而"一个观念的真理性并不是它自身固有的一种静止的特征，真理性是一个观念所遭遇到的，观念是变成真的，是事件使它真的，它的真理性实际上是一个事件、一个过程，亦即它对自己进行证实的过程，它的证实活动"。[1]因此，对"观念"知识的学习，需要在"事件"的情境中才能实现，这就是建构主义学习理论所强调的"学习情境性"。同时，在建构主义看来，课程内容是否能够与学习者

---

[1] 张祥龙. 当代西方哲学笔记[M].北京：北京大学出版社，2005.

生活经验、背景知识建立起高度的联系决定着学习者对课程知识的意义获得，即知识学习具有建构性。基于对学习建构性和情境性的认识，高校思想政治理论课堂要实现充分的主体性，孕育出丰富的学习主体，在课程的实施上应注意把真实的社会问题与课程内容学习相结合，突出真实性任务教学的开展。

第一，真实的社会问题情境能够让学生在已有知识、经验的基础上充分地参与课程学习。同时，对社会焦点问题、热点问题的了解和讨论符合意气风发的大学生的政治心理特征，能够让他们"指点江山"的热情得以释放。这一释放的过程既是课程文本生成的过程，也是教学主体对话的过程，又是个体思想认识不断深刻的过程。

第二，在这样的课程文本创生中，教师应注意把自己的角色定位在"参与者、组织者、引导者"的位置上而不是"意见领袖"。对于在讨论过程中出现的错误认识、观点，教师应该把它放到学生的讨论交流当中去，让它逐步得到解决。

第三，从保证课堂教学效率，更重要的是从维持、增强学生在思想政治理论课堂的学习积极性出发，教师应注意把握学生背景知识与真实性任务解决所需知识的差距，以便教师能够有效地提供"脚手架"服务，帮助学习者顺利地进入围绕课程学习的问题解决中来。

第四，从布卢姆教学目标由"简单到复杂，从事实到概念"[①]的分类理论看，对于大多数学习者来说，教学目标的达成应是一个由简单到复杂、由感性到理性的过程。因此，教师围绕真实性任务的教学问题设置应是一个从事实到观念的连续统一体，统一

---

① 斯莱文. 教育心理学：理论与实践：第7版[M]. 影印本. 北京：北京大学出版社，2004.

于课程目标的最终实现上,教师的引导过程就是从事实性问题流变到观念性问题的过程。同时,面对真实性任务而展开的由事实到观念的教学问题设置有利于不同水平的学生对课程学习的参与。

第五,真实性任务教学中必须注意引导学习者对自身"生活世界"的反观而不是简单地"场外裁判"。只有这样,教育对象的知识经验才能在真实问题的解决情境中获得新的生长。因为"意义不是某些在我们的意识流中显现出来的经验所内在的固有的属性,而是我们从目前的'现在'出发以反思的态度解释我们过去观察到的经验的结果"。①而反思具体的教学实践,这是一个最容易被忽视、最难以解决,但也是最需要解决好的问题。在德育课堂的真实性任务教学中,教师不仅要引导学习者从"主位"和"客位"的双重角度去审视所呈现的真实性问题或事件,更需要引导学习者以真实性问题或事件为路径,以"I—Me"的方式回归于自身"生活世界"。这样的回归类似于柯尔伯格的"角色扮演",又与其有本质的差别,差别在于前者的"角色"是亲历的,而后者是虚拟的。因此,从这个维度看高校思想政治理论课堂中的"对话"(speak to),不仅指向"他者",更是内涵了指向自身(speak to self)的意蕴。

(二)教学组织:重视构建学习共同体

在许茨看来:"我关于这个世界的知识只有极小的一部分是从我的个人经验之中产生的。这种知识的更大部分来源于社会,是由我的朋友、我的父母、我的老师以及老师的老师传授给我的。"②因此,为了生成自我,"我"必须走出"被皮肤封闭的单子

---

① 阿尔弗雷德•许茨. 社会实在问题[M].霍桂恒,索昕,译. 北京:华夏出版社,2001.
② 阿尔弗雷德•许茨. 社会实在问题[M].霍桂恒,索昕,译. 北京:华夏出版社,2001.

状态"①，走向他人。以上论述充分揭示了建构主义所强调的学习的社会性。基于学习社会性的认识，教学活动应是一种以培养和建构学生完满的精神世界为旨归的特殊的交往实践过程，而交往的过程就是教学主体之间（教师与学生、学生与学生）相互理解、平等对话、意义分享和共同创造，在此基础上引导学生去体验生活、理解人生，将生命感、价值感从沉睡的自我意识中"唤醒"的过程。所以，高校思政课堂的教学组织形式，要充分重视学习共同体的构建。而"课堂和学校是可以成为学习共同体的，只要他们能够引发其成员之间经由协商互动而建构知识，学习共同体的信念不是强迫学生削足适履地适应已设计好的教学序列，而是强调具有不同背景文化的学习者，利用各自的专长，相互合作，相互支持，完成共同协商的学习目标"。②因此，对于主要指向人的精神生活领域，让精神充盈人生的高校思想政治理论课堂来说，课堂教学的组织形式应注意以下两方面的问题：

一方面，应注意通过开放性教学问题的设置和开放性教学情境的营造，如教学主体之间的相互质疑、反驳、点评，求得具体教学问题的解决。只有这样，才能为不同知识经验背景的学生提供参与课程学习的多元途径，只有多元的途径而非单一的视角，才能有不同知识经验相互交流的机会，精神的交往才得以实现。

另一方面，应注意创建小组式的课堂学习形式。基于开放性问题的解决和具有较高程度争议性、歧义性话题的讨论是小组式任务学习构建的优质平台，有利于增强课堂学习的交往性进而生成学习共同体。同时，当代大学生的"工具理性"容易导致他们对思想政治理论课堂的学习参与持消极态度。面对高校思想政治

---

① 高德胜. 生活德育论[M]. 北京：人民出版社，2005.
② 裴娣娜. 现代教学论：第二卷[M].北京：人民教育出版社，2005.

理论课堂存在的消极学习氛围，如何提高学习者对课堂学习的参与程度，关系到学习者主体性能否在课堂教学中生成。相关的研究表明："给学习者提供丰富多样的参与机会和进行结构良好的合作学习而不是独立完成作业能够让学习者产生更高水平和更持续的学习。"[①]因此，在高校思想政治理论课堂中，教师应善于设置开放性学习问题或任务，并以此为平台组织实施小组式任务学习，同时以灵活多样的方式为小组与小组之间的学习交流创造机会，使得学习者的知识经验、思想情感能够在尽可能大的范围内实现交融与共享。

（三）教学评价：科学实施过程性评价

过程评价"是通过诊断教育方案或计划、教育过程或活动中存在的问题，为正在进行的教育活动提供反馈信息，以提高正在进行的教育活动质量的评价"。[②]根据斯克里文对过程评价的界定，从程序上可以把过程评价简单地理解为诊断问题—反馈信息—提高质量。过程评价扮演了确保课堂教学活动有效性的角色。既然有效的课堂教学必然是学习者主体性生成的过程，因此，课堂教学是否有利于学习者主体性生成的价值判断应成为过程评价的重要维度。

一方面，教师在具体的课堂教学中对教学问题的思考和判断应坚持把是否有利于学习者主体性的生成作为重要价值标准。具体来看，在课程内容的选择、实施形式及问题的设置上，教师都应该把学习者参与的可能性作为一个重要的因素给予考虑。而在课堂教学的实施过程中，教师应敏锐地把握学习者参与课程学习的深度和广度并坚持以此作为衡量自己教学是否有效的标准展开

---

① 斯莱文. 教育心理学：理论与实践：第7版[M]. 影印本. 北京：北京大学出版社，2004.

② 丁朝蓬. 新课程评价的理念与方法[M]. 北京：人民教育出版社，2008.

对课堂教学的反思，及时对教学的问题设置、实施形式或内容做出调整。

另一方面，教师对学习者的学习评价也应突出过程性评价。通过过程评价指标体系和运行机制的完善努力把课堂教学建设成为学习过程评价的重要平台。需要充分注意的是，在课堂教学中对学生进行过程性评价时，必须坚持把是否有利于学习者主体性的生成作为评价原则。具体地说，过程评价的实施应服务于、着力于给学习者提供课程学习参与的平台和动力，而不是仅仅对学习者做出"对与错""优与良"的判断，这往往是教学实践中容易被忽视或误读的问题。从教学实践看，高度包容性的过程评价是高校思想政治理论课堂学习者主体性生成的重要保证。

（四）教学文化：推动真诚与协商的课堂文化生成

构建学习者主体性课堂的关键在于教学主体之间的对话能否真正展开。马丁·布伯把对话分为三种：真正的对话、技术性的对话和装扮成对话的独白。真正的对话是"每一位参与者都真正心怀对方或他人当下和特殊的存在，并带着在他自己与他们之间建立一种活生生的相互关系的动机而转向他们"；[1]技术性的对话是指单纯由客观理解的需要所产生的对话；装扮成对话的独白，其基本运动是"反映"。独白的人只关注自己，考虑自己，自我崇拜。那么，高校思想政治理论课堂如何才能走向真正的对话呢？

1. 真诚是课堂走向真正对话的前提

教师作为课程组织者、实施者，必须以一颗真诚的心走进课堂，与学习者真诚相待，才能建立起平等互信的"我—你"关系，实现思想、精神和情感交流，在彼此悦纳中收获生命的感动。相反，没有真诚氛围的课堂，教学活动主体之间就不可能产生平等

---

[1] 马丁·布伯. 人与人[M]. 张见，韦海英，译. 北京：作家出版社，1992.

和信任，教师与学生的对话不是沟通而是规训，学生与学生的对话也只能是基于各自理解的表达或独白，而不是走向他者。从教学实践看，构建真诚的课堂氛围需要教师从两个方面努力。

一方面，需要教师自觉的"平等"意识。真实性任务教学的"问题"或"事件"只是提供了途径，学生是否愿意把自己真实的情感、态度在课堂中流露出来，关键在于教师能否实现从置身于"问题情境"之外的鼓动者、旁观者的角色转变为同一"问题情境"下与学生"平等"的叙事者。当教师把自己也置身于"问题情境"时，教师的个性化与真实性的情感、态度才能引导、感染学生真实地呈现自我，只有这样，教师才能真正地推动学生去对自己的"经验"进行反思。因此，从这一点来看，教师能否在"问题情境"中与学习者真诚相待，有意识地去实现教师与学生的"我与你"的平等关系，是教学主体之间能否生成真正对话的关键。反之，教师如果"无视学生的现实处境和精神状况，而认为自己比学生优越，对学生耳提面命，不能与学生平等相待，更不能向学生敞开自己的心扉"，[1] 思政课堂德育必然成为机械的、冷冰冰的、没有彼此关心、没有心灵触动的活动，从根本上丧失了对人生价值和意义的关怀。

另一方面，需要教师懂得并善用"等待"。思想、情感的交流需要学习者敞开自己的心灵，从封闭走向开放。然而，这个过程的推进需要教师的鼓励，"等待"则是一个非常重要的手段。在思想政治理论课堂中，教师如何来表明对学生个体经验、知识的重视，表明学生真实的情感、态度是课程文本生成不可或缺的因素进而推动学生敞开自己的心灵，与他者实现真正的对话呢？研究表明："在课堂中更长时间的等待可以产生向学习者传递积极期待

---

[1] 雅斯贝尔斯. 什么是教育[M]. 邹进, 译. 北京：生活·读书·新知三联书店, 1991.

和增加学习成就的作用。"①因此，思想政治理论课堂要走向真正的对话，教师应学会等待。通过等待向学习者传递对他（她）的期盼和信任。因此，面对课堂中的沉默，教师应知道等待是必要的，并且能在等待的过程中通过对问题或话题的幽默化处理来营造轻松的课堂氛围，进而降低学习者的心理压力，增强心灵倾诉的意愿。另一方面，面对课堂中学习者的"语无伦次"，教师需要做的不是结束学习者的言说，而是要耐心地帮助他们完成从事实叙述到思想、情感的表达。这一过程实质上传递着教师对学生思想、情感的尊重和对其价值的认可。当然，这一过程的实现需要教师有一颗真诚"等待"的心。课堂中的"等待"收获的往往是可遇而不可求的生命的感动。

2. 协商聆听是课堂走向真正对话的必要条件

真正对话的过程应是教学主体（主要是学习者）的知识经验、思想情感与课程内容有效融合的过程。但是，如果在课堂教学的过程中没有形成良好的、持续的"交往—合作"的学习氛围，没有主体间的聆听、质疑、反思、批判，那么，课堂中丰富的、具有个体差异性的学生经验的价值与作用就不可能被充分地尊重和利用，使学生个体的人生经验不断丰富、精神世界不断拓展的对话则难以生成。

从教学实践看，不少大学生在课堂中的学习目标是书本知识，学习方法是封闭的个体方式。显然，以书本知识为目标，满足于个体式学习的学习者在思想政治理论课程实施中往往表现出对"占有"的热情和对"思想"的冷漠，如此态度与行为必然成为展开真正对话的消极因素。可见，学习者能否在课程的实施过程中学会尊重差异、学会聆听、勤于对自身或社会现实问题进行反思

---

① 斯莱文. 教育心理学：理论与实践：第7版[M]. 影印本. 北京：北京大学出版社，2004.

与批判决定了真正的对话能否在课堂中生成。从这一点看，要在最大程度上保证思想政治理论课堂走向对话，必须首先通过讨论与交流让学生充分认识到尊重差异、学会聆听、乐于反思、勤于质疑，这是个体精神世界丰富、人生成长发展的重要途径，最终理解和接受并能在课堂学习中自觉地实践"交往—合作"的学习理念。同时，在具体课程内容的实施形式上，教师应主动地与学习者交换意见，充分尊重学生的选择并创造机会使学习者成为课堂教学的组织者、实施者，从而建构起一个能够使多元智能充分体现、多元差异被充分接纳的课堂。

本章小结

在教学过程中，教师与学生"各是其是，是其所是"是教学过程实现育人价值创造的根本保证。依据过程哲学，任何事实都是关系中的事实，而且是生成过程中的事实，世界上不存在任何自足的事实。没有学，就无所谓教，教师角色的生成必须建立在对学的主导和吸引上；没有教，或者说没有充分激发学生主体性的教，教学过程的学就会迷失教育教学目标，学就会隐性缺席于教学过程。以十八大以来习近平总书记关于思想政治理论课的重要讲话精神为指引，新时代思想政治理论课教师的角色生成要充分立足立德树人这一教育根本任务，有力践行"八个统一""六个下功夫"和"六个要"，通过"为谁教""教什么""怎么教""谁来教"四个维度，合力推动思想政治理论课教师角色的有力生成。而学生角色的生成关键在于课程学习主体性的激发。教学内容、教学组织、教学评价和教学文化的变革创新是思想政治理论课教师推动学生学习角色生成的重要途径。

第四章　高校思想政治理论课教学过程有效维度

推动教育对象达成主流思想观念、政治观点、道德规范的理性认同，增强当代大学生对中国特色社会主义的道路自信、理论自信、制度自信、文化自信，应是高校思想政治理论课育人价值的根本所在。不同于对教学结果的关注，教学过程有效维度关注的是教学过程育人价值创造的有效性要素，具体而言就是师生在课堂教学中所建构的教学关系、教学状态或教学理念等过程要素是否有利于高校思想政治理论课立德树人育人价值的生成。

第一节　教学过程育人价值生成的基本特征

立德树人是教育的根本任务。要使全员育人、全方位育人、全过程育人扎扎实实贯彻到教学生活中，学校各门课程（包括思政课）的教师就应自觉担当起立德树人的职责，实现教学育人。然而，要实现教学育人就应首先深刻把握教学过程育人价值生成的自在性、复杂性、过程性。

一、教学过程育人价值生成的自在性

"教学过程立德树人"即"教学育人"。"教学育人"是内在生

成于教学活动还是外部嵌入，对这个问题的回答关系到教学过程育人价值是内在生成的还是外力推动的。如果"教学育人"是思想政治教育对课程教学的外部嵌入，即在课程教学中融入思想政治教育，"教学育人"就有了为了立德树人的需要而赋予课程教学的一种新功能，"教学育人"可以理解为对课程教学的一种教育价值开发。因此，"教学育人"是外力的结果，而不是课程教学活动的内在生成。事实上，基于批判理论的关照，"教学育人"的价值生成具有自在性。具体而言，"教学育人"作为教学过程的客观属性，决定了教学过程育人价值生成的自在性。

  教学育人作为教学过程的客观属性，其理论基础来源于批判理论。批判理论又称社会批判理论，其思想来源复杂，理论形成的早期有马克思、韦伯等人的批判思想，中期、后期主要是黑格尔倾向的批判理论，以及当代的后现代主义。法兰克福学派则被看作批判理论的旗手。批判理论对课程与教学最重要或最直接的影响就是对知识问题的质疑。"在他们看来，知识是整个课程与教学的核心和关键……知识的背后潜藏着极大的符号暴力，是造成经济、文化及一切社会不平等的根源。"[1]因此，学校与其他机构一样，已经成为经济文化再生产的机构。学校不只是个教学的场所，同时也是政治和文化的场所，是具有不同权力的文化和经济群体竞争与争夺的场所。所以，从批判理论的立场来看，如阿普尔所言，"教育不是一项中性的事业……而是一项政治活动，无论教育工作者是否意识到这一点，他或她本身就是一个政治的存在"。[2]可见，批判取向的课程与教学论者已经正确地认识到，学

---

[1] 陈晓端,郝文武. 西方教育哲学流派课程与教学思想[M]. 北京：中国轻工业出版社，2008.

[2] Michael W Apple. Ideology and Curriculum [M]. London & NewYork：Routledge & Kegan Paul Ltd, 1990.

校的课程与教学和意识形态紧密相连，和政治、权力不可分割。那么，谋求课程与教学的去政治、去主流文化对批判理论的支持者而言，最终只能是一种主观意愿。因为课程与教学对主流文化的再生产和呈现，归根到底取决于占主导地位的生产关系。因为在物质生产资料上占支配地位的阶级，也必定在精神生产资料上占支配地位。如马克思指出，"一个阶级是社会上占统治地位的物质力量，同时也是社会上占统治地位的精神力量"。[①] 具体到教育领域，学校课程与教学应再生产和呈现的文化，必然是统治阶级的文化。阿尔都塞认为，学校是再生产国家意识形态的重要组织。又如葛兰西所言，资产阶级国家既通过学校满足资本劳动所需要的劳动力、知识、技能，也通过学校的教育获得劳工阶级对既定国家政策的"同意"。

基于批判理论的立场，"教学育人"就可以理解为教学活动的内在生成，有"教学"必然有"育人"。"教学育人"与课程教学（专业知识、技能的教育训练）是同一事物的两个方面。不管教育者是否意识到或者重视与否，"教学育人"都是一种客观存在。因此，教学过程中育人价值的生成就具有内在生成的自在性特征。在多元文化交流、交融、交锋的时代背景下，在思想文化丰富活跃的高校，内在生成的"教学育人"其作用方向与效果存在着不可忽视的不确定性。这种不确定性决定了学校思想政治工作应重视包括思政课在内的各门课程中的立德树人问题。

二、教学过程育人价值生成的复杂性

"教学育人"的自在性决定了育人价值生成的不确定性。通过对教学过程立德树人育人实践的归类分析，教学过程育人价值生

[①] 马克思恩格斯选集：第1卷[M]. 北京：人民出版社，1995.

成从学理上可分为两个维度：一是从"教学育人"发挥作用的方向而言，教师的价值引领是否正确非常重要；二是从"教学育人"作用的效果而言，教师教学过程立德树人的教育引导是否主动积极也非常重要。如果把价值引领简单化为正确的或错误的，把教师行为区分为积极的与消极的，教学过程育人价值的生成就有了四种形态。具体分析如下：

（一）教学过程育人价值生成的逆向形态

教学育人价值生成的逆向形态即教师积极主动地错误引导，是必须引起高度警惕的"教学育人"。逆向形态育人价值的生成虽然往往是以非常极端的个案形式存在，但它对学校立德树人工作的破坏却非常严重，因为它与学校思想政治教育所灌输的主流意识形态构成直接对立，挑战的是国家政权政治稳定、国家主权统一完整、国家根本制度的合法性。

（二）教学过程育人价值生成的迷失形态

迷失形态主要表现为少数教师以西方哲学社会科学理论为"灵丹妙药"，一方面热衷于对改革过程中出现的热点、难点问题的"诊治"，进而对党和国家确立的大政方针提出所谓"理性"的批判与质疑；另一方面则情投于碎片化的历史解构与重构，进而对近代以来中华民族的革命道路、革命英雄给予"重写历史"的评价。可见，迷失形态价值生成虽然没有与主流意识形态形成直接对抗，但是对国家意识形态造成了潜在的消解。

究其原因，少数教师之所以在课堂教学中能从政治意识、大局意识、核心意识、看齐意识中脱身而出，对道路自信、制度自信、理论自信和文化自信不以为然，根本原因就是邓小平所严肃批评的问题，"现在有些同志对于西方各种哲学的、经济学的、社会政治的和文学艺术的思潮，不分析、不鉴别、不批判，而是一窝蜂地盲目推崇"。所以，要有力消除教学过程迷失形态的价值生成，就必须要对它有足够清醒的认知，既要看到迷失形态价值生成对青年大学生所具有的迷惑性及其存在的严重危害，也要看到迷失形态价值生成与改革开放过程中大胆吸收和借鉴西方文化积极成果的复杂关联。

（三）教学过程育人价值生成的无为形态

教学育人价值生成的无为形态即消极片面地教学育人。所谓"消极的片面的教学育人"主要表现为专业课程的课堂教学被知识传授与技能训练所填充，教师在教学过程中只是围绕学生的课堂学习问题展开思想纪律教育，至于如何通过专本业课程的学习有力提升大学生的品格精神，有力引导教育对象从深刻变革的时代潮流中找准自己的发展定位，从中华民族伟大复兴的时代脉搏中坚定起自己的使命担当，从而使大学生在增强"四个自信"的过程中树立人生自信，实现人生自信与"四个自信"的内在统一。这样的教育目标则明显缺失教师对课程教学的思考和设计。可见，教师消极片面的教育引导，教学过程的价值生成具有偶发性、狭隘性的特征，它与新时代立德树人的教育要求还有不小的距离。

无为形态的价值生成究其实质与教师的教育观念密切相关。在不少教师看来，人才的培养就是知识和技能的传授、训练。同样，教育对象政治态度的确立、人文精神的涵养、道德素质的提升就是德育工作，是思想政治理论课应该负责解决的问题。然而，"培养什么人，是教育的首要问题，我国是中国共产党领导的社会主义国家，这就决定了我们的教育必须把培养社会主义建设者和接班人作为根本任务"。[①] 概言之，教育事业发展必须始终牢牢抓住立德树人这一灵魂。因此，专业课程对学生品格精神的培育就

---

① 全力培养社会主义建设者和接班人——论学习贯彻习近平总书记全国教育大会重要讲话[N]. 人民日报，2018-09-15(4).

责无旁贷，专业课程教师应在坚定理想信念、厚植爱国主义情怀、加强品德修养、增长知识见识、培养奋斗精神、增强综合素质上下功夫。可见，要有力扭转教学过程无为形态的价值生成，就必须首先认识到教师片面狭隘的教育观对教学过程价值生成的消极影响。

（四）教学过程育人价值生成的有为形态

教学过程价值生成的有为形态即教师积极主动地教学育人。主要表现为：一方面，教师有着高度的政治意识、大局意识、核心意识、看齐意识，在课程教学涉及国家大政方针、制度体制等政治性问题时，能够旗帜鲜明、立场坚定地与党中央保持高度一致。同时，对党的基本路线、改革战略能及时紧密地联系相关行业的发展，从产业结构转型升级的大趋向、新业态迅猛发展的大潮流中给予解读，引导学生增强"四个自信"并确立正确的人生奋斗方向。另一方面，教师对于人才成长的规律有着深刻的认知，在课堂教学中既重视通过课程内容的精心设置来提升学生的人文素养、科学精神，也注重对自身言行的严格要求，通过教学生活的不言之教使得学生的道德品格、职业精神得到润物无声的熏陶渐染。

三、教学过程育人价值生成的过程性

基于过程哲学的观点，过程就是现实存在的生成。因此，现实存在也可称为"现实发生"。一个现实存在的生成一方面需要通过物质性摄入吸纳先前现实存在的客体性材料，另一方面也需要通过概念性摄入来创新自己的存在形式。教学过程价值生成，就是一个不断展开物质性和概念性摄入的过程。

（一）教学过程育人价值生成是教师展开行动研究的过程

之所以强调行动研究对教学过程价值生成的重要性，根本原因在于教师的教育信念、课程创新能力在很大程度上决定着"教学育人"作用的方向与效果。然而，教师教育信念的自我澄明和对教学内容的优化都不会是一蹴而就、一劳永逸的，必然会随着时代发展的变化而变化。因此，"教学育人"的实施需要教师深入关注不同发展阶段教育对象的精神世界，持续不断地反思自己"习以为常"的课堂教学生活，而"当教师以研究者的眼光审视已有的教学理论与教学问题，以反思行动者的心态置身于教学情境不断发现并解决问题时，其富有创新性的、具有独特价值的个人实践性知识就生成于其中"。可见，教学过程育人价值的积极生成离不开教师基于课堂教学的行动研究。

（二）教学过程育人价值生成是教师个体职业情感升华的过程

教师作为课堂教学第一责任人，就是教学过程立德树人的实施主体。因此，教师的思政意识、思政素养和思政能力对于教学育人至关重要。然而，"教师成长=经验+反思"作为教师发展的基本规律表明，教师"教学育人"能力的提升，归根到底取决于教师对自身课堂教学持续不断的反思与行动。而持续不断、精益求精的反思与行动一定离不开教师本人教书育人的深厚情怀和主体能动性的激发。因此，"教学育人"的推动，完善教学管理固然重要，但也应重视教师立德树人职业情感的升华，从而使教师"教学育人"的自主探索与创新发展拥有强大的精神动力。

（三）教学过程育人价值生成是学校课堂教学整体治理的过程

遏制逆向形态育人价值生成，一是增强教师课堂纪律意识。有力引导教师认识到"学术无禁区"不等于"课堂言论和学术自由无底线"，课堂有纪律、学术自由不等于宣传自由，将学术观点尤其是思想政治方面的学术观点不通过正常渠道而是通过课堂向学生传播，就是对学术自由底线的超越和对课堂纪律的破坏。二是打破对西方理论思想的迷信意识。应对西方社会思潮敢于亮剑，在充分肯定和借鉴西方先进思想理论的前提下，运用马克思主义的立场、观点、方法化解教师对西方哲学社会科学理论的盲目推崇。三是加强教学过程舆情监控。首先不良的教育教学影响在最短时间、最小范围得到控制，继而采取及时有效地补救措施消除它给学生带来的身心危害。同时也要启动警戒处罚机制，对教师及时展开全校范围的警示教育。

（四）教学过程育人价值生成是教师思想政治教育常态化的过程

教学过程价值生成意味着，专业教师思想政治教育既需要抓住重点时机，也需要抓住重要问题，主动出击才能赢得教学育人的主动权。所谓重点时机，既是社会热点问题生成的时间点，也是大学生成人成才的关键点。所谓重要问题，既是指对教师思想政治观念影响深刻的社会思潮，也包括当代大学生世界观、人生观、价值观的普遍困惑。

所谓主动出击，一方面，学校对社会热点问题所带来的各种思想舆论，对教师的思想政治工作必须有及时回应的机制，以消除思想舆论的"杂音""噪音"对教师思想的负面影响。同时，针对某些长期影响和不断演变的社会思潮，要建立起专题式、分段式的学校教师思想政治教育机制，而不是"毕其功于一役"。另一方面，准确把握当代大学生成人成才的关键阶段和普遍困惑，突出"教学育人"的针对性。面对大学新生，教师的"教学育人"应着力于爱国敬业、修身立志的教育引导。在专业学习深入阶段，教师的"教学育人"应突出创新、创业、自强不息的精神品质的养成。对即将步入社会的教育对象，教师的"教学育人"则应更多地走出课堂、走出专业，及时回应和化解青年学生面对未来职业生涯的焦虑彷徨。概言之，优化思政课在内的各课程教学育人，就得立足教师思想政治教育常态化，抓住重点，主动出击。

（五）教学过程育人价值生成是党对立德树人总揽全局的过程

立德树人必须坚持党的领导。坚持党是学校立德树人工作的最高政治领导力量，必须构建和落实好党对立德树人总揽全局的长效机制。基于学校"教学育人"生成形态的复杂性，学校应建立和完善以下三个方面的长效机制：一是"教学育人"自查自纠机制。通过自查自纠，强化党委建设"思政课程""课程思政"的改革推动力。二是"教学育人"舆情监控机制。通过舆情监控，增强学校党委立德树人的方向把控力。三是教师"教学育人"警戒处罚机制。实施警戒处罚，切实构建起教学过程立德树人的底线、红线，确保党委"教学育人"的大局控制力。概言之，各课程教学过程育人价值的有力生成，必然是党对立德树人工作总揽全局的过程。

第二节　教学过程有效维度理论构建

教与学不可分割、相互生成，教学过程就是教与学相互作用、相互影响、相互生成的过程。深刻把握教学过程价值生成的有效维度，根本前提在于既要把握教学过程的整体性，也要理解教学过程的生成性。教学过程的整体性，是指"教学过程内含教和学两个组成要素，它们是彼此联系、相互影响的；教学过程不是教和学两种过程的'机械的总和'，而是一种本质上完全新的、具有整体性的现象"。①进而，"只有在教师与学生的积极相互作用中才会产生出作为整体现象的教学过程本身，割裂开教和学之间的相

---

① 尤·克·巴班斯基.教学过程最优化：一般教学论方面[M].张定璋，等译.北京：人民教育出版社，2007.

互作用的联系,就使这一过程失去完整性,也就是说,失去它存在的一个基本特征和条件,那就不称其为教学过程本身了"。①简言之,作为整体性的教学过程,教师与学生积极的相互影响是根本。教学过程的生成性,是指教师的教与学生的学的相互生成。具体而言,教需要"学"才能为"教",学要依托"教"才能成"学"。教学过程就是教师和学生两个角色彼此摄入、相互生成的过程。"现实世界是一个过程,过程就是各种现实存在的生成。因此,现实存在都是创造物,也可称为'现实发生'。"② 概言之,教师与学生作为课堂教学的重要角色不是先在的、静止的,而是生成的、流变的。简言之,思想政治理论课话语情境下的师生角色能否是其所是、有力生成,是构建思想政治理论课教学过程有效维度的根本依据。

一、教学主导的有力实现

意识形态工作是党的一项重要工作,"从本质上讲,思想政治教育就是一种灌输主流意识形态、开展意识形态教育的实践活动,是统治阶级将自身的意志上升为全社会的共同意志的中介和手段,其终极目的是维护统治的合法性"。③因此,巩固马克思主义在意识形态领域的指导地位,巩固全党全国人民团结奋斗的共同思想基础必然成为思想政治教育的历史使命。高校思想政治理论课是大学生思想政治教育的主要途径,教师能否在教学过程中充分实现对大学生思想政治教育的主导作用,即能否有力构建起教

---

① 尤·克·巴班斯基.教学过程最优化:一般教学论方面[M].张定璋,等译.北京:人民教育出版社,2007.

② 怀特海.过程与实在:宇宙论研究[M].修订版.杨富斌,译.北京:中国人民大学出版社,2013.

③ 李辽宁.当代中国思想政治教育意识形态功能研究[M].武汉:武汉大学出版社,2006.

学主导,在根本上决定了思想政治理论课教学能否担当起自己的历史使命。所以,思想政治理论课教学主导作用的体现,应毫无疑问地成为教学过程育人价值生成的核心有效维度。

(一)教学主导的基本内涵

思想政治理论课教学主导的内涵应从两个方面去把握,一方面是受教育者在课堂教学中的学习状态,另一方面则是受教育者在课堂学习过程中所接受教育的性质。教学主导的最终意义是受教育者通过课堂教学得到真正有益的思想政治教育。因此,从教学主导的终极意义看,教师的"教"只是帮助学生学习的一种手段,学生的"学"才是目的。然而,教和学存在显而易见却又往往被忽视的不对称性。如张楚廷先生所言:"教的活动必以学的活动的存在为前提。没有学的,你教谁?然而,学的活动并不以教的活动为前提,没有教的,也可以学的。"①所以,作为教育者必须清楚地认识到,教师"教"的存在必须以"学"的在场为前提,"学"的进行则可以脱离"教"的活动而生成。概言之,教不可自教,学可自学。因此,课堂不仅仅是一个物理空间,更应该是一个教学交往的社会空间。高校思想政治理论课要构建起有力的教学主导,理论课教师就必须首先保证课堂"学"的在场。反之,无"学"即无"教",更不会有教师教学主导的生成和推进。

反思高校思想政治理论课的课堂教学,教和学的隐性缺失问题应值得注意。从受教育者的"学"来看,受现实多种复杂因素的影响,在高校思想政治理论课的课堂上,当前的"低头族"现象不容忽视:学生虽然人在教室,却专注于低头玩手机、低头看课外书、低头睡觉……因此,让"低头族"抬头,使大学生回归课堂,推动"学"的在场,从而构建起真正的课堂是思想政治理

---

① 张楚廷. 教与学非对称性[J]. 大学教育科学, 2012 (5): 125-127.

论课教师发挥教学主导作用的逻辑前提。简言之,课堂教学中"学"的在场是把握高校思想政治理论课教学主导的基本变量。思想政治理论课教师如果是无"学"而教,自己对受教育者的"学"是否在场及其程度既不关注也不在乎,甚至对课堂中"学"的在场的严重缺席也麻木不仁,思想政治理论课教师的教学主导就无从谈起,改进和增强教师的教学主导就会成为一句空话。

从教师的"教"来看,有了受教育者"学"的在场是否意味着教师的课堂教学的主导作用就可以实现?答案是否定的。"学"的在场只是意味着"教"的生成,但不意味着教学主导的生成。教学主导不仅仅是教的生成,而是对教学状态的追求。教学主导对于老师而言,既是有力的教,教了很多内容;也是有益的教,教了该教的内容。高校思想政治理论课主要担负着大学生意识形态的教育职能,教师在课堂教学中的主导作用不仅仅是帮助大学生获得更多的关于思想政治的人文知识,更要有力地推动大学生成为一个有着马克思主义立场、观点和方法的人。因此,高校思想政治理论课的教学主导,其核心内涵在于教师在教学过程中旗帜鲜明地以马克思主义的立场、观点和方法对大学生进行思想政治教育,推动当代大学生实现对中国特色社会主义道路、理论、制度、文化的高度认同和实践自觉。

简言之,教学主导对于老师而言,应是通过施教过程使受教育者受到与教学目标高度一致的教育。当前,部分思政课教师为迎合学生口味而导致课堂教学庸俗化,"片面强调娱乐性、生动性而忽视原则性、目的性的现象"[①]不容忽视。所以,教师在课堂教学过程中马克思主义理论的"灌输"意识和执行力的在场程度是考察评价课堂教学主导的核心变量。在课堂教学中,教师如果对

---

① 吴君. 关于"灌输"的本质定位和实践走向的思考[J]. 探索,2000(2):37-39.

受教育者错误的思想观念、政治态度采取一种迎合或者妥协、折中的做法，而不是立场鲜明地展开有力的批判回应，实质就是对思想政治理论课作为高校意识形态教育重要阵地的放弃，就是对思想政治理论课教学主导的瓦解。

基于以上分析，高校思想政治理论课的教学主导由两个维度构成：一是受教育者"学"的在场，即真"学"，这是思想政治理论课教学主导的逻辑前提；二是思想政治理论课教师作为意识形态教育者"灌输"的在场，即真"教"，这是思想政治理论课教学主导的核心内涵。思想政治理论课教师通过有效的教学手段和教学内容，推动真"学"和真"教"在课堂教学过程中相得益彰，以真"学"成就真"教"，以真"教"增进真"学"，如此才能有力实现思想政治理论课的育人价值。

（二）教学主导生成的基本方式

1. 重视和运用阶级分析方法

列宁指出，在阶级社会中，"阶级关系——这是一种根本的和主要的东西，没有它，也就没有马克思主义"。[①]所谓阶级分析方法，简单地说，就是坚持和运用马克思主义的阶级观点对同阶级关系、阶级矛盾和阶级斗争相关联的各种社会现象进行考察分析，力求认识其阶级实质和发展规律。高校思想政治理论课教学主导的实现，理论课教师能否有力运用阶级分析方法展开教育教学最为关键。

一是在全球化与多级化的时代背景下，坚持阶级分析方法是引导当代大学生正确认识复杂的国际经济与政治现象的必须。透过马克思的世界历史观，"资产阶级，由于开拓了世界市场，使一

---

① 列宁全集：第41卷[M]．北京：人民出版社，1986．

切国家的生产和消费都成为世界性的了"。① 所以，全球化实质上是垄断资本为了实现自身的无限增值而进行的全球扩张，是垄断资产阶级为维护资本主义制度继续存在的必然选择。所谓"资本流向世界，利润流向西方"则是国际垄断资产阶级主导全球化的必然结果。

发达资本主义国家为了维持自己在全球化上的主导地位，力图把资本主义的生产关系和社会制度扩张到全球。因此，各种名义下的霸权主义和强权政治为什么会在和平与发展成为时代主题的背景下愈演愈烈，其根源就可以有力地揭示出来。可见，坚持用马克思主义的阶级观点进行观察和分析，思想政治理论课教师才能引导当代大学生看清当前国际现象发生的原因、本质和规律，从而也才能更深刻地认识到，融入全球化的中国，只有对中国特色社会主义的道路、理论、制度、文化坚定不移、毫不动摇，才能避免被垄断资本主义控制与奴役的命运，才能最终实现中华民族伟大复兴。

二是在全面深化改革的重要历史阶段，坚持阶级分析方法是帮助当代大学生清醒把握中国特色社会主义发展方向的内在要求。中国特色社会主义事业是前无古人的事业，全面深化改革是中国特色社会主义事业科学发展的必然要求。然而，在经济方面迂回变相地否定公有制的主体地位进而主张全面私有化，在政治方面否定中国共产党领导下的"一党执政，多党参政"的政党制度进而主张全面多党制，在意识形态方面否定马克思主义的一元指导地位进而主张指导思想全面多元化的所谓"全面改革"的思想观念、价值主张，在当下中国纷繁复杂的政治思潮中，干扰着当代大学生对中国特色社会主义改革方向的理解与认同。

---

① 马克思恩格斯选集：第 1 卷[M]. 北京：人民出版社，1995.

可见，面对一些人"全面改革"的诉求，思想政治理论课教师只有坚持运用马克思主义的阶级观点给予观察和分析，才能够引导当代大学生看清国内意识形态斗争发生的原因、本质和规律，从而使受教育者更深刻地认识到要在全面深化改革的过程中旗帜鲜明地坚持四项基本原则，这关系到当代中国社会主义事业的前途与命运。当下学界所谓的"中国道路、中国模式、中国奇迹"，究其根本是社会主义制度优越性的体现。正是对社会主义根本和基本制度的坚持，才保证了改革过程中的政治稳定、社会安宁、人民安心，才使得中国的改革跳出很多国家所遭遇的"不改就乱，改了更乱"怪圈，才使得改革开放成为实现、维护和发展最广大人民群众根本利益的改革开放。

三是青年的价值取向决定了未来整个社会的价值取向，坚持和运用阶级分析的方法才能引导大学生正确认识社会主义核心价值观而不是抽象地从字面理解其内容。社会主义核心价值观的具体表述虽然包含既成的价值规范用语，但已经被注入新的内容，而不是原有价值范畴的简单移用。因此，不能脱离特定的社会制度属性，抽象地谈论和宣扬社会主义核心价值观而摒弃社会主义核心价值体系这一制度性要素。只有这样，才能引导大学生认识到，国家富强、民族复兴、人民幸福的中国梦的实现，必须坚持社会主义的发展方向，必须坚定社会主义的制度选择。显然，离开了阶级分析方法，社会主义核心价值观就极有可能与所谓的"普世价值"相混淆，就不能通过社会主义核心价值观教育有力提升受教育者对中国特色社会主义伟大事业的认同感，思想政治理论课的教学主导作用就会大大降低乃至虚无化。

概言之，高校思想政治理论课教学主导的实现必须首先立足于阶级分析方法的有力运用，否则，"我们对于国内外有关阶级斗争的事物和现象的认识，就会停留在'就事论事'的现象层面，就可能是一个缺乏政治观点、大局意识与战略头脑的庸人和'近视'者，就可能是政治上的'盲人'和'聋子'，就可能是非不明，无所适从"。①

2. 社会现实问题的正面回应

新媒介时代的到来使得当代大学生几乎不能置身于各种社会思潮或社会舆论的影响之外。然而，一种社会思潮或一股社会舆论之所以能得到大众的呼应或认同，实质源于人们对某些社会现实问题的认知和体验。如马克思指出："意识在任何时期都只能是被意识到了的存在，而人们的存在就是他们的现实生活过程。"②因此，思想政治理论课教师能否积极主动地展开对社会现实问题的正面回应，直接关系到教学主导实现的程度。

所谓对社会现实问题的正面回应，是指思政课教师一方面要认真对待当代大学生源于社会现实问题模糊的乃至错误的认知，而不是简单地批评否定；另一方面更要从辩证唯物主义的立场引导教育对象全面客观地评价中国特色社会主义发展过程中存在的各种消极现象，从否定看到肯定，从而实现正面的教育引导。对思政课教师而言，理性对待教育对象源于社会现实问题的思想政治感知，是因为"把思想政治教育的意识形态功能错误地理解成要为全部的社会现实辩护，不仅理论上是错误的，而且在实践中非常有害"。③同样，使教育对象停留在原有的似是而非的思想政治感知，不能引导他们从中国特色社会主义事业的伟大历程、战略全局以及主流本质中客观分析当前存在的各种社会现实问题，

---

① 必须坚持和正确运用马克思主义的阶级观点和阶级分析方法——访中国社会科学院学部委员李崇富[J]. 马克思主义研究, 2008（1）: 14-20.

② 马克思恩格斯全集：第1卷[M]. 北京：人民出版社，1956.

③ 廖伟. 思想政治教育中马克思主义批判性特征的运用[J]. 学校党建与思想教育，2010（11）: 28-29.

当代大学生对中国特色社会主义道路、理论、制度和文化的高度认同就必然不能实现。

简言之，复杂的思想成长环境决定了课堂教学如果缺失了对当下现实问题的深度关注和马克思主义辩证唯物立场的正面回应，思想政治理论课教学就无法有效地吸引大学生思想情感的"到场"，从而导致课堂教学沦为"学"的空场。同时，教育对象源于社会现实问题的浅表的乃至偏激的思想观念、政治观点也不会得到有力地化解与澄清。一句话，思政课教师作为意识形态教育者的主导角色就不能在课堂教学中有力构建起来。

3. 充分尊重学生的主体地位

如前所述，教育对象"学"的在场是思想政治理论课教学主导生成的逻辑前提。而学习究其实质是一种选择性学习。"选择性是学校教育情境下学生学习的一个重要特征"。①思想政治理论课作为大学生的必修课程，并不能取消受教育者在课堂教学过程中的主体选择性。接受什么，忽视什么，以什么方式接受和理解信息，受教育者都有自己的选择。因此，能否在课堂教学中形成"学"的在场，根本在于思政课教师能否充分尊重受教育者的学习主体地位，以当代大学生更愿意接受的方式方法实施课堂教学。

从意识形态教育的实践看，尊重受教育者的学习主体地位，一是思政课的教育内容和教育方法应充分贴近当代大学生的学习心理特征。一方面，教育内容结构清楚，层次分明，其呈现过程应充分体现理论源于实践的旨趣，力求通过历史与现实所构建的"事实"增强政治思想与观点的说服力；另一方面，教学方法应着力于受教育者学习过程主体参与的生成。二是思政课教师应努力创设真诚对话的教学情境，使老师与学生的各种意见、观点得以

---

① 裴娣娜. 现代教学论：第一卷[M]. 北京：人民教育出版社，2005.

在课堂教学中充分碰撞和交流,从而实现教育者对受教育者更大可能的思想引导。相反,"独白"和"话语霸权"的课堂教学,只能掩盖教育对象思想认识的多元差异,而不能使受教育者的思想观念、政治观点得到有效引导。

二、合理的教学思维方式

"工欲善其事,必先利其器"。作为意识形态教育工作者,思想政治理论课教学思维方式的特殊性应得到全面地把握,只有这样,才能更有力地推动思想政治理论课教学过程育人价值的生成。因此,对于教师个人而言,要实现思政课教学过程育人价值的有效创造,具备与意识形态教育特点充分契合的教学思维方式应是不可忽视的。

(一)教学思维方式构成与特征

所谓教学思维方式,是指"教师一般思维方式在教学问题上的投射,是教师在长期的教学过程中形成的对教学本质、教学现象和教学实践等基本问题的一种稳定、持久的认知方式"。[①]所以,教学思维方式是教师教学行为的内在基础和心理根源,它既制约着教师在教学中如何思考和解决教学问题,又决定着教师对教学活动中诸多问题思考的广度与深度。从教学实践看,具体的教学行为和教学话语的背后,都会不同程度地内隐教师个体特定的教学思维方式。

概言之,"教学语言、教学行为是教学思维方式的物质载体,教师教学思维方式需要通过其教学过程中的言语、行为表现出来"。[②]因此,教师要改进课堂教学,离不开对自身教学思维方式

---

① 郭方玲,吉标.教学思维方式解读[J].天津市教科院学报,2006(4):51-53.
② 古丽萍.教师教学思维方式优化研究——一种后现代知识观的审视[D].西南大学,2010.

的深刻洞察与合理构建。教学过程发展评价应通过对教学过程生成发展的关注，引导思想政治理论课教师实现对自身教学思维方式的洞察反思，以此推动合理教学思维方式的养成。

教学思维方式由多种具体要素构成，其中包括教学知识、教学观念、教学思维习惯以及教师个体的个性与智力。其中，教学知识是教学思维方式的基础，直接关系着教学思维方式的形成和变革，它帮助教师形成一定的教育概念，是教师思考教学问题的认识基础。而所谓"教育概念"，不纯粹是以逻辑定义为内容的教育概念，而是包含人们对教育精神、教育价值等方面的理解。如实体哲学视域下的知识概念与过程哲学的知识概念有着根本上的差异。不同的知识概念决定了教师对不同教学行为的价值判断。教学观念，是教师在一定的教育文化背景下，在教育教学过程中逐渐形成的对教学的基本看法和思想观点。教学观念中，最基本的是教学认识观和教学价值观。教学思维习惯，简单而言就是教学传统和教学行为习惯。教学思维习惯的改变需要教师的自我反思，而要推动教师对教学思维习惯的自我察觉和自主反思则离不开新的教学理念的冲击。当然，教师的个性与智力也会在很大程度上影响着教师的教学思维方式。显而易见，不同个性的教师对教学行为方式的价值倾向性会有着比较大的差异。

由对教学思维方式的构成要素可见，教学思维方式具有文化性、工具性。所谓文化性，是指教学思维方式实质是教学文化的重要部分。所谓工具性，是指教学思维方式具有浓厚的工具色彩，"它为教师认识教学现象提供认识路径和方法，并为教学实践活动提供某种文化活动模式，可以说，教学思维方式直接指导着教师教育教学活动的开展"。[1]指向教学过程的发展评价，就是要聚焦

---

[1] 郭方玲，吉标. 教学思维方式解读[J]. 天津市教科院学报，2006（4）：51-53.

于教学行为背后的教学思维方式,以唤醒思想政治理论课教师对自身教学知识、教学观念、教学习惯以及教学个性的审视和变革。

(二)教学思维方式的两个基本方面

1. 教学交往思维方式

(1)教学交往应充分彰显意识形态教育的批判性

思想政治理论课作为大学生马克思主义意识形态教育的基本途径,其课堂无疑是一个讲思想、讲政治的地方。面对已经充斥着各种思想政治观点和立场的大学生,课堂教学的过程实质是在引导受教育者在各种立场和观点之间做出更好的选择。因此,从马克思主义意识形态教育出发,思想政治理论课的课堂就是意识形态斗争的"前沿阵地"。在这样的场域,马克思主义不去占领,非马克思主义和反马克思主义的东西必然会去占领。所以,思政课教师应非常清楚地认识到,思政课教学在结果上与知识、技能的教学存在本质上的差异。知识、技能的教学如果无效,受教育者只会在知识或技能方面有所缺失,而思想政治理论课的教学如果无效,受教育者必然会被非社会主义的意识形态所俘获。

可见,思政课教师能否在教学过程中坚持马克思主义的立场、观点,能否与现实生活中非马克思主义的思想意识展开斗争,能否从中国革命、建设和发展的实践中去深刻阐释中国化马克思主义理论,直接关系到教育教学的成败。简言之,思政课教师在课堂教学中能否旗帜鲜明地围绕"坚持什么、反对什么、提倡什么、批判什么"去展开彰显批判性的教学实践,从根本上决定着思政课教师能否在教学中真正有所作为而不辱使命。

(2)教学交往应突出对现实生活的思想引导

当前的多种分配方式导致了利益分化的形成,而贫富差距的扩大则进一步加剧了以经济利益为基础的思想观念的分化,社会思想的整合难度大大增加。同时,各种社会思潮的涌入特别是非马克思主义社会思潮的传播使得人们的思想观念更趋于多元易变，社会思想的净化难度也随之大大增加。最为危险的是，当前社会上的一些腐败问题和现象直接对社会主义意识形态造成了消解，思想教育的难度大大增加。而大学生作为思想观念最为活跃的一个社会群体，高校意识形态教育工作面临着更为严峻的形势。

马克思指出："意识在任何时候都只能是被意识到了的存在，而人们的存在就是他们的现实生活过程。"①所以，要解决思想认识的问题，就得把握主体的现实生活，必须引导主体去正确认识现实生活，因为人们思想观念的形成不在于主体看见了什么，而是看到了什么。正是如此，西方国家对我国的意识形态渗透的长期基本策略就是任意放大、歪曲和丑化我们在社会主义建设中的问题，以诱导人们看到他们想要人们看到的东西，即资本主义的完胜和社会主义的失败，从而让人们的认知止步于所谓的"历史的终结"。思想政治理论课教师在课堂教学过程中对非马克思主义和反马克思主义意识形态的斗争，就应着力于对现实生活的正确引导，教学过程应是与教育对象现实生活深刻触及的过程，也是一个教师与学生就特定的现实话题展开思想对话、不断增进共识的过程。概言之，基于现实生活的思想引导而展开"对话"，应成为思政课教师课堂教学交往的基本内容。

2. 教学内容思维方式

（1）要重视教学内容的对比生成

马克思主义经典文本的作家们，在理论观点的论证上有着强烈的对比思维，非常善于运用对比去阐释抽象的理论观点。如马克思在论证生产力对生产关系的决定作用时，具体生动地指出："手推磨产生的是封建主为首的社会，蒸汽机产生的是工业资本家

---

① 马克思恩格斯全集：第1卷[M]. 北京：人民出版社，1956.

为首的社会。"① 可见，具体生动的对比使得理论的说服力大大提高。因此，思政课教师应重视教学内容的对比生成。对比充满教育魅力，思政课教学应注重以事实对比生成教学内容，以此来推动理论观点的有力论证。

（2）要重视教学内容的区分生成

马克思主义理论从产生到基本形成的过程在某种程度上也可以看作与错误思想不断划清界限的过程。所以，区分思维在马克思主义经典文本中同样有着丰富的表现。如为了把无产阶级的革命理论与资产阶级的改良主义彻底区分，马克思指出："对我们来说，问题不在于改变私有制，而在于消灭私有制，不在于掩盖阶级矛盾，而在于消灭阶级，不在于改良现存社会，而在于建立新社会。"②可见，马克思通过简明扼要而触及实质的区分，非常清楚地把革命理论的核心思想凸显出来，也非常有力地与改良主义划清了界限，使得人们一下子就抓住了无产阶级革命与资产阶级改良的本质区别。

因此，思想政治理论课教师应重视以区分思维生成教学内容，从而帮助受教育者更有效地抵制错误思想的影响。特别是在社会思潮多元化的时代背景下，教师为增强意识形态教育的有效性，以区分思维生成教学内容就显得非常必要。如在我国改革开放的问题上，教师应引导学生把现代化与西方化区分清楚，应把学习先进文明与照搬西方模式区分开来，应把改变社会主义基本制度的所谓"彻底改革"与进一步完善社会主义制度的全面深化改革区分开来。

---

① 马克思恩格斯选集：第1卷[M]. 北京：人民出版社，1995.
② 马克思恩格斯全集：第7卷[M]. 北京：人民出版社，1961.

(3) 要重视教学内容的历史生成

马克思主义理论的经典文本中，无不体现了"历史"的思维方式。如对资本主义的认识，一方面，如马克思、恩格斯在《共产党宣言》所揭示的那样，"资产阶级在它不到一百年的阶级统治中所创造的生产力，比过去一切世代创造的全部生产力还要多，还要大"。另一方面，马克思又从人类解放的高度，深刻地指出，资本主义世界不是人支配物，而是物统治人，"物的世界的增值同人的世界的贬值成正比"。[①]显然，正是从人类社会发展的整个历史过程去看，才有了马克思对资本主义既肯定又否定的认识，继而才有了马克思对资本主义的批判，也才有了把解答"人类解放何以可能"作为迫切任务的马克思主义哲学的创立。

可见，历史思维有助于达成对事物的客观认识。如对当前贫富差距问题的认识，就需要教师引导学生从我国社会主义发展的历史过程去把握。一方面，既要让学生知道传统社会主义阶段绝对平均导致共同贫穷的历史事实；另一方面，也要让学生看到改革开放以来多元分配方式推动社会进步的客观现实。在对历史和现实的双重省视之下，受教育者就能对社会主义初级阶段的贫富差距形成理性的认识而不是盲目的批判。再如对近代中国革命问题的认识，教师通过引导学生走进1840年鸦片战争以来，中国人民为救亡图存而曲折探索的历史过程，能使学生认识到"是否获得国家的独立是殖民地、半殖民地国家能否独立开展和全面实现本国现代化的关键因素之一……反对帝国主义侵略争取国家独立的民族化，与工业化、民主化一起，共同构成殖民地、半殖民地国家实现现代化的核心含义"。[②]从而使教育对象与当下否定革

---

① 马克思恩格斯选集：第1卷[M]. 北京：人民出版社，1995.
② 虞和平. 中国现代化历程（第1卷）[M]. 南京：江苏人民出版社，2007.

命、美化殖民的历史虚无主义彻底划清界限。

三、科学的教学价值理念

马克思关于"实践是社会生活的本质"的论断表明，动物依靠本能的方式生存，但人必须通过创造性的劳动才能满足自己生存与发展的需要。因此，实践不是为了别的目的，而是为了人的生存与发展需要的满足。所以，实践活动完成以后，人们必然会提出一个问题：自己的需要是否得到了满足，或在多大程度上得到了满足。从价值哲学的角度理解，就是价值客体对价值主体的效应如何。可以说，自从有了对象性的实践活动，就产生了有效性问题。人们在实践活动过程中不断改进手段和方法，其目的就是要追求实践活动价值实现的最大化，从而最大限度地满足人们的需要。

可见，对主体需要合理性的确认以及对主体需要与价值实现之间差距的把握是有效性问题产生的逻辑前提。意识到主体需要与价值实现的差距不等于有效性问题的解决，只有基于新的实践活动创造出更大的价值，才能提升实践活动的有效性。进一步来讲，新的实践活动是否创造出了更大的价值，只有通过新一轮的实践效果评价才能得到证实。基于对实践活动有效性问题的逻辑结构认识，任何教学过程育人价值的生成离不开正确的价值选择、有力的价值创造、客观的价值评价。简言之，教学价值理念的科学构建是教学过程育人价值有效生成的关键。

（一）教学价值理念的逻辑构成

1. 教学价值的选择

教师如果反思课堂教学的有效性问题，首先要反思自己的教学价值选择。作为教师，究竟要通过自己的教学过程来达到什么教学目的，既要有宏观层面的正确把握，也要有微观层面的具体构想。从宏观层面看，思想政治理论课教师是国家意识形态教育的一线工作者，非常清楚自身教学工作的历史使命。然而，历史使命的实现只能且必须通过具体的教学实践活动来完成。思想政治理论课教师每天面对具体的教学内容、教学对象，就应有确定的教学价值选择；否则，具体的教学实践活动就会在宏大的价值话语体系中迷失自己行动的方向。教学价值选择如果忽视了受教育主体的需要，忽视了对变革时代的积极回应，那么，具体的教学实践活动就难以产生出时代所需要的教育价值。所以，作为思想政治理论课教师，应树立起科学的教学价值选择理念。在牢记历史使命的同时，要对思想政治教育目的结合课程内容进行合理的价值目标分解，从而使得自己的教学价值有一个现实具体的选择。

2. 教学价值的创造

选择价值还需要创造价值，否则选择的价值就无法真正实现。作为教师，在明确了具体的教学价值选择以后，确立实现教学价值的教学内容及其实施方式只是进行教学价值创造的第一步。真正意义的教学价值创造只有在教师"面对"受教育者进行具体教学实施的过程中才能得以生成。在具体教学实施的过程中，思政课教师不仅要知道如何去落实自己的教学计划，更要懂得如何去面对课堂教学过程中的"不确定性"，这样才能在复杂情境的课堂教学中充分地创造教学价值。所以，作为思政课教师，要想在充满"不确定性"的课堂中去创造教学价值，就应培育起科学的教学价值创造理念。

3. 教学价值的评价

思想政治理论课教学有效性的增强，离不开对教学活动客观存在的主客体价值关系的反馈，即教学价值评价。正是基于对已有教学活动的价值评价，教师才会有意识地优化教学活动，进而提高教学有效性。可见，科学的价值评价是教学有效性问题解决的关键，在教学有效性提高的整个过程中扮演着承上启下的重要作用。因此，思想政治理论课有效性的增强，既需要合理的价值选择和有力的价值创造，也需要客观及时的教学价值评价。所以，作为教师，不仅要关注教学价值的选择和创造过程，也要善于进行教学价值评价。因此，思想政治理论课教师应具备科学的教学价值评价理念。

基于教学有效性构建的逻辑路径分析，思想政治理论课教学有效性的增强，实质是教学价值选择、教学价值创造和教学价值评价的统一过程。因此，教师应该有科学的教学价值选择理念、教学价值创造理念和教学价值评价理念。之所以从理念层面去讨论教师的价值选择、价值创造和价值评价，根本原因在于：教师的教育理念能在实践中贯穿于教育技术、教育策略中，作为后者的灵魂引导教育实践走向成功。概言之，教育理念不仅可以为思政课教师提供教学行动的方向，还可以引导教师的教学行动过程。所以，"对于教育活动而言，教育理念比教育技术更重要"。[①]

（二）教学价值理念的生成路径

1. 教学价值选择路径

（1）培养"有立场的人"

实现中华民族伟大复兴的中国梦是当代大学生责无旁贷的历史使命。爱国与爱社会主义的统一决定了马克思主义是高校思想政治教育的核心指导思想。思想政治理论课教学坚持马克思主义的指导地位，就应该把马克思主义的立场、观点和方法贯穿在教育教学的实施过程中，引导大学生深刻领悟马克思主义立场、观

---

① 朱新卓. 本真的教育理念：教师专业发展的重心[J]. 高等教育研究，2007（9）：43-48.

点和方法的真理性，从而使得马克思主义的立场、观点和方法最终为大学生所理解、所认同。因此，思政课教师充分地运用马克思主义的立场、观点去分析和解决当代大学生所面临的思想政治问题，有力推动大学生成长为一个具有马克思主义立场的社会成员，而不是满足于把一些历史故事、人文知识以所谓有趣的方式"塞进"教育对象的脑袋。这应成为高校思想政治理论课教学价值的首先选择。

相反，如果思想政治理论课教师忽视马克思主义立场的培养在教学价值中的核心地位，譬如在社会主义文化建设的教学过程中不能运用马克思主义唯物辩证法去分析当今时代的文化现象，受教育者就不可能领会"建设社会主义文化强国"的深刻内涵，必然导致大学生在中国特色社会主义文化建设中丧失应有的马克思主义立场而迷失行动的方向。简言之，培养"有立场的人"应是思想政治理论课教育教学的核心价值理念。

（2）培养"会思想的人"

随着社会主义市场经济体制的建立，利益主体的多元与贫富分化在国民思想意识层面既造成了价值观念的多元化，也加大了社会思想整合的难度。而在全球化和信息化的时代背景下，西方各种社会思潮的涌入加剧了我国社会思想分化的趋势与复杂性，当然也使得高校思想政治教育面临着更为严峻的挑战。因此，思想政治理论课教学要巩固马克思主义在意识形态领域的指导地位，巩固全党全国人民团结奋斗的共同思想基础，就必须着眼于对现实挑战的克服。

一方面，如前所论，要强化马克思主义立场在课堂教学中的渗透，培养出"有立场的人"；另一方面，当代大学生不仅要有坚定的马克思主义立场，还应能善于运用马克思主义立场、观点和方法去分析社会现象，洞察社会思潮，从而在多元易变的社会思想环境中保持应有的理性和立场。思想政治理论课教学如果仅仅满足于理论知识、思想观点的"传递",则必然异化为"知识人"的制造。在尼采看来,占有大量确定性知识的学生只能是一个"学匠",而不是思想者。因此,思想政治理论课教师应重视构建对话批判的课堂教学氛围,以促成"思想者"的养成。

(3) 培养"能担当的人"

基于群众史观的立场,坚持人民主体,实现国家治理体系和治理能力的现代化就离不开公民广泛普遍的有序有效参与。在网络信息日益成为公民参政议政重要途径的时代背景下,应有力增强公民参与公共生活方面的理性和能力。因此,基于时代发展的需要,思想政治理论课教学应着力于大学生公民参与的理性和能力培养。一方面,要增强大学生参与公共事务的责任意识和理性意识;另一方面,也要通过公民参与的实际行动来增强大学生公民参与的实践能力。当愈来愈多的大学生在未来公共生活的公民参与中发出理性的声音和进行有力的行动,而不是仅仅作为沉默的旁观者时,公民参与的合法有序性就有了重要保证。所以,思想政治理论课教学不仅要培养出"有立场"和"会思想"的人,还要培养出建设和谐社会、法治国家所需要的行动者和引领者。概言之,培养"能担当的人"应成为教学不可忽视的价值选择。

2. 教学价值创造路径

(1) 正面育人

所谓"正面育人",是指思想政治理论课要充分立足中国共产党领导中国革命、建设和改革所取得的伟大成就,以唱响主旋律为主旨展开课程教学。以培育当代青年大学生"四个自信"为例,要推动教育对象构建起中国特色社会主义的道路自信、理论自信、制度自信、文化自信,有力展开正面的宣传教育,准确、及时地宣传党的路线、方针、政策,实事求是地反映社会现实生活的主流,让人民群众用创造新生活的业绩教育自己,从而形成鼓舞人们前进的伟大精神力量,这就是教学过程价值创造的关键。简言之,自信的前提是认同,离开正面的宣传教育,没有对中国特色社会主义道路、理论、制度和文化的高度认同,就不可能形成"四个自信"的心理基础。思想政治理论课教学过程育人价值的创造,必须牢牢抓住正面宣传教育这一课程教学的主旋律、总基调。

(2) 批判育人

马克思主义的诞生过程始终伴随着对错误思想的批判,批判精神是马克思主义的基本精神。因此,在多元价值观念的时代背景下,要坚持马克思主义的立场、观点和方法,就必然离不开对当前各种似是而非的思想观念的批判。譬如要使得当代大学生成为中国特色社会主义文化建设的主力军,思政课教师如果不能在教学过程中对非马克思主义乃至反马克思主义的文化生活现象进行批判,就不能引导大学生深刻地认识到当前文化生活的消极现象会给国家富强、民族振兴和人民幸福带来的危害,从而也就不能帮助大学生真正地领会文化发展为什么要坚持马克思主义的指导、坚持社会主义的方向。所以,要培养当代大学生在文化建设中的马克思主义立场,就离不开对现实文化生活的批判。概言之,要在思政课教学过程中培养出"有立场的人",思政课教师就应该弘扬马克思主义的批判精神,把批判育人的理念贯穿在教学内容的组织和实施过程中。

(3) 关怀育人

如马克思所指出:"意识在任何时候都只能是被意识到了的存在,而人们的存在就是他们的现实生活过程。"①马克思还指出:

---

① 马克思恩格斯全集:第 1 卷[M]. 北京:人民出版社,1956.

"'思想'一旦离开'利益',就会使自己出丑。"①因此,要有力引导大学生接受马克思主义的立场、观点,要使教育对象对中国特色社会主义的道路、制度、理论高度认同,思想政治理论课教师就应该深入地了解受教育者基于现实生活的利益诉求。同样在文化建设的学习中,理论课教师应紧密结合当代大学生成长成才的利益诉求,引导受教育者深刻地认识到,只有充分构建起自由、平等、公正、法治的社会,只有自由、平等、公正、法治成为人们内心普遍崇尚并竭力维护的价值观念时,包括大学生在内的每一位社会成员的发展才能获得更好的社会环境;只有社会的每个成员都能公平公正地得到人生出彩的机会,强大的中国力量才能形成,中国梦的奋斗目标才能有强大的凝聚力、感召力。由此才能使得大学生真正地理解为什么"核心价值观是文化软实力的灵魂、文化软实力建设的重点"。

所以,思想政治理论课教师要增强教学过程有效性,就应该从"现实的人"出发,关注教育对象的生存境遇及其所思所想,而不是把教育对象视为等待灌输各种思想、观点的"容器",以受教育者基于现实生活的发展诉求为切入点,推动当代大学生对马克思主义立场、观点的认同。概言之,要在教学过程中培养出"有立场的人",思政课教师就应该彰显马克思主义的现实关怀精神,使思想政治理论课教学的实施过程充分体现关怀育人的理念。

(4)交往育人

马克思认为,社会实践活动具有两个向度:一是"主体—客体"向度,是主体与客体之间的对象化生产实践活动;二是"主体—主体"向度,是主体与主体之间的交往实践活动。一切社会实践活动都是"主体—客体"和"主体—主体"双重关系的有机

---

① 马克思恩格斯文集:第1卷[M]. 北京:人民出版社,2009.

结合，是生产实践与交往实践的辩证统一。但生产实践和交往实践又是两种不同的、相对独立的社会实践活动，它们分别属于以"物的世界"为对象的生产活动领域和以"人的世界"为对象的交往实践活动领域。而"所谓教育，不过是人对人的主体间灵肉交流活动，包括知识内容的传授、生命内涵的领悟、意志行为的规范，并通过文化传递功能，将文化遗产教给年轻一代，使他们自由地生成，并启迪其自由天性"。①

因此，教育即交往，是人与人之间的一种特殊的交往实践。思想政治理论课要推动"思想者"的生成，思政课教师就应在教学过程中努力构建起与受教育者交流对话的教学情境，通过主体之间的对话来推动当代大学生理性、独立和包容的人格发展，进而培养出"会思想的人"。所以，思想政治理论课要培养出"会思想的人"，就应该在教学实施过程中充分贯彻交往育人的教育理念。

（5）生活育人

在教育家陶行知看来，真正的教育要从生活开始，教育就是对生活的改造，生活是教育的中心，生活决定教育。"教育要通过生活才能发出力量而成为真正的教育"。②所以，思想政治理论课教学要有力推动大学生对马克思主义立场、观点真正地"内化于心，外化于行"，应把大学生的生活视为重要的课程资源。简言之，就是要用大学生的生活来教育，给大学生的生活以教育。例如在社会主义文化建设的学习中，一方面，思政课教师应深入引导大学生对自身文化生活的反思，通过反思使大学生增强抵制庸俗文化的自觉性；另一方面，要引导大学生构建积极向上的文化生活，

---

① 巴格莱. 教育与新人[M]. 袁桂林，译. 北京：人民教育出版社，1996.
② 中央教育科学研究所. 陶行知教育文选[C]. 北京：教育科学出版社，1981.

在亲身经历的文化生活实践中潜移默化地实现文化生活品位的提升,从而使教育对象真正成为社会主义文化建设的积极力量。所以,要培养什么样的人,应该首先引导受教育者过什么样的生活。概言之,关注生活,改造生活,以受教育者的生活为重要载体推进思想政治教育的生活化,教师应把生活育人的理念渗透到教学过程中。

3. 教学价值评价理念

(1) 发展评价

有效的结果只能来自有效的过程,只有实现了过程的优化才能达到结果的改进。"如果我们的视角只停留在对实践活动结果的有效性的关注,那么,最多只能导致我们对现有实践成果的选择性利用,而无法实现不断提高实践活动有效满足人们需要的程度的目的。"[①]因此,增强教学过程有效性,就应对教学过程各生成要素展开客观及时的评价,即利用发展评价来发现课堂教学过程或活动中存在的问题,提高正在进行的教育活动质量,这是教师增强教学有效性的关键。

(2) 真实评价

真实评价即真实性任务评价,包含了"做中学"的教育思想。思想政治理论课真实评价的意义在于,通过真实性任务的完成,一方面确认教育对象是否真正实现了思想理论的内化;另一方面则通过真实性任务的完成来增强教育对象对现实思想政治问题的处理能力。因此,要培养"会思想的人"和"能担当的人",思想政治理论课应该在教学过程中重视真实评价的运用。譬如在社会主义文化建设的学习中,教师通过组织大学生对某些文艺作品商业价值与社会价值进行讨论,可以了解受教育者是否真正认同了

---

① 沈壮海. 思想政治教育有效性研究[M]. 第二版. 武汉:武汉大学出版社,2008.

文化建设的马克思主义立场,是否具备了从马克思主义的立场去分析文化生活的能力。进而,教师基于现实文艺作品的讨论可以引导受教育者认识到,自觉抵制那些事实上已经沦为资本奴隶的文艺作品,就是当代大学生参与社会主义文化建设的有力行动。概言之,通过真实评价,既能客观地把握教学实效性,又能在评价过程中增强大学生对现实社会生活的洞察力和参与力。因此,真实评价是理论课教师增强教学实效性的内在要求。

四、有效的课堂教学提问

常言道:"学起于思,思起于疑,疑解于问。"可见,提问是一种重要的教育方法。自有班级授课制以来,课堂提问就是教师推动课堂教学的重要手段,其教书育人的价值功能随着时代的发展得到了深化和拓展。即使课堂教学进入今天的多媒体时代,课堂提问仍然是不可或缺的教学策略与课堂组织方式。因此,精心设计和实施课堂提问以推动教学过程价值生成,是优化课堂教学过程常论常新的重要议题。

然而,何谓有效课堂提问?研究者认为,有效课堂提问应包含两个层面的含义:一是有效的问题;二是有效的提问策略。"无论是提问的策略,还是'问题'本身,都要具有有效性,这样才能真正实现有效提问。"[1]但是,教师如何来判断问题与策略本身的有效性?对思想政治理论课教师而言,与自己对教学主导实现的意识程度以及自身的教学思维方式、教学价值理念密切相关。可以说,正是教学主导意识、教学思维方式以及教学价值理念决定了教师提出什么样的问题,又会以怎样的方式来解决问题。因此,聚焦教学过程,评价教学过程有效性的一个根本维度就是课

---

[1] 王雪梅. 课堂提问的有效性及其策略研究[D]. 兰州:西北师范大学,2006.

堂提问。可以说，课堂提问作为教学过程价值生成是否有效的直接观察对象，具有"四两拨千斤"的评定效果。

（一）课堂提问的作用

1. 激发学习兴趣

提升思想政治理论课教学质量的根本，在于能否促成教育对象课堂学习的积极参与。课堂管理的实践表明，到课率不等于听课率，大学生课堂教学隐性缺席的现象是当前高校思想政治理论课堂比较普遍的问题。然而，积极参与课堂学习需要一个极为重要的条件是，学生应有对课程内容的内在兴趣。特别是对被功利主义、实用主义所侵蚀的当代大学生而言，作为"边缘化"课程的思想政治理论课，教育对象是否能对教学内容产生兴趣，在很大程度上决定着他们的课堂学习行为。所以，构建有效课堂教学，"学生应有一定的认识需要和符合社会要求的学习动机，教师不仅应从战略上解决这项任务，而且也应在组织任何一个周期的教学过程中，在每一堂课上予以解决"。[①] 简言之，每一堂课激发教育对象的学习兴趣应成为教师教学展开的首要任务。而通过精心设计的课堂提问，思政课教师就能有力地激发起学生对某一问题的兴趣或好奇心，从而使教育对象把注意力集中于某个特定的理论观点或者议题。如在"毛泽东思想和中国特色社会主义理论体系概论"课程教学中，笔者用历史虚无主义思潮的"告别革命论"作为引子，把"近代中国要不要革命"作为新民主主义革命理论学习的第一个问题呈现给学生，激发了学生对近代中国革命问题进一步探究的兴趣，课堂学习的积极氛围就构建起来了。可见，通过对课堂提问的精心准备，教师应该能有力激发大学生对思想

[①] 尤·克·巴班斯基. 教学过程最优化——一般教学论方面[M]. 张定璋，等译. 北京：人民教育出版社，2007.

政治理论课程的学习兴趣。

2. 反馈教学结果

有学者指出："任何有效教学的理论必须明确回答如下三个问题：一是带领学生去哪里？二是怎么带领学生去那里？三是怎么确信学生已经到达那里？"①由此可见，有效课堂教学过程既需要教师明确教学目标和实施路径，也需要教师对自身课堂教学结果能够进行客观判断。因为教师客观判断自身的教学结果是进一步改进课堂教学的前提。教师通过课堂提问既可以了解教育对象对课程内容的掌握程度，同时还可以通过与学生的对话洞察教育对象构建课程知识、思想观念的思维过程和逻辑路径，从而更为深入地诊断教学讲授中存在的问题或者不足。总之，教师通过课堂提问能够实现对教学结果的及时反馈，进而展开课堂教学过程的自我改进。如在"建设中国特色社会主义总依据"这一问题的教学过程中，笔者通过课堂提问了解教育对象对"社会主义初级阶段"科学内涵的把握程度及其思维过程，清楚地知道了要促成学生对社会主义初级阶段理论内涵的完整把握，需要解决的重点和难点在哪里。如此，提升课堂教学质量就有了坚实的保证。

3. 引导课堂行为

高校思想政治理论课教学班级规模大，教师面对的教育对象来自不同专业甚至文理混合，教学班常常是 3—5 个行政班级的组合。因此，相比专业课程，管理幅度的扩大和管理对象的复杂性使得思想政治理论课的课堂纪律问题往往更为棘手。"在今天的高校思想政治理论课课堂上，'低头族'现象越来越突出：学生虽然人在教室，却专注于低头玩手机、低头看课外书、低头睡

---

① 皮连生，吴红耘. 两种取向的教学论与有效教学研究[J]. 教育研究，2011（5）：25-30.

觉……"①，所以要提升课堂教学质量，"低头族"现象亟须得到根本解决。然而，教学实践表明，面对混合大班依赖纪律手段的课堂管理作用非常有限，维持课堂纪律的根本出路，只能是通过教学内容的拓展和教学方式的变革，吸引学生积极参与课堂活动。而精心设计和实施课堂提问就能有力推动课堂教学内容和方式的创新。如在思政课教学中，为使教育对象更好地理解"坚持改革的正确方向"这一重要思想，笔者通过先让学生用手机浏览十八大以来社会保障一体化改革的相关新闻资讯，然后请学生就"党中央大力推进社保一体化改革的根本出发点是什么"进行小组讨论，最后请学生小组代表回答问题。这样的教学实施过程，有力构建了教育对象课堂参与的空间，最大限度地消除课堂不良行为。简言之，要有力引导和规制教育对象的课堂行为，教师能否结合教学目标精心设计和实施课堂提问甚为关键。

（二）课堂提问的主要误区

思想政治理论课作为大学生思想政治工作的主渠道、主阵地，主要担负着对大学生进行国家意识形态宣传教育的重要职责。受主体教育理念的启发，为增强教育对象的课堂参与性，通过课堂提问的方式展开教学是思想政治理论课教师比较普遍的教学方式。然而，教育对象课堂学习的积极参与是否意味着课堂提问有效性的生成？透视课堂教学师生活跃的场景，课堂提问存在的误区应得到足够的察觉和反思。

1. 课堂提问知识性取向

所谓知识性取向突出，具体而言就是教师所提出的课堂问题往往聚焦于一些知识性问题而不是思想政治理论课本身要解决的

---

① 思政课：让"低头族"抬起头来[EB/OL]. http://www.npopss-cn.gov.cn/n/2014/0821/c387587-25510073.html.

思想认识、政治立场问题。以"毛泽东思想和中国特色社会主义理论体系概论"课程教学为例，教师很容易迷失于历史性、知识性的课堂提问当中。如"什么是中国资产阶级民主革命进入新民主主义革命新阶段的标志""党的几大确立了社会主义市场经济体制的改革目标"等问题。像这样的课堂提问，教育对象的课堂参与必然会使得课堂氛围有所活跃，但是，作为思想政治理论课的核心价值——意识形态的宣传教育却会在这样的课堂提问中被抑制乃至虚无化。因为课堂教学毕竟是空间有限的教育活动，教师的课堂提问应充分聚焦于课程教学的核心问题而不是去关注一些知识性的枝节问题，为提问而提问的课堂提问只能导致教学有效性的降低。显然，关于"新民主主义革命理论"要重点讲清楚新民主主义革命的历史必然性，关于"社会主义市场经济理论和经济体制改革"要重点讲清楚社会主义市场经济与资本主义市场经济的根本异同。之所以强调这些，是因为教育对象对革命问题的认知、对社会主义市场经济的理解无不与当前的历史虚无主义思潮、新自由主义有着或隐或显的千丝万缕的联系。因此，思想政治理论课的课堂提问必须在整体把握课程内容与教学目标的基础上，跟进、贴近当前的社会思潮，与这些社会思潮形成无缝"对接"，思想政治教育工作才能真正做到有的放矢，否则就是自我消解。

可见，思想政治理论课的课程性质决定了课堂提问的知识性取向亟须改变。而课堂提问知识性取向的形成，根本在于思想政治理论课教师对课程性质认识的模糊或有意扭曲。基于自身学科知识的已有积累或者偏好，部分教师在课程实施过程当中，自然而然地把思想政治理论课上成了历史文化通识课，"段子手"的教师给了教育对象很多历史文化知识，却不能对他们的思想观念、政治立场形成有力的影响。概言之，思想政治理论课深层次的课程异化,即课程目标隐性错位的问题,可以从课堂提问真实地反映出来。提高教学质量,从课堂提问的角度看,不仅要看教育对象课堂提问的参与程度,更要看教师课堂提问的问题本身与课程核心目标是否达成了高度契合。

2. 课堂提问过程形式化

就课堂提问的实施过程而言,完整的课堂提问应包含提问、候答、应答和对话四个环节。从教师课堂提问的实施情况看,候答和对话两个环节需要加强。一是教师普遍忽视了候答环节的精细化处理,既没有给学生预留足够的思考问题的时间,也没有为学生思考问题提供必要的"脚手架"式的帮助,从而没有为教育对象创造出有效的候答空间。二是教师对学生的应答更多的只是简单的未置可否的评价,而没有就问题的回答与应答者展开进一步的对话交流,随后就是要么结束提问进行问题的讲授,要么继续提问其他学生。显然,缺乏了有效的候答,教育对象就不能对问题展开更深入地思考或讨论,其原有的认知结构和思想观念并没有在回答问题的过程中得到发展。没有师生就问题展开的对话,教师也无法把握教育对象理解问题的观念基础和认知路径。因此,对教育对象而言,在整个课堂提问的过程中扮演的是道具性的角色而非思想者,学生的参与只是配合了课堂提问教学方式的顺利实施而已。对教师而言,课堂提问只是创造学生课堂参与的有效手段,学生参与只是课程预设的情境而非课程内容的动态生成,至于教育对象能否回答问题或者怎么回答问题都不会影响教师对既定课程内容的讲授。

然而,针对性是思想政治工作有效性的重要原则。从针对性原则看课堂教学,一方面,教师的课堂讲授应该针对教育对象的思想问题而展开,即教育对象的思想问题在哪里,教师就应该在哪里开辟"战场";另一方面,教师的教学手段应该与当代大学生建构知识的方式和习惯相对应。简言之，只有真正触及教育对象思想实际问题或矛盾、与教育对象知识建构方式相一致的教学实施过程才能真正做到引导和重构教育对象的思想观念。因此，重视课堂提问的过程优化，教师应该考虑从当代大学生知识建构的时代特点出发，为教育对象提供必要的候答支持，更自觉地与教育对象展开问题回答的进一步交流，课堂提问的实施才能有力增强课堂教学针对性。

3. 课堂提问结构性缺失

就课堂提问的构成看，课堂提问所涉及的问题应充分遵循认知规律而展开。以怀特海智力发展节奏性理论为依据，合理的课堂提问应该由浪漫、精确和综合运用三个阶段的问题所构成。所谓浪漫阶段，是指开始领悟的阶段。这个阶段的学习特征主要表现为教育对象直接认识事实，情感处于兴奋状态，思想活跃而纷乱。经过浪漫阶段的学习，教育对象具有了以客观事实和理论为基础的一般知识。而由浪漫阶段转入精确阶段的学习则意味着教育对象学习悟性的养成，对一般规则和原理的系统阐述与详细例证能够清楚地理解。最后，"综合运用阶段是摆脱知识细节而积极运用原理的阶段，这时细节退回潜意识的习惯中……这个阶段的本质是，脱离那种被训练得比较被动的状态，进入主动应用知识的自由状态"。①结合思想政治理论课的教学特点，以上三个阶段可以简要概括为：把握客观事实、初步构建理论观点的浪漫阶段，理论系统化理解的精确阶段，以及运用理论的立场、观点、方法分析社会现实问题的综合运用阶段。因此，有效课堂提问就应该由三个阶段的问题组成，通过三个阶段的课堂提问，构建起完整

---

① 温恒福，杨丽. 过程哲学与中国教育改革——探索中国教育改革的另一种可能[M]. 北京：教育科学出版社，2016.

的课程内容和教学过程。

然而，教师的课堂提问往往忽视了问题实施的阶段化，由此针对特定教学目标的课堂提问，结构化缺失比较普遍。从教学实践看，教师的课堂提问常常是以理论问题、理论思考贯穿始终。对学生而言，教师的课堂提问则常常显得比较突兀而不知所云，学生的应答要么是照本宣科，要么是支离破碎的话语应付。显然，课堂提问既没有调动教育对象课程学习的兴趣，也没能使教育对象达成对理论立场和观点的认同内化。因此，教师应重视从客观事实构建理论观点阶段的教学实施，使学生在面对客观事实的发散思维中形成基本的理论观点，而不是首先把理论问题摆在学生的面前。如让学生从不同角度思考回答"党中央推进国企分配改革的动机"，这是从客观事实构建理论观点，而不是直接让学生回答"什么是改革的正确方向"。同样，让学生谈谈自己对"养老一体化改革"的看法，既是综合运用阶段的学习，也是对"坚持改革正确方向"理论观点和立场是否为教育对象内化认同的反馈。可见，课堂提问三阶段的结构化，可以有力推动教育对象课堂学习的投入与知识构建，更有效地提升课堂教学质量。

五、教学过程有效维度生成路径

概括起来，思想政治理论课教学过程有效维度主要有四个方面：一是教学主导的有力实现，二是合理的教学思维方式，三是科学的教学价值理念，四是有效的教师课堂提问，四个方面构成有效教学过程的整体。具体而言，有了强烈的教学主导诉求，才能推动教师构建起正确的教学思维方式和教学价值理念，也只有在教学主导诉求、教学思维方式以及教学价值理念的综合指引下，才能有思想政治理论课教师课堂教学的有效课堂提问。反言之，问得好才能教得好，教师提什么问题，以何种方式来实施课堂提问，能非常深刻地反映出教师的教学主导意识、思维方式及其价值理念。评价教学过程，关注教学过程的动态生成，必须洞察教师教学行为的核心方面，应该清楚地把握教师教学行为背后的教学动机、教学思维及其价值理念。正所谓"外行看热闹，内行看门道"。为此，思想政治理论课教学过程有效维度实质由两个层面构成，课堂提问属于最为重要的外显维度，教学主导、教学思维方式、教学价值理念则是最为根本的内隐维度。从目的和手段的关系来看，教学主导实现是目的，教学思维方式、教学价值理念、教学课堂提问则是手段。而思想政治理论课教师如何在教学生活中增强教学主导能力、优化教学思维方式、树立科学教学理念以及提升课堂提问水平，应着力于以下方面的学习实践：

（一）增强教学主导能力

1. 思政课教师应自觉地成为马克思主义信仰的自我审视者

思政课教师作为意识形态教育工作者，坚定自己的马克思主义信仰，在事关政治原则、政治立场和政治方向的问题上与党中央保持一致是基本的职业操守。因为"没有对于教育目的、教育内容所蕴含的理想与信念的执着追求精神和坚定不移的信奉态度，思想政治教育必定是苍白无力的，甚或是自欺欺人的，不可能产生任何效力"。然而，思政课教师如果仅仅只是一个坚定的马克思主义信仰者，未必能够成为一个称职的意识形态教育工作者。思政课教师作为意识形态教育工作者，坚定自己的马克思主义信仰只是底线，更重要的是，思政课教师还应具备马克思主义理论灌输的能力；否则，思政课的课堂教学会难免沦落到"你不信我信"的尴尬境地。

而处在改革发展的关键阶段，无疑对人们的思想观念产生了重大影响，也极大地增加了社会思想观念的整合、净化难度。因此，作为思政课教师，如果要提升当代大学生对中国特色社会主义道路、理论、制度和文化的认同,既要讲得清楚每个国家和民族因为历史传统、文化积淀、基本国情不同,其发展道路必然有着自己的特色,更要讲得清楚中国特色社会主义是如何植根于中华文化沃土、反映中国人民意愿、适应中国和时代发展进步要求,有着深厚历史渊源和广泛的现实基础。而要把这些问题讲清楚,思政课教师自己首先要能对当今世界和中国特色社会主义发展的新情况、新问题、新现象给出符合认识逻辑又与马克思主义立场一致的阐释。这实质就是要求思政课教师,必须紧随时代的发展变化做一个马克思主义信仰的自我审视者,即面对时代的发展变化所提出的新问题、所产生的新现象,积极主动地展开思考探究,让自己的信仰经得起时代的考问与挑战。只有这样,思政课教师的马克思主义信仰才能在受教育者面前真正地挺立和坚定起来,才能有力地对受教育者提出的各种思想认识问题给出马克思主义立场的回应,作为意识形态教育者的主导作用才能得以实现。

2. 思政课教师应自觉地成为教学话语大众化的积极建构者

所谓话语,是指一种言说或表达方式,是特定社会语境中人与人之间从事沟通的具体言语行为。基于马克思主义大众化的视角,思政课教师教学主导的实现,教学话语的表达内容及其形式能否实现大众化是关键。而反思思政课教师的教学话语,话语文本化的倾向性不容忽视。被教材化、理论化和政策化的话语所充斥的课堂教学,教学内容或枯燥乏味,或艰深晦涩,由此必然导致受教育者在课堂教学的"视线挪移"和"有意缺场"。而教育对象的实质缺失,思政课教师的教学主导便无从谈起。因此,要实现教学主导,思政课教师应自觉地成为教学话语大众化的积极建构者。

首先,教学话语要朴实近人。用最朴实的语言讲清楚最深刻的道理,应是思政课教师努力实现的教学境界。教学话语的朴实化，一方面需要思政课教师关注现实生活，把理论教育与现实问题相结合；另一方面也需要思政课教师虚心吸取普遍民众的语言智慧。其次，教学话语要言简意赅，用最典型的事例、最简洁的话语讲清楚最复杂的问题应是思政课教师努力追求的教学状态。思政课教师的教学话语应该是句句为实，对问题的分析点拨力求少一句不够，多一句多余，绕来绕去、云里雾里的教学话语只能让受教育者听而生厌。最后，教学话语要有时代意境，有时代意境的话语最能吸引大学生也最能打动大学生。例如课堂教学过程中教师对网络话语恰如其分的应用，既能有力地吸引受教育者的注意，也能增进师生教学交往的亲近感。概而言之，思政课教师在课堂教学中对大众话语的积极建构，才能推进师生在课堂教学过程中的思想情感交流，才能为教学主导的实现提供有力的保证。

（二）优化教学思维方式

1. 认真领悟马克思主义经典文本的思维方式。

对马克思主义经典文本的学习不仅要深刻理解其理论思想的时代真理性，也要充分领悟马克思主义经典文本在理论话语叙述中所包含的思维方式。通过对马克思主义经典文本思维方式的用心体会，并把领悟到的思维方式运用到教学实践中，从而使自己的教学思维方式得到优化。

2. 善于和勤于反思自己的教学行为

教学思维方式以隐性的方式存在于教师个体心理结构中。因此，舍弃原有的教学思维方式和建立新的教学思维方式是一个艰难长期的过程。思政课教师个体要善于和勤于反思自己的教学行为。而能否深刻剖析自己教学行为背后的教育教学观念，从观念层面对自己的教学行为，特别是那些习以为常的教学行为给以反思，是教师个体推动合理教学思维方式养成的关键。

3. 努力丰富自己的教学元知识

作为一名优秀的理论课教师，既需要随着时代的发展更新自己的学科知识，也需要努力丰富自己的教学元知识。其中，能否形成正确的知识观和学生观是教师教学思维方式能否改进的重要前提。对教师而言，受教育者在课堂教学过程中是一个怎样的存在，思想观念层面的知识如何才能为受教育者所接受，这是一个在教学实践过程中需要不断思考的问题。

（三）树立科学教学理念

1. 思政课教师应重视教育理论的学习与领会

教育理念是教育理论的内化，是教育理论走进教师课堂，融入教师生命的结果，是教师在长期的教育实践中不断反思、体悟后逐步建构的对教育本真的深刻理解。简言之，"教师的教育理念是教师依据教育理论而生成的严密的个人内在理论，是教师坚信的应然的教育价值选择和生命追求，是教师的一种最高的自我状态"。[①]所以，教学理念的生成，必然需要思政课教师对教育理论的认真学习和深刻领会。

2. 思政课教师应把教育理论感悟与教学实践体验相融合，作为专业发展的基本方式

思政课教师教学理念的形成是一个不断对自己的教学实践，乃至于对职业价值与意义进行批判性反思的过程。所以，透视课堂、剖析自我，就是一条思政课教师形成教育智慧的必由之路。因此，着力于教学理念的提升，思政课教师应积极展开教学实践的行动研究，通过行动研究促进理论感悟与实践体验相融合，从而生成融入自身教学风格的个人化教育智慧。

---

① 张向众. 教育理论与教师发展——从教师的生命之维来看[J]. 教师教育研究，2005（6）：10-14.

3. 思政课教师应把学习共同体作为提升教学理念的重要载体

教学理念的生成需要教师开展反思性的教学实践。然而，反思性教学实践的有效开展离不开积极的同伴合作。因为面对充满着不确定性的教学课堂，对教师个体而言，其知识背景、教学经验都是非常有限的。所以，思政课教师要提升自己对教育教学的领悟境界，就应选择走一条合作发展的道路，即在教学过程中充分地展开与同行的交流对话，以激发自己对教育教学深入的、多角度的思考，从而使自己获得对教育教学更为本真的领悟。

（四）提升课堂提问水平

思想政治理论课教师提升课堂提问水平是增强教学过程有效性的重要途径。从教学实践来看，提升课堂提问水平要把握以下原则。

1. 目标原则

差之毫厘，谬以千里。有效课堂提问生成的首要原则应是对教学目标的正确定位。面对课程内容，教师的课堂提问在问题内容上与实施过程中之所以存在很大的随意性，最后导致教学效果不理想，根本原因在于教学目标缺乏明确定位、被模糊化，教师在课堂提问的教学实施过程中无法确立核心问题，也无法对核心问题和辅助问题做出有效的区分，甚至把一些知识性的辅助问题作为课堂教学中的核心问题。可见，偏离教学目标的课堂提问，使得非常有限的教学资源在看似积极活跃的场景中只得到了低价值甚至无价值的利用，思想政治理论课教学过程的有效性就难以保证。

2. 跟进原则

"要把思想政治教育工作'以人为本'的精神落到实处，就要坚持做到'学生的思想走向哪里，我们的思想政治教育工作就跟进哪里'的工作思路，即'跟进式教育'。'跟进式教育'是当前大学生思想政治工作的一种有效方法和途径。"①具体到思想政治理论课的课堂提问，跟进式教育意味着课堂提问的问题本身应与教育对象当下的思想认知、思想环境相联系，意味着教师应立足于教学核心目标的实现，创造性地结合当前发展阶段的舆论热点、社会思潮，去创设与课程内容密切相关的议题。简言之，只有结合课程内容，切实跟进当代大学生就某一具体议题的思想认知提出课堂问题，才能构建起教育对象成长所需要的，也更愿意接纳的思想政治教育。

3. 对话原则

课堂提问不纯粹是为了给学生提供课堂参与的机会，也不仅仅是让学生感到有趣。就课堂组织形式而言，课堂提问的根本目的是为了构建师生对话的空间。所谓激发学生的学习兴趣，究其实质是激发学生愿意就某一议题而与他人（教师和学习同伴）展开深入对话的热情和动力。通过提问引发对话，教师、学生就能更好地共享信息、交流思想、沟通分歧，在某种程度上达成共识。简言之，课堂"提问因追求对话而萌动，也以实现对话为鹄的，提问把我们与世界、我与他（它）的关系转化成'我你'关系，进而成为'我们'，因为，凡提问必须是双方'在场'，而回答必定是与你'共在'，因而提问为我们构建了对话的世界，创造了对话的境域，提问发起了对话，且走向对话并融入对话"。②

4. 效能原则

效能感是行为发生和维持的关键要素。面对课堂提问，学生如果通过教师的激励、引导和帮助可以参与课堂提问的回答并能够在这个过程中获得对社会现实生活和思想政治问题的进一步理

---

① 浦玉忠. "跟进式教育"：大学生思想政治工作的新途径[N]. 光明日报，2006-11-02（11）.

② 黄伟. 对话语域下的课堂提问研究[D]. 上海：上海师范大学，2008.

解，学生参与课堂学习的积极性就能得到激发和维持。相反，教师如果在课堂教学中沉迷于轰炸式提问、口头禅式提问、做秀式提问、半截话提问，只能影响学生的课堂学习热情，浪费宝贵的课堂学习时间，让学生陷入无谓的迷惑当中，就必然导致教育对象对课堂提问的厌倦及其注意力的转移。因此，充分立足于课程核心目标精心创设和实施课堂提问，通过少而精的课堂提问最大可能地满足教育对象课堂学习的获得感，这是构建有效课堂提问的根本要求。

第三节　教学过程有效维度实证研究

高校思想政治理论课教学有效性的提升，既需要对教学结果有一个客观及时的测评，也需要对教学过程价值生成的有效维度有深入的把握。如沈壮海指出："如果我们的视角只停留在对实践活动结果的有效性的关注，那么，最多只能导致我们对现有实践成果的选择性利用，而无法实现不断提高实践活动有效满足人们需要的程度的目的。"[①]无疑，有效的教学结果必然生成于有效的教学过程。从教学结果看高校思想政治理论课教学有效性，简单而言，就是一个通过思想政治理论课教学能否引导教育对象形成正确的世界观、人生观、价值观，能否增强当代大学生道路自信、理论自信、制度自信和文化自信的问题。从教学过程看高校思想政治理论课教学有效性，根本的问题就是教师与教育对象能否在课堂中建构起有力的相互影响，从而使师生在课堂生活中实现思想、知识、情感态度的教学相长。

---

① 沈壮海. 思想政治教育有效性研究[M]. 第二版. 武汉：武汉大学出版社，2008.

然而，如何有力促成师生的教学相长，或者说基于高校思想政治理论课程的内在特质与价值诉求，促成教学过程价值生成的有效维度应有哪些？什么维度在教学过程价值生成中更为关键？这些问题的回答既需要理论层面的深入阐释，也需要从实证研究的角度给予充分而具体的揭示。如此，才能为高校思想政治理论课教学过程的优化提供更有现实说服力的行动指向。

一、实证研究的设计与过程

（一）研究设计

一方面，教学过程有效性生成维度的预设是展开实证研究的关键。从高校思想政治理论课教学过程有效性研究的已有文献来看，学界同仁对教学过程有效性生成的理论探讨或者经验总结主要聚焦在以下三个方面：一是教育对象的主体性；二是教师的主导性；三是课堂问题或提问。如在中国知网，以"思想政治理论课"为篇名，分别以"主体""主导""问题（提问）"为主题的文献近10年合计达1500多篇。因此，有充分的理由把主体性、主导性、问题教学作为教学过程价值生成的预设维度。

另外，教学过程有效性的判断是展开实证研究的难点。什么样的教学过程是有效的？通常是对教学结果进行测评。但是，思想政治理论课作为影响大学生思想情感、行为态度的一门课程，其教学结果的测评往往比较复杂。而"奥卡姆剃刀"原则告诉我们，在科学研究当中，简单远胜于复杂，如果能用最简单的计量方法解决问题，那么多用一分就会多带来一分的误差。[①]简言之，为了所谓的客观测评而试图穷尽所有的变量，结果往往可能适得其反。例如，对主观幸福感的测评，有40个或者50个变量，甚

---

① 魏翔. 闲暇红利[M]. 北京：中国经济出版社，2015.

至有 1000 个变量的测评方法，然而，"你幸福吗"就是一个最好的方法，因为用这个方法至少与用 40 个变量测评的结果一样准。因此，对高校思想政治理论课教学过程有效性的判断，借鉴卡尼曼的方法，教育对象对课程的整体印象就是教学过程有效性的判断依据。具体而言，如果教育对象普遍地认为思想政治理论课是一门强制灌输、乏味枯燥、简单重复、与现实生活毫不相干的课程，那么，可以认为，教学过程的有效性处于高度负面的状态。

（二）研究过程

整个研究分为三阶段。第一阶段，参考已有相关研究文献，完成问卷设计。问卷设计分为三个部分：第一部分为专业、性别、角色基本变量；第二部分教育对象课程印象测评，测评项目主要参考《中国大学生思想政治理论课程观研究》（吴扬，2016）；第三部分为教学过程有效性生成维度，项目设计主要参考《思想政治教育有效性研究》（沈壮海，2008）、《一身一任：高校思想政治理论课教师主体性研究》（顾晓英，2016）、《问题意识导向下的高校思想政治理论课教学研究》（丁国浩，2017）以及《课堂提问的有效性及其策略研究》（王雪梅，2006）。整份问卷共有 15 个题项（不含基本变量）。第二阶段，通过整群随机抽样的办法面向三所本科院校发放问卷，调查对象均为大二学生。之所以选择大二学生是因为考虑到很多高校思想政治理论课的开设一般为入学的前两年，大二学生至少完成或者接触了三门思想政治理论课的学习，课程学习的经历和课堂体验比较完整、丰富。第三阶段，问卷数据的收集、整理和分析。为保证数据的真实性、准确性，调查问卷当场发放当场回收，数据输入与数据复核相分离。此次研究发放问卷 785 份，回收问卷 742 份，回收率 94.5%。有效问卷 680 份，有效率 91.6%。数据处理软件为 SPSS 20.0。样本构成如表 4-1 所示。

表 4-1 问卷调查样本构成

各项	性别		专业		角色	
	男	女	理工类	其他	积极分子	其他
n	246	434	252	428	198	482
p	36.2	63.8	37.1	62.9	29.1	70.1
∑	680		680		680	

二、实证研究的结果与分析

（一）教学过程有效性

1. 总体情况

教学过程有效性调查项目由 5 个课程印象问题构成。其中，涉及正面课程印象的有 2 个，负面课程印象的有 3 个。基于教育对象的课程印象与教学过程有效性等同的研究预设，高校思想政治理论课教学过程有效性的整体状况如表 4-2 所示。从负面印象来看，持不赞成的比例高达 81.3%，由此可以推断，绝大部分大学生对高校思想政治理论课的教学过程是认可的，对思想政治理论课是一门强制灌输、枯燥重复、毫无用处的课程的看法有着明显的反对倾向。然而，从正面印象来看，持非常肯定的比例只有 36.5%，一般倾向的比例为 56.5%。可见，尽管大部分教育对象认可了高校思想政治理论课，但很多大学生对思想政治理论课教学过程的学习体验并不十分满意，获得感也处于一般水平。概言之，虽然高校思想政治理论课教学过程得到了教育对象的普遍认同，但是一定要看到，如何推进教学过程的进一步优化，以充分满足当代大学生成人成才的价值期望，这是当前乃至相当长时期内不得不面对的严峻挑战。

表 4-2 教学过程有效性整体状况

各项	正面印象			负面印象		
	非常否定	一般	非常肯定	非常否定	一般	非常肯定
n	48	384	248	553	102	25
%	7.1	56.5	36.5	81.3	15.0	3.7
∑		680			680	

2. 差异性分析

统计分析表明，专业方面，理工类学生与非理工类学生在课程印象方面存在显著性差异（p=0.000），理工类学生对高校思想政治理论课的正面印象非常肯定的比例（44.8%）明显高于非理工类学生（31.5%）。性别方面，男生与女生在课程印象方面存在显著性差异（p=0.009），男生对高校思想政治理论课正面印象高度肯定的比例（43.5%）明显高于女生（32.5%）。基于课程印象与教学过程有效性等同的研究预设，可以推论，不同学生群体在教学过程有效性的认同度方面存在显著差异性。结合理工类学生以男生居多的事实，可以推断，调查样本课程印象的专业差异实质由性别差异导致。因此，高校思想政治理论课教学过程有效性的提升，需要教师高度重视女大学生的课堂学习问题。

（二）教学过程价值生成有效维度

1. 总体情况

教学过程价值生成有效维度包含主体性、主导性和问题教学3个方面，共有10个调查题项。其中，问题教学4个题项，教师主导性4个题项，学生主体性2个题项。高校思想政治理论课教学过程有效性生成维度的总体状况如表4-3所示（为便于比较，各维度均值都以5分为满分）。从课堂学习的主体性看，绝大部分教育对象认为,他们在教学过程中能够获得参与课堂讨论发言的机会,认为教师授课形式更像做报告的学生比较少。从教师主导性看,肯定教师能够对现实问题进行深入理论分析的学生比较普遍,而认为教师在教学过程中问题讲不清楚、喜欢闲聊逸闻趣事的学生是少数。从问题教学有效性看,学生普遍认为,思想政治理论课教师教学过程中讲的问题很有现实性,比较贴近社会热点,能够激发课堂学习的兴趣。反之,认为教师提的问题理论抽象、好像与学习内容没有针对性关系的学生则比较少。

表 4-3 教学过程有效维度总体状况

各项	学生主体性		教师主导性		问题教学	
	正面	负面	正面	负面	正面	负面
$\bar{x}$	3.90	2.50	4.00	2.31	3.98	2.25

综上分析,教师在教学过程中普遍注意了教育对象的课堂参与、教学问题的针对性和思想政治教育主导性的实现。简言之,学生对教学过程价值生成有效维度的积极认知与普遍肯定的课程印象形成高度对应。可见,把课程印象等同教学过程有效性的研究预设得到了有力支持。然而,各有效维度在教学价值生成的权重如何,或者说谁是更为关键的角色,需要进一步揭示,因为只有这样才能为思想政治理论课教学过程优化提供更有现实说服力的行动指向。

2. 差异性分析

统计分析表明,理工类与非理工类、男生与女生只在问题教学有效性的认同方面存在显著性差异($p=0.000$),其他两个维度不存在显著性差异。专业方面,理工类学生肯定教师讲授的问题贴近现实,能够引起学习兴趣的比例为 51.8%,明显高于非理工类学生 24.8%的比例。性别方面，男生肯定教师讲授的问题现实感强、贴近社会热点，能够引起学习兴趣的比例为 48.6%，而女生仅为 27.0%。同样结合理工类男生居多的事实，可以推断，调查样本问题教学有效性专业方面的差异实质由性别导致。由此，在思想政治理论课教学过程中，女大学生对教师讲授的问题普遍缺乏兴趣、热情低落的现象亟须高度重视和认真解决。

综上分析，要提升高校思想政治理论课教学过程的有效性，需要教师高度重视女大学生课堂学习兴趣的激发。相关研究表明，"'90 后'女大学生的情感丰富热烈、情绪敏感多变，心理需求表达具有明显的即时性、互动性和指向性特征"。[①]因此，教学内容的选择、教学提问的实施要充分考虑女大学生的认知特征与情感倾向，教学过程的问题讲授应充分关注女大学生的学习兴趣与情感需求。

（三）教学过程有效维度相关性

1. 教学过程有效性与有效维度的相关分析

教学过程有效性与各生成维度的相关系数如表 4-4 所示。从正面看，问题教学有效性与教学过程有效性几乎达到强相关（$r=0.497$，$p=0.000$），教师主导性与教学过程有效性则是中等程度相关（$r=0.411$，$p=0.000$）。值得注意的是，教学过程有效性与学生主体性为弱相关。由此可以推断，学生的课堂参与感受度与他们对教学过程有效性的认同，二者并不具有密切的联系。相反，教师在教学过程中能否对接并且努力回答好当代大学生普遍关注的重要理论和现实问题，是增强学生教学过程获得感的关键。可见，这一实证研究结果与"高校思想政治工作要在教育对象'思

[①] 万美容，曾兰. 90 后女大学生心理特点的实证研究——基于与男大学生的比较[J]. 中国青年研究，2014（4）：67-72.

想'深处着力"[①]的理论观点形成了高度呼应。简言之，提升思想政治理论课教学过程有效性，更为重要的是教师对讲授问题的选择和有理论深度的分析。相比讨论发言形式的课堂参与，教师的讲授内容和理论与现实问题的穿透力才是激发和调动高校大学生思想政治理论课学习兴趣更为关键的因素。

表 4-4　教学过程有效维度相关矩阵

各项		学生主体		教师主导		问题教学	
		正面	负面	正面	负面	正面	负面
教学过程	正面	0.166	-0.231	0.411	-0.275	0.497	-0.300
	负面	-0.223	0.456	-0.307	0.573	-0.368	0.480
学生主体	正面	-	-	0.227	-0.230	0.207	-0.118
	负面	-	-	-0.210	0.411	-0.345	0.372
教师主导	正面	-	-	-	-	0.448	-0.291
	负面	-	-	-	-	-0.371	0.501

从负面看，教师主导性与教学过程有效性达到强相关（r=0.573，p=0.000），问题教学有效性与教学过程有效性则是接近强相关（r=0.480，p=0.000）。学生主体性与教学过程有效性虽然相关程度最低，但也达到中等程度相关（r=0.456，p=0.000）。由此可以认为，教师在教学过程中如果不能把问题分析透彻，如果以娱乐化的态度处理教学内容，则导致思想政治教育的主导性消解，也极可能导致教育对象对教学过程的厌倦和对课程学习价值的否定。同时，教师讲授的问题不能引起学生的兴趣，在讲授过程中缺乏与教育对象必要的互动，也会降低学生对教学过程有效性的认同度。概言之，思想政治理论课教师在教学过程中主导性

[①] 王习胜. 高校思想政治工作要在教育对象"思想"深处着力[J]. 思想教育研究，2018（3）：43-47.

迷失，讲课内容东扯西拉，不能调动学生课程学习的兴趣和课堂参与，只能加剧教育对象课程学习的厌倦感。

2. 教学过程价值生成有效维度组内相关分析

教学过程有效性生成维度组内相关系数如表4-4所示。统计分析表明，教师主导性的负面评价与学生主体性的负面感受中等相关（$r=0.411$，$p=0.000$）。由此可以认为，教师作为课堂教学的主导者、组织者，如果在课堂教学过程中主导性迷失，看似热闹的课堂实质更容易导致教育对象在课堂学习过程中产生被边缘化、道具化的心理感受。

教师主导性与问题教学有效性相关方面。统计分析表明，学生对问题教学有效性的认同与对教师主导性的评价在正负面都达到了中度相关。其中，负面相关程度较高，接近强相关（$r=0.501$，$p=0.000$）。由此可以推断，学生对问题教学有效性的负面认知，如认为教师讲授的问题理论抽象、问题随意而没有课程学习的针对性，则更倾向于对教师主导性的负面评价。结合教师主导性与教学过程有效性负面维度的强相关，可以认为，提升教学过程有效性就必须彰显教师主导性，而教师主导性的有力生成就应着力于讲授问题的精心处置。

学生主体性与问题教学有效性相关方面。统计分析表明，学生主体性与问题教学有效性在负面维度达到中等程度相关（$r=0.372$，$p=0.000$）。由此可以认为，学生对教师问题教学有效性的负面感受，如认为教师讲授的问题理论抽象、问题随意而没有针对性，则课堂学习的厌倦情绪和被道具化的感受就会更强烈。所以，要激发教育对象的课堂学习热情，教师的问题讲授尤为关键。综上，问题教学有效性的负面认知在很大程度上制约着学生课堂学习主体性的生成。因此，要有力调动教育对象的课堂参与，应着力于问题教学的优化。

三、实证研究的基本结论

（一）总体方面

高校思想政治理论课教学过程有效性得到了当代大学生的普遍认同，然而，有过半数学生对教学过程的满意度一般。教学过程的优化亟须得到高度重视和有力推进。

（二）群体差异性方面

女生相比男生，在教学过程有效性和问题教学有效性两个方面的认同程度均明显偏低。高校思想政治理论课教学过程有效性的提升，教学内容的选择与处置应充分重视对女大学生学习心理特征的把握与情感需求的满足。

（三）教学过程有效维度相关性

一方面，教学过程有效性与教师主导性在负面维度达到强相关，与学生主体性在正面维度弱相关、在负面维度中度相关。另一方面，问题教学有效性与教学过程有效性在正负面维度均接近强相关。问题教学有效性与教师主导性也接近强相关，与学生主体性在负面维度也达到中等程度相关。因此，问题教学有效性是最为关键的生成维度。

四、教学过程价值生成实践策略

（一）强化立足学生的教学意识

教与学的不对称性决定了有效教学的重心应落实到学生的"学"，如张楚廷所言："教的活动必以学的活动的存在为前提。没有学的，你教谁？"[①]然而，肯定学生主体地位不是简单地把课堂交给学生，更不是话语权的分割或者转移。对教学过程有效性生

---

① 张楚廷.教与学非对称性[J].大学教育科学，2012（5）：125-127.

成维度的分析表明，浅表的课堂参与（如让学生课堂讨论与发言）并不能明显增强学生对教学过程有效性的认同。尊重学生课程学习的主体性，根本在于教师从学生的问题出发，"充分了解并根据学生在课程学习、社会现实、生活实践等方面存在的理论认识或思想现实问题，以此作为开展思想政治理论课教育教学的现实基点"。[①]因此，强化立足学生的教学意识，构建以学生问题为中心的教学过程非常必要。

（二）重视教学过程的教师讲授

讲授是（或曾经是）课堂教学的重要方式。然而，在各式各样现代教育理念的影响之下，乐此不疲地强调学生课堂参与似乎成为主流话语，甚至有教师讲授不能超过多少时间的所谓有效教学。然而，学生课堂参与感受与教学过程有效性认同弱相关，教师主导性、问题教学认同度与教学过程有效性强相关的实证分析结果说明，对高校思想政治理论课而言，相比浅表的课堂参与，教师融合社会热点的讲授内容和讲授过程中理论对现实问题的穿透力更能激发和调动当代大学生的学习兴趣与思考热情。所以，以学生问题而不是学术问题、学科问题为导向整合讲授内容，不断提高运用理论分析现实问题的讲授能力，而不是简单地把课堂交给学生，应是思想政治理论课教师优化课堂教学的根本出路。

（三）加强针对女大学生的教育引导

如前分析，高校大学生在思想政治理论课教学过程有效性的认同及其生成维度方面存在群体性差异。针对女大学生教学过程有效性认同度明显低于男生，对教师讲授的问题普遍缺乏兴趣、热情低落的客观现象，思想政治理论课教师在教学内容选择、教

[①] 丁国浩. 问题意识导向下的高校思想政治理论课教学研究[M]. 杭州：浙江大学出版社，2017.

学问题处置方面就应充分考虑女大学生的认知特征和情感需求。如从女大学生所遭遇的就业歧视问题展开依法治国议题的学习，能更好地引起女大学生的心理关注与情感共鸣。简言之，加强针对女大学生的教育引导应成为高校思想政治理论课提升教学过程有效性的重要方面。

五、教学过程有效维度体系构建

结合已有的理论探讨，基于本实证研究的结论，高校思想政治理论课教学过程有效维度体系具有如下特征（参见图4-1）：

首先，教师在课堂教学中所讲授的教学问题（提问）能够激发学生的学习兴趣，与课程教学的核心目标相契合，是高校思想政治理论教学过程有效性生成的最为重要的方面。因此，评价课堂教学过程有效性，应高度重视教师以什么样的问题来驱动思想政治教育。应该是密切联系课程的核心目标、能够让学生产生兴趣、引起共鸣，还是使得学生更多地面对抽象的理论或者一些识记性问题，这是思想政治理论课教学有效性能否有力生成的关键。所以，课堂问题（提问）是教学过程价值生成的首要维度。

其次，通过教师问题的设置及其引导过程可以把握教师的教学理念和教学思维。或者说，对教师教学理念和教学思维的透视可以通过教学问题的驱动过程获得。只有在正确的教学理念、教学思维的指引下，教师才能合理设置教学问题，才能通过教学问题的驱动，最大可能地发挥应有的思想政治教育主导性。所以，在对教学问题（提问）基本把握的情况下，教师主导作用的发挥程度及其背后的教学思维、教学理念，就是教学过程价值生成的重要维度。

最后，学生主体性也是教学过程价值生成的重要维度。学生主体性之所以是在教师主导性之后的生成维度，是因为学生主体性必须是在教师主导性充分彰显的基础上才有意义。课堂教学活动的活跃如果离开了教师思想政治教育主导性的存在，课堂教学实质就是思想政治理论课教育的缺失。因此，评价高校思想政治理论课教学过程学生主体性，必须以教师主导性的分析为前提。所以，学生主体性是教学过程价值生成的基本维度。

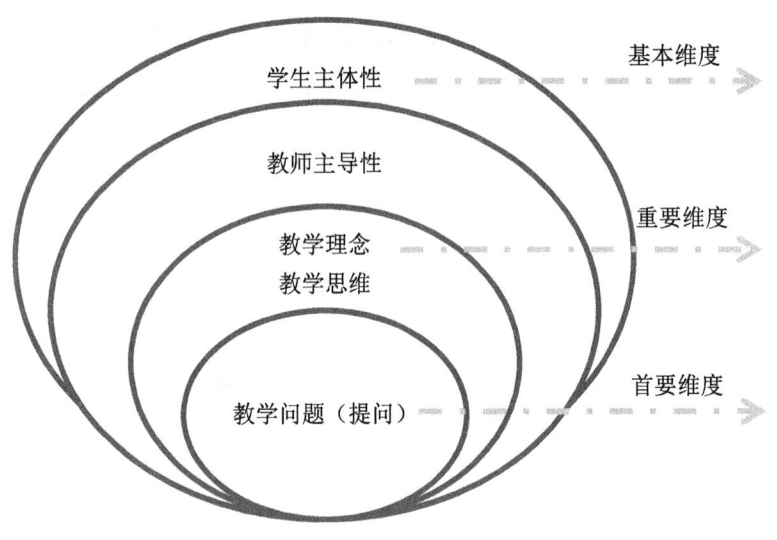

图 4-1　教学过程有效维度体系

本章小结

从教学育人看，教学过程价值生成具有自在性、复杂性和过程性。高校思想政治理论课教学过程育人价值的有效创造，必须是思想政治理论课话语情境下的师生角色能够是其所是的生成展开。基于理论探究，有力的教学主导作用、合理的教学思维方式、科学的教学价值理念以及有效的课堂提问应是思想政治理论课教学过程价值生成的重要维度。基于实证探索，课堂问题（提问）是教学过程价值生成的首要维度；教师主导作用的发挥程度及其背后的教学思维、教学理念是教学过程价值生成的重要维度；学生主体性是教学过程价值生成的基本维度。因此，可以非常肯定的是，增强思想政治理论课教育教学质量，优化教学过程的关键是教师，主导是教师。

第五章 高校思想政治理论课教学过程发展评价

教学评价是教学走向科学化的本质要求，是切实提高教学质量的科学保证。然而，在科学化理念之下，无论是"总结性评价"，还是"形成性评价"，评价过程实质上是对已经进行过的教学过程的结果测量和判断，而不是直接指向教学过程本身。课程发展取决于教师专业化发展。构建面向教学过程的发展性教学评价以推动教师专业化发展，不断增强教师在教学过程中的反思意识与职业效能感，应成为提升教学过程价值生成有效性的核心议题。

第一节 发展评价：教师专业发展重要途径

教学评价是教学走向科学化的本质要求，是切实提高教学质量的科学保证。因此，如何评价课堂教学，是高校思想政治理论课教育教学改革必须面对的核心问题。一方面，教育教学改革的成效需要得到确认；另一方面，课堂教学的改进也需要得到教学实施情况的及时反馈。无论是成效确认还是情况反馈，普遍的共识是，课堂教学评价应力求客观、科学、公正，所以，基于实证主义的旨趣，评价指标应尽可能体系化，评价结果应尽可能定量化。所以，在教学评价领域，"技术""工具""测量""统计"成为高频率的关键词就不足为奇。总之，科学化是当前课堂教学评价的主导思想和行为范式。

然而，在科学化理念的影响下，"教学过程与评价过程出现了'双重脱离'，评价主体与教学主体的脱离，评价过程与教学过程的脱离；评价过程普遍地成了由非教学人员对已经进行过的教学过程的结果测量和判断，而不是直接指向教学过程本身"。①但是，要推动教学过程的改进，评价对象更应指向教学过程动态生成的育人价值，即教学过程的意义与合理性所在。总结性评价是对课程的总体效果做出评价而与教学过程相脱离，那么，备受关注的"形成性评价"是否指向了教学过程的价值生成，有必要给予进一步澄清。

课程评价之父泰勒提出："评价过程在本质上是确定课程和教学大纲在实际上实现教育目标的过程。但是，鉴于教育目标实质上是指人们发生的变化，也就是说，所要达到的目标，是指望在学生行为模式中产生某种所期望的变化。因此，评价是一种确定行为发生实际变化的程度的过程。"②正因为评价关注的是受教育者行为实际发生变化的程度，所以，对评价做出"总结性评价"与"形成性评价"区分的斯克里文坚持认为："在形成性与总结性评价之间没有基本逻辑和方法论上的差别。两者都是为了检验某个实体的价值。只有按不同时机、评价的听取人，以及使用评价结果的方法，才能区别在什么情况下评价是形成性的，或是总结性的。"具体而言，形成性评价与总结性评价的主要区别是评价时机不同，前者是对正在进行的课程做出效果反馈，即对课程局部或某个阶段的教学效果进行测试；后者则是在课程结束之后对总

---

① 张广君，徐继存. 当代教学论文选[C]. 济南：山东教育出版社，2013.
② 瞿葆奎，陈玉琨，赵永年. 教育学文集：教育评价[M]. 北京：人民教育出版社，1989.

体课程效果的测试。就结果而言，都是对教学效果的获取；就作用而言，都是从教学效果的反馈来推动课程教学的改进。在测评对象上，遵循的依然是泰勒的规定，主要是测量学生经过学习以后发生的变化，是直接指向教学效果的评价，而非指向教学过程本身的评价。课程发展取决于教师专业化发展，之所以强调评价教学过程本身的发展，根本原因在于教学过程的发展评价可以充分实现教师专业化发展的核心价值，是立足教学过程推动教师专业化发展不可或缺的关键路径。

一、发展评价对课堂教学活动的作用机制

充分把握发展评价对课堂教学活动的作用机制是深刻认识发展评价与教师专业发展重要关系的前提。发展评价对课堂教育教学活动的作用机制具有以下特点：

（一）影响时效的即时性

发展评价可以理解为诊断问题—反馈信息—改正问题的过程。但必须注意的是，发展评价的诊断问题—反馈信息—改正问题又都是以正在进行的教育活动为背景，所以发展评价对教育教学活动的影响时效具有即时性。

（二）影响机制的反思性

发展评价立足于教育活动参与者（教师与学生）对自身教与学活动的诊断，即反思性认识与理解。因此，发展评价实施的过程实质上也是教学活动者的反思过程，发展评价对教育教学活动的影响机制具有反思性。

（三）影响性质的同向性

有效的发展评价必然能推动教育活动者的有效反思和对教育活动的及时完善，从而保证和提高教育活动质量，确保有效性。所以，教学过程发展评价对教育教学活动的影响性质体现为同

向性。

（四）影响功能的系统性

发展评价诊断问题—反馈信息—改正问题的整个过程，包含诊断功能模块、反馈功能模块与纠偏功能模块。三大功能模块的有效运行可以确保发展评价对课堂有效教学的推动作用。一方面，诊断是教学发展评价的根本功能。教师的教学过程是否能有效创造育人价值，学生是否达到了教学活动的预期目的，达到的程度怎样，评价者必须对这些问题给予具体而明确的判断，这是确保教学过程有效性持续生成的重要前提。因此，着力于提升教学过程有效性的发展评价，诊断功能的强弱决定着其目的实现程度。另一方面，实现思想政治理论课发展评价目的不仅需要强有力的诊断，还需要反馈和调节（纠正）功能的发挥。评价、反馈、调节各功能模块是相互影响、相互作用的，其中任何一个功能模块的低效或者无效运行都会影响发展评价的有效性。因此，教学过程发展评价的有效构建必须建立在对评价功能不断完善的基础上。教学过程发展评价是一个完整的系统结构，对课堂教学有效性生成的作用具有系统性。发展评价与课堂教学关系作用如图5-1所示。

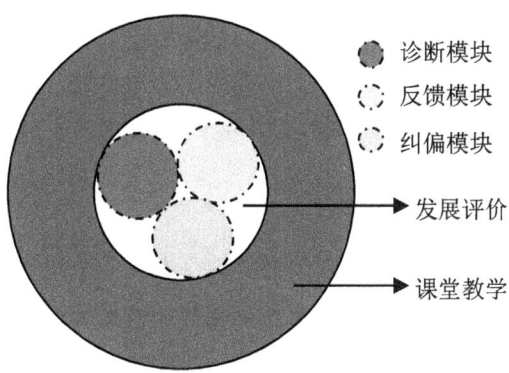

图 5-1 发展评价与课堂教学关系作用

对发展评价作用机制的分析可以发现,高校思想政治理论课教学过程发展评价的有效实施,有利于教师对教学效果的及时监控和对教学过程的全面反思,是教师提升教学过程价值生成有效性进而实现自身专业发展的重要途径。但是,教学过程发展评价在实践中存在的问题严重制约着自身对教师专业发展的价值实现。

二、教学过程发展评价的实践反思

当前,高校思想政治理论课教学过程发展评价存在着三个方面的不足。

（一）评价者没有把发展评价放在一个完整的功能结构中去认识

对发展评价功能结构认识上的模糊导致教师对发展评价在反馈、纠偏功能模块上的认识缺位,这使得教师在发展评价中对反馈、纠偏环节的忽视和实践操作上的随意。

（二）简单地把发展评价对象作品化

评价对象作品化直接导致了复杂生动的教学行为不能为发展评价的研究视野所触及,发展评价游离于动态生成的教学情境之外,而实质成为了结果性评价。尽管结果性评价对教学质量的管理能发挥应有的作用,但从生成的课程观出发,评价对象局限于作品的发展评价,由于其"静止性",必然无法实现对动态课程的有效透视。

（三）教师主体性严重缺失

作为思想政治理论课的直接操作者和大学生思想政治教育工作的重要参与者,思想政治理论课教师在教学过程发展评价中主体性的严重缺席是需要得到有效解决的急迫问题。在教学过程发展评价的现实场景中充斥着权威、专家的话语控制和对学习者在教学过程发展评价中的"献媚",而在发展评价中作为实践者的教师处在一个被边缘化的地位。遗憾的是,教师往往或者已经习惯于作为一个被评价者或者被改造者。概括地说,在以权威、专家、管理者和学习者为主体的思想政治理论课的发展评价中,教师的主体性严重丧失。

然而,在提高思想政治理论课教学有效性的过程中,教师毫无疑问地扮演着内因的角色。内因是变化的根据,外因是变化的条件,外因通过内因而起作用。因此,高校思想政治理论课的过程评价,不仅要使以权威、专家、管理者和学习者为评价主体的"旁观者"倾向的发展评价进一步科学化,更要高度重视以思想政治理论课教师为评价主体的"行动者"发展评价机制的构建。只有充分地凸显教师在发展评价中的主体地位,才能有利于教师在发展评价中增强专业发展的自主性、能动性和创造性,从而也就直接影响着课堂教学有效性的提升。基于此,如何确保教师在教学过程发展评价中主体地位的生成,有效实现专业发展,就成为一个需要得到有效解决的重要问题。概括地说,就是如何使思想政治理论课的发展评价对教师专业发展的价值由应然转换成为现实。

三、发展评价推动教师专业发展的现实路径

(一)增强教师主体意识

唤醒思想政治理论课教师在发展评价中的主体意识,使之充分认识到自觉实施发展评价与自身专业发展的重要关系,是高校思想政治理论课教师在教学过程发展评价中实现从"旁观者"向"行动者"的转变,进而充分实现自身专业发展的内在要求。

教师在课堂教学过程中的反思是推动教师专业发展的内在动力;而发展评价与教学过程的内在统一为教师开展教学过程中的

反思提供了"天然"平台。正是依托内在于教学过程的发展评价，教师得以对教学过程展开即时反思，进而不断地完善教学活动，提高教学活动的有效性，不断促进自身的专业化发展。

长期以来，对发展评价与教学过程的内在统一性的认识是比较模糊甚至是缺失的。一方面，从国内的研究来看，发展评价还只是作为一个相对于原来传统的终结性课程评价的概念来认识，认识的内容基本上集中在理论基础方面。由于其涵盖了学习的过程性理念，而在新一轮的基础课程改革中突显出来，但这种突显更多的是理论的关注而缺乏实践的投入。因此，发展评价在课程改革中的运用表现出了千篇一律的模式化套路：作品袋（portfolio）。这种结果式的发展评价使得发展评价与教学过程处于一种相互疏离的状态。而学习是一个动态的过程，教育是生活、生长和经验改造的过程，对教学有效性的关注更应该放在生动的、鲜活的、在场的教学行为上。因此，只有确保教学活动质量的发展评价不仅是结果式的，更应该是行动和即时性的，才能真正体现发展评价的"过程"意蕴，而不是对"过去"的回顾。

另一方面，从教与学的内在统一看，发展评价的对象及其运行机制既体现了教师对学习者课程学习过程的把握，也是教师对课堂有效教学理解的反映。教师在课堂教学中对"教"的内容和方式方法的选择必然会转化为学生"学"的内容与方式方法，正所谓"教师怎么教，学生就怎么学"。从课堂的有效学习看，如果思想政治理论课教师认为学习共同体的构建是使学生能够进行有效学习的重要条件，那么，教师在教学行为的选择上必然会更倾向于能够达成学习者最大交流与共享程度的教学方式。先进行小组讨论，然后是相同或不同问题组的相互交流，如果这种形式成为教师认为的构建学习共同体、实施课堂有效教学的选择，那么，小组讨论就会成为教师对学生学习过程进行管理和评价的重要内容，当然也会成为学生开展课程学习的重要方式。教师对小组讨论是否有效（如教师所期望的）进行的即时、在场的判断就会有意识地推动着教师对自身教学行为的反思。由此，教与学的方式方法实现了内在统一，对学习者的发展评价和教师对自己教学行为的发展评价内在于教学过程当中，与教学过程实现了内在统一。

可见，通过发展评价的有效实施有利于增强思想政治理论课教师对课堂教学的反思自觉，在不断推动有效教学的生成和发展的同时，促进了自身的专业发展。有了教师的发展才会有课程的发展，才能确保课堂教学有效性的提高。因此，思想政治理论课教师在发展评价中能否充分地发挥自己的主观能动性对课堂教学活动进行诊断—反馈—改正，能否使自己成为发展评价的重要实施者，决定着发展评价功能的完整实现，也从根本上决定了教师自己能否实现专业的自主发展。

（二）提升教学有效性认识

基于发展评价与教学过程的内在统一，教师在发展评价中对教学活动有效性的判断必然会影响课堂有效教学的生成与发展。因此，教师对有效教学的认识会通过发展评价而影响、制约课堂教学的有效性。可以说，课堂教学发展评价的有效性决定着课堂教学的有效性。所以，发展评价扮演着驱动课堂有效教学行为生成和发展的内在动力的角色，处于统一体的内核位置。因此，要确保发展评价对有效课堂教学行为的维持和生成作用，进而实现教师的专业发展，就必须提高教师对有效教学的理论认识水平，教师应首先要对"什么是有效的思想政治教育"做出回答。

"反思我们今天的教育，我们似乎不是在号召理性，而是在号召服从；不是在倡导自主，而是在强调一致；不是在培养'自为的人'，而是在塑造'甘于自虐的人'。"①可以说，"甘于自虐"的个体正是在充斥着技术知识旨趣的思想政治理论课堂中生成的。在技术知识旨趣的课堂教学中，教师仅仅满足于思想政治理论知识的"传递"。思想政治教育由此异化为制造知识人。而在尼采看来，占有大量确定性知识的学生只能是一个"学匠"，而不是思想者，是"我有知识"的人而不是"我懂知识"的人。这样的学生"如同那些站在街头张口呆望过客的人，他们也如此期待和张口呆望别人想过的思想"。②而"自为，作为它自身的建立，是否定的涌现"。③因而，"'自为的人'从不满足于对外部世界的占有，而是将外部的知识、自然以及他人纳入自己的意义世界去打量，最终改进和不断修缮自己的意义世界"。④可以看到，以占有知识为旨归的思想政治教育难以培养出有思想的个体，因为这样的学习个体缺乏在现实社会政治生活中必要的精神理性，这也就是在经济全球化、价值多元化和信息网络化的时代背景下思想政治教育低效、失效的重要原因。因此，高校思想政治教育应重视对"自为的人"的养成，使大学生具备一种敢于批判、勇于质疑和善于反省，在任何情况下都不盲从和盲动，同时又能够以平等和开放的态度接纳他人的理性精神。这样的理性精神对于在矛盾多发的社会转型期建构公平、正义、民主的社会生活来说尤为必要。同样，对于处于经济全球化、网络信息环境下需要在多元价值共存中做出价值判断和选择的当代大学生而言，理性精神是他们摆脱

---

① 郭晓明. 课程知识与个体精神自由——课程知识问题的哲学审思[M]. 北京：教育科学出版社，2005.

② 孙迎光. 主体教育理论的哲学思考[M]. 南京：南京师范大学出版社，2003.

③ 涂成林. 现象学的使命——从胡塞尔、海德格尔到萨特[M]. 广东：广东人民出版社，1998.

④ 郭晓明. 课程知识与个体精神自由——课程知识问题的哲学审思[M]. 北京：教育科学出版社，2005.

可见，有效的思想政治教育应着力于"自为的人"的生成，努力构建以实践解放和反思解放知识为旨趣的课堂教学，引导个体在思想政治理论课堂的学习过程中通过师生对公共生活的关切与审视走向他者，达成对自我的关注，进而实现个体精神的自我建构。"如果把某种意识形态的知识和某种统一的人格榜样作为个人获求的知识，那么每个人的生活都归属于一种普泛化的、统一的模式与目标。这可能也会使得个人无法确立自己的真实价值，无法确定自我的本真性。"①思想政治教育中自我本真的缺席必然导致个体的知识与思想、德性与行为的隔离，"口是心非"的虚伪人格由此产生。

简言之，从课堂教学这个层面看思想政治教育的有效性，就应该把"自为的人"的生成作为课堂教学的价值追求。离开"自为的人"生成的价值追求，思想政治教育有效性的提高就如"无源之水，无本之木"。而从思想政治教育的最终目标"四有"新人的培养看，思想政治理论课对"自为的人"的价值追求实质上是一种非常必要且充分的手段。同时，必须清楚地认识到，在思想政治教育中倡导对"自为的人"的追求或者本真自我的涌现，绝不是在价值和方法层面上对社会主义核心价值"灌输"的简单否定，而是强调"生活是灌输的生长点与作用点，离开生活这个基础，灌输就是空洞的形式主义的说教，具体地说，灌输的内容要在师生充分讨论的基础上来确定"。②

基于以上分析，教师对教育有效性的认识关系到课堂教学的价值追求，关系到教师对课堂教学有效性的判断，对课堂教学的

---

① 金生鈜. 规训与教化[M]. 北京：教育科学出版社，2004.
② 杨韶刚. 西方道德心理学的新发展[M]. 上海：上海教育出版社，2007.

不同价值追求导致对课堂教学有效性的不同甚至相反的判断。因此，要实施有效的过程评价从而有力地推动教师自身的专业发展，提升思想政治理论课教师对课堂教学有效性的认识是根本前提。

（三）开展行动研究

发展评价有效实施的直接动力只能来源于教师对自身教学活动的反思。可以说，发展评价的实施过程也就是教师展开反思性的教学实践过程。离开了教师对课堂教学的深情关注，发展评价就会丧失其生命与活力而流离于形式，手段也由此异化为目的，教师的专业发展就会失去"源头活水"。因此，开展行动研究，是确保思想政治理论课教师在发展评价中有效实现专业发展的基本途径。

行动研究是近年来关于教师专业化发展的新理念。《国际教育百科全书》中把行动研究定义为"由社会情景（教育情景）的参与者，为提高对所从事的社会或教育实践的理性认识，为加深对实践活动及其依赖的背景的理解，所进行的反思研究"。教师通过行动研究对自身实践进行反思探究，具体体现为"行动"和"思考"两个方面。而发展评价的有效实施实质上就是教师行动—思考—再行动的过程。

一方面，教师在行动研究中既是研究者，也是研究对象"课堂教学活动"的实践者。行动研究是教师在具体课堂教学实践中的一种活动，是在实践中探究，是为实践而探究。它依存于有限情境下的经验，以实践性问题的解决为目的，而不是以建立理论为目的。因此，作为研究者和实践者的教师关注的是课堂教学实践中的各种复杂因素和个别事件，以及如何在复杂的动态生成课程中发现问题、解决问题，从而有效地实现公共知识（教育理论知识）向个人实践知识转化，不断丰富自己的实践智慧。

另一方面，行动研究指向实践问题的解决，这就要求教师在自己的课堂教学实践过程中要有意识地对自己的实践进行批判性反思。不仅要进行理论的批判，澄清自己的课堂教学的价值追求，还要对课堂教学实践操作层面进行技术性的反思，更要对现实的课堂教学情境做实际性、批判性的反思，从而提升自己、完善自己、超越自己。这恰恰是行动研究的本质所在，也是行动研究所追求的目标。

基于以上分析，我们可以认为，以提高课堂教学有效性为目的的发展评价必然蕴含着行动研究的内容。没有对课堂教学实践的深情投入和对自己实践的批判性反思，就无法形成正确的课堂教学价值主张，无法实现对课堂教学活动方式方法的优化，就不可能提高课堂教学的有效性。因此，行动研究内在于发展评价过程中，行动研究的有力实施才能保证教师对课堂教学的有效性做出合理的、正确的判断，从而推动发展评价的有效开展。

从教学实践看，思想政治理论课教师要有效地开展行动研究，应该在以下三方面继续努力。

首先，思想政治理论课教师对课堂教学应该是一种生命投入的关系，而不是把它视为谋生的工具。教师只有把课堂教学融入自己的生活世界中，才能真正地走进课堂，思想政治理论课堂才能焕发出生命的活力，思想政治教育才能成为有人的教育、为人的教育。这里的人不再是仅仅满足社会需要的"器"或"具"，而是一个有生命的人、整体的人、和谐的人。当思想政治教育成了真正意义上的人的教育的时候，思想政治理论课教师的使命才得以回归于人，基于生命意义的自我提升、自我完善、自我超越才会实现。

其次，思想政治理论课教师应努力提升教育教学理论素养。从教师的知识结构看，教师知识可以做出事实性知识与程序性知识的区分。事实性知识对于教师而言，解决的是"教什么"的问题，而程序性知识回答的是"如何教"的问题。从现实看，思想政治理论课教师的思想政治学科知识能够满足对"教什么"问题的解决，但在"如何教"这一问题的解决上就显得被动与无力了，无法有效地实现对思想政治教育课程知识的价值思考和对课堂教学方法的价值论、本体论探究，这必然会导致思想政治理论课教师在教师专业发展道路上主体性的弱化。而对课堂教学方法的简单模仿会造成师生在课堂教学实践活动中出现"教而不知其所以教，学而不知其所以学"的状态，由此也会导致教师无法在复杂的、偶在的课程情境中做出有效的应对，教学活动所必需的个人实践智慧难以生成。因此，思想政治理论课教师要在发展评价中有效开展行动研究，必须具备对思想政治教育课程知识、价值和方法进行探究的能力，而这需要思想政治理论课教师努力提升自己的教育学素养。

最后，思想政治理论课教师应有开放的心态。教师个人对课堂教学有效性的判断只是一种"文本的真实"。那么，如何逼近事实本身？这需要教师在过程评价的行动研究中务必充分展开与同行的交流和与学习者的协商。而"批判对话的一个先决条件是参与者愿意公开自己的困境、不确定性和所遭受的挫折"[①]，因此，无论在与同行还是在与学习者的对话协商中，教师个人都应该是坦诚的。就相同的教学问题与同行对话，必然会丰富教师个人分析问题的思维视野；而与学习者的协商对话，必然会使得师生在课程实施的方式方法上达成更多的共识，必然会使得教师对学习者的学习心理、学习期望有更全面和更深刻的把握，这都有利于教师对课程内容、实施方法做出更有针对性的选择，有利于学习

---

① 布鲁克菲尔德. 批判反思型教师 ABC[M]. 张伟, 译. 北京：中国轻工业出版社，2002.

者对课程学习的积极参与,从而提高课堂教学有效性。

第二节 教学过程发展评价内容

教学过程发展评价应把什么作为自己的评价内容,这是评价主体在实施发展评价前应首先明确的问题。然而,目前的思想政治理论课教学评价研究领域明显存在把教学评价与课程评价、教育评价混为一谈的错误倾向。而走出教育评价、课程评价、教学评价三者互相混淆的困境,是思想政治教育科学发展的内在要求,是客观确立思想政治理论课教学过程发展评价内容的重要前提。

一、教学评价、课程评价、教育评价的关系

当前,思想政治理论课教学评价研究领域明显地存在着把教学评价与课程评价、教育评价相互混淆的倾向。例如有人认为,思想政治理论课的教学评价既要评价课堂教学,也要评价教学管理,依据是好的教学管理才能为课堂教学提供良好的教学环境。显然,这里是把课程评价与教学评价等同。也有人认为,教师不能只是被评价,也应该对课程设计及其管理进行评价。因此,教师与课程管理,包括开发者,应形成相互评价的关系。这也是混淆了课程评价与教学评价。同时,普遍认为,学生思想政治道德的操行表现应成为评价思想政治理论课教学效果的直接依据。沿此思想,进而提出,思想政治理论课教学评价的主体应包括用人单位,并且要高度重视用人单位的评价意见。以上认识都是把教育评价、课程评价、教学评价三者混为一体、互相取代的结果。

思想政治教育"是指社会或社会群体用一定的思想观念、政治观点、道德规范,对其成员施加有计划、有目的、有组织的影

响，使他们形成符合一定社会、一定阶级所需要的思想品德的社会实践活动"。① 概括地说，有目的、有组织、有计划地促进人的思想政治道德素质发展的活动统称为思想政治教育。课程（curriculum）则是开展教育活动的重要载体。为了促进人的思想政治道德素质的形成和发展，就有了思想政治教育课程。课程实施的主要途径是课堂教学（instruction）。"教学是指为达到课程的总体计划所采取的具体方法。如果把课程看作整体策略，教学就可以看作暗含在策略中的要达到最终目的所使用的具体方法。"② 简言之，教学是实现课程价值的根本途径和手段。但要充分实现课程价值，还必须有科学系统的课程建设。因此，尽管"课程评价与教学评价一样，反映的是课程与教学达到教育目标的程度，两者共同保证了教育教学质量，以及培养目标的实现"（裴娣娜，2005）。但要看到，课程评价的范围与教学评价不同，它包括对课程开发设计理念、课程管理发展机制及其课程教学效果的评价。如高校思想政治理论课程建设的评价指标体系不仅仅包括课堂教学，还有课程管理机制、教师队伍建设举措及其成效等。因此，从课程评价看教学评价，教学评价只是课程评价的一个重要组成部分，不能与课程评价等同。教学评价的对象只是课堂教学，是思想政治理论课程评价工作的某一方面，所要解决的是课堂教学质量与课程价值实现的矛盾。

同时，教育评价与课程评价、教学评价也有区别。因为教育过程不仅仅是课程实施的过程，人作为一个可教育的社会性存在，即人无时无刻都是一个受教育的存在。所以，能对大学生产生思想政治教育影响作用的因素，既有思想政治教育课程，还有学校

---

① 陈万柏，张耀灿. 思想政治教育学原理[M]. 武汉：华中师范大学出版社，2009.
② 阿姆斯特朗. 当代课程论[M]. 陈晓端，主译. 北京：中国轻工业出版社，2007.

的学生管理工作、校园文化环境和更为复杂的社会环境。总之，高校思想政治教育实质包括三个重要方面：教学育人、管理育人和文化育人。思想政治理论课教学只是高校育人的重要构成部分，而非全部。进一步来讲，从"思政课程"向"课程思政"转向的必要性而言，思想政治理论课相比其他课程，除了思想政治理论知识的专门传授是课程所具有的特殊性以外，其他课程对教育对象思想政治品质的形成同样具有不可或缺的作用。随着大学生日常生活范围的扩大、思想独立性的增强和信息化社会的日趋发达，环境因素对大学生思想政治道德素质形成的影响，其复杂性和程度已远远超出教育者的预期。所以，对高校思想政治教育效果的评价，不仅要看思想政治理论课程的实施情况，还要看高校的校园文化氛围、学生日常的管理与"课程思政"建设的落实等。因此，把大学生的操行表现看作思想政治理论课乃至某一门具体课程教学效果的直接依据，实际上违背了个体思想政治品德素质发展的基本规律，也与高校思想政治教育所提倡的全员育人、全过程育人、全方位育人、管理服务育人、教学育人、生活育人的理念背道而驰。

二、思想政治理论课教学育人的本真价值

评价的本质是价值判断。教学评价的内容应该是课堂教学的价值实现。然而，课堂教学究竟能够实现什么价值，这是一个看似显而易见却非常需要明确的问题。

从思想政治道德素质形成发展的内在机制看，个体思想政治道德素质是知、情、信、意、行各要素共同运动的结果。首先，苏格拉底"知识即美德"的论断给后人的启示是不能忽视美德知识的教授，正所谓"明荣乃立身之本，知耻是立德之基"。其次，思想道德观念或政治态度的形成和发展，绝不只是思想政治道德

理论知识学习的过程，还是受教育者情感体验的过程。没有情感的教育是苍白的教育。任何成功的思想政治教育都离不开丰富的情感体验。因为"没有人的情感，就从来没有也不可能有人对于真理的追求"。①最后，思想政治态度和道德观念要外显为行为并最终使受教育者形成稳定的习惯，则需要受教育者在生活实践中不断锤炼自己的意志、始终坚定自己的政治信念和道德信仰。显然，思想政治道德素质不同于科学知识或技能的掌握，它需要认同、体悟等综合方式，需要个体自我的内化外化。概言之，理论学习、情感体验和实践养成的统一是思想政治道德素质提升发展的根本途径。

知性德育最为核心的问题在于把思想政治道德完全看作理性范畴的东西，过大地估计了课堂教学对个体思想政治道德素质的影响作用，以为通过思想政治道德的知识传授、观点灌输以及思维能力训练就能决定受教育者思想道德政治素质的发展形成，而忽视了情感体验和实践养成，把完整的知、情、信、意、行的德育过程演变为单一的认知、思维过程，颠倒了思想道德认识与思想道德实践的关系。所以，"知性德育尽管有效地解决了学生道德判断与道德认识领域的问题，但不能解决道德情感与道德素养的协调与统一，造成学生道德认识与情感、知识与行为的脱节，最终导致德育的空泛和无力"。②

基于思想政治道德素质形成发展的内在机制，思想政治理论课教学与受教育者思想政治道德素质形成发展的关系就可以得到澄清。无疑，通过教学内容的精心选择和实施，可以对受教育者的思想道德观点与认知能力给以有效地训练和提高，也能通过情

---

① 列宁全集：第25卷[M]. 北京：人民出版社，1988.
② 杨维，刘苍劲，等. 素质德育论——大学生的现代适应与综合素质培养研究[M]. 北京：人民出版社，2008.

境化教学使受教育者获得一定的情感体验。但是，无论教学内容的实施如何精心，如何紧密结合现实或情境化，课堂终究不能取代受教育者的现实生活。但是，受教育者不是理念世界的存在，而是现实生活的个体，思想政治道德的情感体验和对思想政治道德问题的判断绝不会因为走出课堂而终止，反而在课堂之外变得更加活跃和复杂起来。就情感体验来说，受教育者思想政治道德的情感体验过程与社会生活实际密不可分。因为"意识在任何时候只能是被意识到了的存在，而人们的存在就是他们的实际生活过程"。[①]尤其在社会转型期，大学生思想政治道德的情感体验往往会伴随着更多的矛盾冲突和困惑。

可见，对于思想政治道德素质的形成发展，相比于课堂教学的理论认知、观点认同以及情感体验，受教育者在现实社会生活中情感体验与自我反省对其思想政治道德素质的发展更为重要。而这个过程，实质就是受教育者自我教育展开的过程。一句话，教育对象思想政治道德素质的生成发展，既需要学校教育的有力引导，又需要受教育者在社会生活实践中自我教育的积极展开。"没有受教育者的自我教育作用的发挥，教育者所传授的教育内容就不可能成为受教育者所真正认识和接受。从这个意义上讲，没有自我教育，就没有真正的教育。"[②]因此，作为人的社会属性的思想政治道德素质的形成发展，除了学校的正式教育，更重要的是源于社会生活实践的非正式教育。所以，简单地把大学生的操行作为对思想政治理论课教学评价的直接依据，这实质是对思想政治理论课教学功能属性的任意扭曲。"判断既需要是正确的，也需要与某个事件有关联。"[③]科学合理的评价既需要对价值结果有

---

① 马克思恩格斯选集：第 2 卷[M]. 北京：人民出版社，1972.
② 张耀灿，郑永廷，吴潜涛，等. 现代思想政治教育学[M]. 北京：人民出版社，2006.
③ 涂纪亮. 杜威文选[M]. 北京：社会科学文献出版社，2006.

客观的认定,也需要清楚地把握价值实现的因果关系。

一是必须尊重社会环境对个体思想政治道德素质的影响,这是无时无处不在而且影响深刻、复杂的客观事实。特别是面对在理想与现实的矛盾中往往更多地从现实主义出发去思考社会和人生的大学生青年群体,教育管理者更应充分考虑这一客观事实:大学生思想道德政治素质的形成发展不仅仅是学校教育的过程,更是生活实践的自我教化过程,是生活中的自我教育与学校教育的有机结合。这种有机结合是"你中有我,我中有你",但也是相对独立、各有侧重的,彼此不能相互取代,只能协同发展,认为思想政治理论课的课堂教学应对大学生思想政治道德素质从知到行、从内化到外化全面负责,这是对思想政治教育基本规律的漠视。

二是从思想政治道德素质形成发展的规律出发,应该坦然地承认思想政治理论课教育作用的有限性。把大学生思想政治道德的日常表现简单地看作思想政治理论课程课堂教学的直接结果,进而作为评价教学效果的重要或者首要依据,实质上是知性德育的理性思维。从深层次看,这样的评价思路体现了高校思想政治教育功利主义的管理价值取向。但是,无论评价的结果如何,这样的评价不仅没有给思想政治理论课程课堂教学合理的价值判断,反而会进一步消解其他教育主体参与思想政治教育的责任意识,认为大学生思想道德素质如何发展只是思想政治理论课的问题。而思想政治教育之所以强调系统工程,之所以强调整体性,就是因为各个方面的不可或缺。受教育者思想政治道德素质的健康发展,必须有社会、家庭、学校各方的积极参与,各司其职,形成教育力量融合,才能真正推动大学生思想政治素质的健康发展。

三是思想政治理论课对大学生思想政治道德素质的发展,根本的作用是促成教育对象对主流思想政治道德观念的理性认同。而受教育者对主流思想政治道德观念的理性认同并不是一成不变的，而是发展变化的，它既可能在今后的社会生活实践中得到强化，也可能被逐步削弱，归根到底是因为"意识在任何时候只能是被意识到了的存在，而人们的存在就是他们的实际生活过程"。①所以，科学评价思想政治理论课教学效果，就必须充分考虑教育效果评价的真实性与时效性问题。

总之，思想政治理论课的教学评价，毫无疑问地应回归课堂教学本真的价值及其形态，只有这样才能确保教学评价的真实有效，才能为课堂教学的改进提供及时有力的依据。思想政治理论课的课堂教学虽然不能作为受教育对象思想政治道德素质形成发展的唯一决定性因素，但从推动教育对象思想政治道德观念的认同而言，它不容置疑地必然是高校大学生思想政治道德素质形成发展的关键性与基础性环节，是立德树人的关键课程。作为思想政治理论课教师，知道自己能做什么和不能做什么，努力做好自己可以做好的事情才是自己的正确选择。可见，澄清思想政治理论课教学的本真价值是思想政治理论课教师能否实现认同自我，进而科学实施教学过程发展评价的必然要求。

第三节　教学过程发展评价载体与方法

发展评价简单而言就是对教学活动过程进行有效性的诊断以发现问题，在此基础上帮助教学活动的参与者提高正在进行的教育活动质量。对思想政治理论课进行发展评价的主体既可以是教

---

① 马克思恩格斯选集：第2卷[M]. 北京：人民出版社，1972.

育管理者、学生，也可以是教师。然而，"只有教师本人对自己的教学实践具有最广泛、最深刻的了解，并且通过内省和实际的教学经验，教师才能够对自己的表现形式和行为做出一个有效的评价"。①因此，发展评价应突出教师主体地位，强调教师通过对自身教学活动的问题诊断—反馈信息—改正问题的过程实现对教学活动质量的自我管理与自我提升。"载体"是承载知识或信息的物质形体。发展评价载体是指承载评价知识或信息的能有效推动教师进行发展评价的物质形体或者组织。结合发展评价多年的实践探索，有效开展高校思想政治理论课教学过程发展评价，应重视对教学过程教师评价载体和学生评价手段的应用。

一、教学过程教师评价载体

（一）教学反思日志

教师专业发展的研究表明，教师专业化有效发展离不开对教学的反思。例如，美国心理学家波斯纳认为：教师专业成长＝经验＋反思。简单而言，"教学反思是教师批判性地思考自己教学行为与观念以及形成行为与观念的依据，通过回顾、诊断、自我批判等方式，对教学经验或给予肯定与强化，或给予否定与修正，以提升教学能力的过程"。②而以教师为主体的教学过程发展评价实质是教师对自己的教学活动进行自我检视的过程，是教师主体对自身教学活动展开的反思。因此，思想政治理论课教师要通过教学过程发展评价提高自己的教学质量，就必须具备教学反思的意识与能力。离开有效的教学反思，教师对教学活动的过程评价就无法进行。所以，理论课教师应充分重视对教学反思日志的撰

---

① B M Harris, J Hill. The DeTEK Handbook[M]. National Educational Laboratory Publishers Inc., 1982.

② 杜志强. 教学反思的五个维度[J]. 教育导刊，2009(11):54-56.

写以增强自己教学反思的意识与能力。通过反思日志记录自己的教学感受，总结教学的得失与成败，对整个教学过程进行回顾、分析和审视，是思政课教师提升自我发展能力、完善教学的重要途径。结合思政课教师在教育教学生活中的现实境遇，教师的教学反思日志应突出以下三个方面的内容。

第一，对教学状态的反思。"从本质上讲，思想政治教育就是一种灌输主流意识形态、开展意识形态教育的实践活动，是统治阶级将自身的意志上升为全社会的共同意志的中介和手段，其终极目的是维护统治的合法性。"[①]所以，通过自己的教育教学活动对受教育者进行马克思主义理论的教育，使社会主义核心价值内化为当代大学生的主流价值取向，这是思想政治理论课教师的职业使命。然而，如果教师"没有对于教育目的、教育内容所蕴含的理想与信念的执着追求精神和坚定不移的信奉态度，思想政治教育必定是苍白无力的，甚或是自欺欺人的，不可能产生任何效力"。[②]因此，思想政治理论课教师在教学活动中的价值理想与精神状态会极大地影响教育教学的有效性。但是，思想政治理论课教师不仅是思想政治教育的专业工作者，更是现实生活中的人。现实生活中的难以预料的"遭遇"会给教师对自身职业的价值评价带来不确定性的影响。对于思想政治理论课教师而言，如果长期停留在对职业价值的负面评价中则必然使得教师为教而教，把课堂仅仅视为谋生的工具，无法感受、获得在教学生活中与受教育者共同成长、心灵沟通的幸福感。由此，教学会因为教育者主体性的丧失而沦落为压迫师生心灵的工具而不是师生精神成长的幸福家园。

---

① 李辽宁. 当代中国思想政治教育意识形态功能研究[M]. 武汉：武汉大学出版社，2006.

② 沈壮海. 思想政治教育有效性研究[M]. 第二版. 武汉：武汉大学出版社，2008.

所以，思想政治理论课教师要达成有效的教育教学，应重视在教学过程中对自己的教学状态进行及时反思，反思不能仅仅停留在教学行为的表面，而要触及对自己内心职业价值观念的反思与批判。只有具有正确的职业价值认识和对人生意义的正确信念，思想政治理论课教师才能在平凡的课堂教学生活中，全心投入地去建构自己的生命意义，继而与受教者共同成长。通过对教学状态的反思，可以使教师的课堂教学得到改进，进一步提高对教学的认识。

"昨日的课采取了一些改进教学的方法、思路。如何唤起学生受教育的需要，只能从学生的实际问题出发，从学生已有的问题出发，从学生关注并渴望得到解决的问题出发，才能充分唤发学生受教育的需要。通过课堂小组讨论并由小组代表提出自己的问题、看法，能为教师基于学生所反映的普遍性问题选择有针对性的教学内容。这样的教学才能突出学生的主体性地位，才能有效地推动学习者自我教育的进行，才能有效地实现学生的主体性与教师的主导性的统一。"[1]

第二，对教学理念的反思。增强思想政治理论课教学过程价值生成的有效性，一方面，需要教师把学科内容转化为贴近社会、贴近生活、贴近实际的教学内容；另一方面，也需要教师充分地遵循大学生学习心理的特点，采取恰当的方式对大学生进行马克思主义理论的教育。然而，思想政治理论课教师对教育内容以及教学方式的选择归根到底受自身的教育教学理念支配。在课堂教学过程中，有的教师通过学习者积极参与的教学方式完成了对确定性思想道德知识的传递，还有的教师通过对话探讨的教学方式帮助受教育者实现了精神世界的重新建构。两个教学过程都有师

---

[1] 资料来源于笔者教学反思日志。

生的积极对话，看似相同，但却有着本质的区别。

正如关注课程改革的研究者所指出的那样，课程改革过程中异化现象普遍存在的根本原因，究其实质就是教师本真的教育理念的缺失。可以说，没有本真的教育理念的指引，就难以推动教学过程育人价值的有效生成。相比教育技能、技术，尽管教育理念的落实总是离不开教育技能、技术，"然而，许多这类技能并不十分关键，这些技能加在一起的总和，也构成不了好的教学要素的总和"。①因此，思想政治理论课教师应积极地对自己的教学活动展开从事实到价值、从行为到观念乃至教育文化、社会背景的反思。毕竟，"任何理性的认识都不是教条，没有不可改变的绝对性意义，它只是指导活动的一种假设，一种减少活动盲目性的思维工具，因此，任何理性的认识都必须受到实践的检验，作为一种思维工具其意义只在于实践的效果当中"。②只有这样，先进的教育教学理念才能真正转化为教师的教学智慧，启迪教师展开有效的教育教学。对课堂教学过程价值生成进行反思，使教师对教学过程的有效性认识有了更多的实践性智慧。

"教师总想把自己了解的或认为对学生重要的知识传授给学生。但是，知识的传授总是在一定的时空环境内才能有效。如学生对此问题的关注度、学生此时的学习注意力。如果教师不能有效地采取措施构建起'教学场'，课堂教学缺乏'教学场'的支持，教师的主观目的是很难实现的。因此，教师的教学应讲究实效，注意教育时机的把握。教师的教学是为学而教，不是为讲而教，必须学会'顺势而为'，不能主观盲目，无视课堂教学的生态环境，无注意力或学习兴趣的教学只能导致教学生活的乏味。所以，此

---

① 巴格莱.教育与新人[M].袁桂林，译.北京：人民教育出版社，1996.
② 李楠明.价值主体性——主体性研究的新视域[M].北京：社会科学文献出版社，2005.

时讲不如彼时讲,先讲不如后讲,多讲不如少讲。"①

第三,对教学伦理的反思。在诺丁斯看来,"道德教育首先是指在计划和实施教育的人们努力道德地对待所有被教育者的意义上是道德的;然后才是一种培养被教育者的伦理理想,以便他们能够道德地对待他人的教育活动"。②因此,在教育过程中,受教育者受到道德对待是道德教育的前提。思想政治理论课作为高校立德树人的关键课程,更应高度关注自身的伦理道德性的构建。否则,思想政治理论课的育人价值就会因为自身隐蔽的非道德性而消解。因此,思想政治理论课教师应重视对自身教学伦理的反思。

一方面,对教学内容的伦理反思。思想政治理论课教师在教学内容的选择上往往容易把社会角色模式化。如在对农民工问题的讨论中无意识地把农民工阶层"贱化"或者"弱势化",而没有考虑到受教育者中的农民工子弟或来自农村地区学生的感受。同时,在思想道德法律问题的学习中往往无意识地把女性"丑化""弱化"或"边缘化",这对女学生社会角色的自我认同形成会产生负面的影响。另一方面,对教学交往的伦理反思。教育是人的灵魂的教育,所指向的世界是"人的世界",而不是"物的世界",是人与人之间的一种特殊的交往实践。所以,思政课的教育教学过程应力求充分"尊重个人发展的内在需要和客观规律,尊重人的个性和自主性,尊重人的整体性和真实性,从而生动、活泼、有效地满足个人身心发展的整体要求,促进个人全面提高素质,形成完整的个性"。③因此,教师应对自己在教学过程中的师生关系进行反思,应不断地反省自己是否在教学过程中与受教育者有

---

① 资料来源于笔者教学反思日志。
② 肖巍. 女性主义伦理学[M].成都:四川人民出版社,2000.
③ 王本陆. 教育崇善论[M]. 广州:广东教育出版社,2001.

了生命平等的相遇与相知。

"作为一名思政课教师,担负着学生思想人格的培养,应很好地控制自己的教学情绪,切不可以说出一些简单的、倾向于粗暴的话语。教师在课堂教学中的言行本身也是一种教育力量的存在,教师不仅要有知识的魅力,也要有人格的魅力。提高自己在课堂教学中的人格魅力,需要自己在课堂教学过程中更有耐心、更有真心、更有宽心、更有爱心。"①

(二)过程评价教案

"任何有效教学的理论必须明确回答如下三个问题:一是带领学生去哪里?二是怎么带领学生去那里?三是怎么确信学生已经到达那里?"②因此,思想政治理论课教师的教案应充分体现出三个方面的内容:首先,教育教学需要实现什么价值?其次,围绕价值目标实现的路径有哪些?最后,教学活动对教育价值实现程度的反馈方法有哪些?三者缺一不可。因为没有无目的的手段,也没有无手段的目的。进一步来讲,没有价值实现的反馈就无所谓"有效"或"无效"了。不清楚教育教学内容、手段、方式是否有效及其程度,就会使得教学活动的参与者无法及时确认疑难、发现问题,从而无法推动教育教学的有效发展。

所以,思政课教师要通过教学过程发展评价提升教育教学的有效性,其教案的撰写应突出以上三个方面。简言之,教师要有效地实施教学过程发展评价,就必须充分赋予和实现教案的发展评价功能,发展评价式教案应是思想政治理论课教师实施教学过程发展评价的必需。发展评价式教案的构成应突出以下三点:

1. 呈现课程实施的教学结构,并对每个教学环节在整个教学

---

① 资料来源于笔者教学反思日志。
② 皮连生,吴红耘. 两种取向的教学论与有效教学研究[J]. 教育研究,2011(5):25-30.

任务中的作用以及与上下环节的教学关系进行符合逻辑的阐释。

首先,从思政课教学实效性的内在要求出发,教师应着力于学科知识体系的教材结构向教育逻辑的教学体系转变。教师在教案的有效性诊断中,应按照教育教学的基本规律展开对教学结构合理性的分析。其次,要对每个教学环节在整个教学价值目标实现中的具体任务进行清楚的表述,并对上下环节教学任务的内在关系给以解释。之所以强调具体任务以及任务之间的内在关系,就是既要实现每个教学环节价值目标的清晰性,又要强调教学实施的整体性、连贯性。只有这样,才能确保思政课课堂教学的过程与受教育者的学习认知心理相匹配。

2. 呈现每个教学环节围绕教学目标实施的主要教学步骤

思想政治理论课教学的核心价值目标应是促进大学生对社会主义核心价值观念的认同与内化。因此,教学的中心任务应是解决"为什么"的问题。然而,对于思想活跃并逐步形成思想判断独立性的学习者,以真理权威自居、以说教方式开展的思想政治教育难以得到大学生的内心认同。所以,有效的教学过程应是教师引导对话的过程,是一个从感性到理性、从事实到观点的思想发展过程。基于此,教师应充分重视教学过程中学生引导环节的设计。一方面,思政课教师要明确引导受教育者的教学问题设置及问题之间的内在逻辑关系。另一方面,要对引导问题中的焦点问题提供多元的认识途径,增强受教育者对核心观点的理解。之所以强调引导环节的结构与逻辑关系,就是要教师在教学实施过程中能根据教学的实际效果对自己的教学做出及时有效的改进。如果教师在课堂教学中自己做了什么都不清楚,就根本谈不上对教学的改进了。

3. 针对每个教学环节的价值目标设置有效的反馈方式

如上分析,有效的教学应是一个能及时根据教学的实际效果不断进行调整的过程。换句话说，有效的课堂教学应具备一定的自组织能力，能对无效的状态做出及时修正。所以，教师对每个教学环节的价值实现进行反馈是有效教学的必需。从教学实践看，教师对教学过程的反馈应包括两个方面的基本内容：一方面，对教学的状态给以反馈。教学的状态包括老师在教学实施过程中的身心感受和受教育者的学习状态。毫无疑问，教师在教学过程中的"不自然、压抑或力不从心"或学习者在课堂中普遍的"冷淡、无兴奋状态"都表明了教学问题的存在。另一方面，对教学过程的效果给以反馈。效果反馈的问题应是开放性的问题，因为只有开放性的问题才能让教师了解学习者的思考过程，才能确认受教育者是不是真正做到了对问题的理解。"如果我们希望了解学生是否在思考，是否在积极反思课程的重点，或者我们希望发现学生在教学之后学到了什么，那么，用开放式问题替换封闭式问题则是最重要的。"[1]所以，教师在教案的准备中应重视对教学环节价值实现的反馈设计，才能为自己有意识地展开发展评价提供有力的支持，使教师的教学过程发展评价成为教学过程的内在组成部分。思想政治理论发展评价式教案模板如表5-1所示。

（三）合作教学团队

教学过程的发展评价实质是教育评价。"教育评价是建立在事实判断基础上的价值判断。教育评价既基于对教育客观规律本身的认识（事实判断），又基于对满足人和社会需要的价值关系的认识（价值判断）。教育本身的规律及教育对人和社会的价值，就构成了教育评价活动的两个尺度，其一称之为合规律，其二称之为合目的。"[2]因此，有效的教育教学就是既合规律又合目的的行为。

---

[1] 丹东尼奥. 课堂提问的艺术——发展教师的有效提问技能[M]. 宋玲, 译. 北京：中国轻工业出版社, 2006.

[2] 刘尧. 论教育评价的科学性与科学化问题[J]. 教育研究, 2001（6）：22-26.

简单而言，教师对教学过程的发展评价既要有对教学规律"真"的认识，又要有对教育价值"善"的领悟。

表 5-1　思想政治理论课发展评价式教案

思想政治理论课发展评价式教案			
课程内容			
教学重点			
教学难点			
课时分配			
教学环节	教学目的	教学实施	预期与反思
说明此教学环节在整个教学任务中的作用以及与上下环节的教学关系	具体陈述此教学环节要解决的教学问题以及所要实现的教学状态	列出教学步骤以及各步骤的具体教学内容，重点反映各步骤的整体联系	预期：问题解决的效果以及教学状态的实现程度；反思：对效果、教学情境的疑问、改正策略

然而，从教师个体来说，学科知识背景、教学经验以及自己对教育本真的领悟能力都会影响对课堂教学"真"和"善"的认识与理解。所以，思政课教师要提升自己对教育教学的认识水平与实践能力，就必须走一条合作发展的道路，即在教学过程发展评价中充分展开与同行的交流。通过与同行的交流不仅可以使自己的思维更加清晰，而且来自交流对象的反馈往往也会激起自己对教育教学更深入的、多角度的思考，从而激发自己生成更多的教学智慧。因此，合作发展的教学团队应成为思政课教师有效展

开教学过程发展评价、提升教育教学能力的重要载体。合作教学团队的构建应把握以下三个方面：

首先，要重视对教师职业精神的引导。驱动思政课教师对自己的教学过程展开反思与批判的动力不是对物质利益的满足，而是教师个体对自身职业卓越的追求。可以说，正是对课堂教学的精益求精才生成了思政课教师的学习精神，也只有学习精神充盈的教师个体才能把自己安顿在"低头找幸福"的生存方式中，忙人之所"闲"而闲人之所"忙"，从而在教学境界的无限追求中实现自足、自决和自由。所以，思政课教师教学过程发展评价的有效展开首先需要职业精神的有力引导，这是合作教学团队形成的灵魂。

其次，要重视对教师合作环境的优化。"批判对话的一个先决条件是参与者愿意公开自己的困境、不确定性和所遭受的挫折"。[①]因此，有效教师合作的展开需要一个真诚对话的交流探讨环境。基于此，思政课教师的教学过程发展评价应是教育取向而非管理取向。教师对自己教学困惑的公开绝不能成为评价教师的依据。相反，本着学习交流的价值取向，思政课教师的过程评价应成为教师同行共同研究、体验、反思教学的一种常态的动态的教学活动。

最后，要重视教师合作的制度化建设。教师的合作要有力地推动教师专业发展，就应该逐步科学化与制度化。从思政课教师的专业能力结构出发，教师的合作发展应围绕三个方面的内容展开：一是学科理论水平的提升，作为马克思主义理论的教育者，应通过对理论热点的探讨不断提升自己的学科理论水平，增强对

---

① 布鲁克菲尔德. 批判反思型教师 ABC[M]. 张伟, 译. 北京：中国轻工业出版社, 2002.

现实问题的把握能力。二是教学能力的提高，教师应围绕具体课程的实施内容，即通过真实性教学任务的解决，展开教学方法的积极实践与反思。三是教育理论素养的增强，思政课教师应定期组织对教育理论的专题学习，以增强自身的教育理论素养。以上三个方面的学习交流活动，应以教研室为平台逐步实现制度化，以此推动教师学习型组织的形成。

以笔者的教学合作为例，基于对教学过程发展评价教案与教学合作的理论认识，在具体的教学实践中对发展评价式教案通过教学合作团队的方式进行了三个学期的实践应用。具体的实践探索步骤如下：

第一步，课程组教师通过对教学过程发展评价教案的学习讨论，达成对发展评价式教案的高度认同。

第二步，选择具体的课程内容作为发展评价式教学的实践对象。选择的标准前后不同。实践的第一阶段是教学难度中等、结构比较清楚的教学章节；第二阶段是教学难度大、结构比较复杂的教学章节。

第三步，课程组教师围绕选择的课程内容，结合教学过程发展评价教案的要求对课程教学从三个层面上展开积极讨论。首先，对教学结构进行了讨论；其次，对教学内容进行了讨论，特别是教学的疑点和难点进行深入的学习交流；最后，对具体教学的实施方法进行讨论，讨论重视教学过程学生引导环节的设计问题，以保证教学过程更符合学生的学习心理。

第四步，课程组在课程内容实施以后的集体反思。围绕课程实施的感受、体会，对发展评价式教学的设计结构、内容与方法进行总结与反思，其中对教学环节的教学效果反馈方式进行重点探讨。

通过发展评价式教案的设计与教学实施，可以认为，发展评价式教案载体的应用有利于思想政治理论课教师三个"意识与能力"的增强：一是增强了教师把教材体系转化为教学体系的意识与能力；二是增强了教师团队合作的意识与能力；三是增强了教师对教学过程进行有效监控的意识与能力。

二、教学过程学生评价方法

从课程学习看，学生课程学习的过程评价是否有效，关键在于评价方法是否有广泛的可接受性。一是只有建立在广泛的可接受性基础之上的评价方法才可能为每一个被评价者提供公平参与的机会；二是对学生而言，教学过程发展评价的"过程"就是学习的过程，只有广泛被接受的学习过程评价方法才能成为每一个学生学习的过程，否则，课程学习的过程评价很可能与个体学习活动相脱离。从教师教学看，学生课程学习的过程评价是及时反映教学状态的直接依据，教师通过课程学习的过程评价可及时展开教学活动的诊断和调整。

（一）关于小组讨论发言的评价方法

考虑到思想政治理论课是大班教学，个人参与课堂发言的机会肯定不多，教师在课程学习的过程评价中解决此矛盾的方法是设置小组讨论式发言，即学生先在小组范围内讨论，然后由代表对本组的观点进行阐述。在组间的论辩过程中，组内的任何一个成员都可以发言。

通过问卷调查及统计分析发现，调查对象在此评价方法的认同态度上存在显著差异。调查对象的78%对小组讨论的评价方法持肯定态度，但是，其中43.73%的调查对象认为教师的出发点是好的，但有少数同学没有真正参与小组讨论。可以看到，学生在对教师做法肯定的同时，也认同教师对课堂讨论学习存在的问题的判断。这说明教师对小组讨论式发言这一评价方法，即课堂的学习方法的应用还需要进一步完善。而相关的教育研究指出，学习能力一般的个体更倾向于合作学习（cooperative learning）。因此，小组讨论作为合作学习的方式能够被学习者广泛地接受。在学习能力一般的学生群体中，他们更希望能以一个适合自己的学习方式参与课程学习。简言之，小组讨论的评价方法充分地体现了课程学习的参与适用性。进一步的调查分析还表明，处于不同学习状态的个体对该评价方法的认同态度不存在显著差异，这也说明了小组讨论评价方法所具有的广泛的可接受性。然而，不同年级在小组讨论评价方法的认同态度上存在显著差异，一年级学生相对于二年级的学生，具有更高的认同水平。这是与二年级学生独立学习能力增强、自我意识增强有关，还是与课程学习所讨论问题的复杂性已经难以吸引他们的参与有关，这些问题需要老师深入观察。综合以上分析可认为，小组讨论式发言作为课堂学习过程评价方法，具有广泛的可接受性，特别适合学习能力一般和大一新生个体，但在具体运用上还需要教师进一步完善。

（二）关于课外小论文的评价方法

教师为给没有或很少在课堂发言的同学一个公平的机会，课程学习过程评价规定了两次课外作业，课外作业的题目都是教师根据学习的课程内容所布置，与社会现实联系密切，具有很强的开放性，所以，课外作业实质就是基于真实性任务的小论文。老师在布置这样的课外小论文作业时，允许学生有选择的权利。老师在每一个专题（章）的内容完成后都会布置一个。因此，学生在众多话题中选择两个，具有很大的自由性。概括地说，教师想通过这样一个评价方法与方式了解学生对课程学习内容的理解深度，是否通过课堂学习加深了对社会问题的思考与判断，是否能从对课堂内容的学习转移到对复杂社会现实问题的关注。这既是对学生学习的评价，也是对教师课堂教学过程育人价值生成的评价。同时，这样一个评价方式与评价方法，也是给学习者一个公平参与、自由选择的学习过程评价的机会。

问卷调查及统计分析表明，绝大多数的个体对小论文的评价方式是赞成的。其中，58.10%的调查对象认为，应该适当提高小论文的评价权重，在分值上应有改变。显然，在对小论文评价方法的应用上，教师应对其评价权重有所调整。提高小论文的评价权重，才可以更有力地激励学生投入更多的时间和精力去了解、思考现实社会生活中的敏感话题与重大问题。这既有利于社会责任感的培养，也有利于思想政治素质的提高。所谓"政治"就意味着公共性，不把学生引导到对公共生活的积极关注与参与中，学生的思想政治素质就犹如"无源之水，无本之木"，无法得到真正有效的引导生成。坚持并不断优化小论文的评价方法与方式，是开展有效的思想政治理论课程学习的必需，也是展开思想政治理论课程学习过程评价的有效手段。

然而，进一步分析发现，随着满意水平的降低，调查对象表现出对小论文评价方法的否定倾向越来越明显。因为小论文的完成需要学习者有比较强的学习主动性和自主学习能力，反之就很难高质量的完成。对于满意度水平低的学生而言，由于自身的学习能力和主动性较低，这样的评价方法对于他们来说是比较不利的。如果仅仅从公平这个角度看，小论文的评价手段缺乏合法性。但是，小论文的完成是在课外，教师给小论文的完成提供了充分的选择自由及足够多的时间（在期中和期末各完成一篇）。因此，小论文完成质量所涉及的主要是学习者的主动性问题，不能较好地完成小论文，更多的是与学习者的学习态度有关。所以，对于满意度水平低的个体所表现出的对小论文的否定倾向，这恰恰说明了小论文评价手段具有比较好的区分度，能够有效地区分课程学习过程中学习者的积极与消极、主动与被动。结合以上分析，小论文既是思想政治素质养成的重要途径，又能够有效甄别学习者的学习态度。因此，小论文作为思想政治理论课程学习过程评价的手段，有其"天然"的正当性。而学习态度与小论文结果满意度的相关性分析得到的结果表明，小论文对学习者学习状态的区分是有效的。在年级差异性方面，不同年级的调查对象在小论文评价手段的认同态度上不存在显著差异。

综合以上分析，可以认为，课外小论文既是思想政治理论课程学习过程评价的有效手段，也是思想政治理论课程学习融入社会实践生活的重要方法，能在一定程度上有效区分学习者的学习态度，作为思想政治理论课程学习的过程评价手段，有其"天然"的正当性。

（三）关于集体评价的方法

相关的教育研究表明，集体评价（group contingency）是课堂管理的有效手段之一。[①]集体评价的运用很大程度上是"同喻文化"理论在学习领域的发展。在同喻学习理论看来，同龄人的相互影响在个体的成长发展中具有重要的作用。特别是随着年龄的增加，个体会越来越重视来自同伴群体的评价或认同，这一结论与社会化理论高度一致。国内相关的实证研究也表明，中国青少年到了高中阶段，来自同伴群体的影响力已经超过了家庭，这时候的个体表现出对形成于同龄群体的文化的高度认同，对同伴评价的高度关注。而集体评价运用于课堂的学习管理，实质就是利用同伴之间的高度影响力，通过对优良或违纪行为的集体奖罚，以形成同伴对行为发生者正面或负面的社会支持，进而推动行为发生者强化或者改变自己的行为，以求得同伴群体的认同。思想

[①] 斯莱文. 教育心理学：理论与实践：第7版[M]. 影印本. 北京：北京大学出版社，2002.

政治理论课以大班教学为主，对课堂的管理是否有效直接关系到课堂教学能否正常开展。因此，对课堂教学的有效管理必然成为开展有效课堂学习的重要组成部分。通过集体评价展开课堂有效管理，端正课堂学习风气，也就是对有效课堂学习的保证。因此，集体评价既是对课程学习过程管理的重要手段，也是衡量学习者的学习是否有效的重要因素。

问卷调查及统计分析表明，调查对象在对集体评价的认同态度上存在显著差异。近73%的调查对象对集体评价持肯定态度。但在基本肯定的同时，34.97%的调查对象认为集体评价的方式有待进一步完善，应把对大班的集体评价改变为对小班的集体评价。确实，从加强班团委参与课堂管理的积极性、进一步突出班团委在班级学风建设中的重要作用和强化小班集体的荣誉感来看，小班的集体评价更为适当。最为重要的是，从集体评价的作用机制看，要形成同伴对奖惩行为发生者正面或负面的社会支持，同伴的确认应该是集体评价机制的关键点。只有与行为者交往比较密切的人，才可能对行为者产生正面或负面的社会支持。因此，应把集体评价用在适当范围，行为发生者才可能获得最大程度的社会支持。基于以上的分析，集体评价在运用方式上应有所调整，改大班集体评价为小班集体评价或者大小班集体评价互相结合，什么方式最为合理的问题则需要教师持续的实践探究。

进一步调查分析表明，不同评价满意度的调查对象在集体评价的认同态度上没有显著差异。可以认为，集体评价具有广泛的可接受性。但是，分析也表明，不同年级在对集体评价的认同态度上存在显著差异。二年级学生对集体评价有明显程度的否定，近35%不赞成。不赞成的原因可能是二年级学生独立意识的增强，也可能是教师没能够正确地执行。经过访谈，可以形成初步结论：年级认同态度存在差异的原因很可能是二年级的教师对集体评价的执行偏差（过多强调惩罚而淡化奖励），使得近26%的二年级学生把集体评价简单地理解为"株连"。

综合以上分析，可以肯定，集体评价是课程学习过程管理的重要手段，也是衡量过程学习有效水平的重要因素，具有广泛的可接受性。但在具体的运用中应注意选择适当灵活的评价范围，在评价过程中做到奖惩分明、奖罚适度，更要杜绝只罚不奖。集体评价在应用过程中一定要注意与学生的沟通，尤其要强调两点：一是集体评价根本目的不在于集体惩罚，而是通过奖或罚的集体激励以促成良好的班风学风。二是集体奖励与集体惩罚，既是对集体发展的共享，也是对集体责任的担当，不能只讲共享不讲担当，每一成员对集体既有权利也有责任。此外，在集体评价的制度设计方面，应充分尊重和采纳教育对象的意见或建议，推动课程学习评价实现从接受评价到自我评价的转向。

第四节 教学过程发展评价要素构成

客观认识教学过程发展评价的要素构成，对于教师而言，是科学实施发展评价的内在要求。或者可以认为，教师对教学过程发展评价的思维方式、价值理念的认同与践行，必然离不开对教学评价各要素的批判性认知。唯有在保持独立自我、价值自主的前提下，教师个体才能建构起与自身专业发展相契合的评价态度、价值理念和行为方式。因此，在对教学过程发展评价实现从理念到实践的认识把握之后，再运用结构分析的方法全面呈现教学评价各构成要素，有利于教师从整体上审视发展评价的价值思想和行动理念并做出理性的抉择，从而推动教学过程发展评价的有效实施。

一、价值层面评价要素

（一）评价目的

"目的"是主观范畴，是人对实践活动的一种价值预设或者价值期望。关于评价目的，有两种倾向：一是判定论。"按照马克思主义评价理论，一切评价都是评判、评定或评估价值。高校思想政治理论课教学评价就是依据马克思主义评价理论特别是其教育评价理论，按照一定的价值标准和评价标准及其指标体系，运用科学、合理、简便、可操作的评价方法，对这种教学所涉及的各个方面和各个要素、整个过程和各个环节的价值关系、价值事实和教学效果进行判定。"①二是改进论。正如斯塔弗尔比姆所说："评价最重要的意图不是为了证明，而是为了改进。"课程评价最重要的功能并不只是为了得出一个评价结论，更为重要的是将思想政治理论课（教学）评价的结果以科学的、恰当的、具有建设性的方式反馈给高校思想政治理论课工作者或评价者。通过有效反馈，"以促使思想政治理论课工作者对思想政治理论课的目标、过程、方法做出调整，从而使思想政治理论课的设置更加符合高校思想政治教育和大学生思想道德发展的需要；否则，思想政治理论课评价及其结果就没有任何实际的价值"。②

可见，教学评价的目的存在着教育和管理两种价值取向。管理价值取向的教学评价体现了现代主义的泰勒原理，"认为存在着一个客观的实在的教学质量（或水平），而这种客观存在的教学质

---

① 李斌雄.高校思想政治理论课教学评价体系的特点及其相关理论依据和原则探讨[J].思想理论教育导刊，2007（2）：68-72.
② 朱诚蕾，王茂胜.高校思想政治理论课评价的调节功能探析[J].学术评论，2007（8）：121-124.

量可以通过某种科学的方法予以准确的反映"。①故以管理为旨趣的教学评价追求结果性的优劣判定，强调普遍统一的权威话语。"相反，教育价值取向的教学评价强调的是评价即研究、评价即体验、评价即反思，是一种常态的动态的教学活动。"②"评价在本质上是一种通过协商而形成的心理建构，因此，评价应坚持价值多元的信念，反对管理主义倾向。"③故以教育为旨趣的教学评价追求过程性的协商改进，倡导差异多元的价值包容，对教师的发展发挥着直接的作用，其内在目的是促进教师专业发展。因此，价值取向的不同，必然导致思想政治理论课教学评价的不同追求。

（二）评价标准

"评价标准的重要性，不仅在于它是思想政治理论课的测试器，而且是思想政治理论课的指示器。作为测试器，评价标准为思想政治理论课提供定性分析和定量考察的工具；作为指示器，评价标准对思想政治理论课具有导向作用。构建思想政治理论课的评价体系，明确正确评价思想政治理论课的价值标准非常重要。"如何确立评价标准，有学者认为，"教学质量的评价必须克服知识化倾向，应该以课程任务和功能的实现，即是否达到了提高学生思想道德素质的目的作为重要的价值标准"。④而更多研究者则依据对教学有效性的认识，对教学态度、教学内容、教学方法的评价标准做出了规定。

教学评价标准就是评价教学的价值标准。所谓价值标准是指衡量客体对主体有无价值和价值量大小的尺度或准则。因此，思

---

① 王坤庆.教育哲学——一种哲学价值论视角的研究[M].武汉：华中师范大学出版社，2006.
② 张华.课程与教学论[M].上海：上海教育出版社，2000：390.
③ 姚晓娜.关于高校思想政治理论课教学评价的若干思考[J].思想理论教育，2009（5）：62-66.
④ 肖新发.高校思想政治理论课教学评价探析[J].青海师专学报，2007（6）：17-20.

想政治理论课的评价标准实质是对高校思想政治理论课的价值选择。高校思想政治教育的价值由内容和形式两部分构成。在内容上，思想政治教育在满足社会需要的基础上充分尊重人的主体价值，使思想政治教育在社会价值和主体价值的实现上协调平衡；在形式上，既要重视教育教学结果的价值，更要重视教学过程的价值，因为没有有效的过程就必然不会出现有效的结果。

概括地说，思想政治理论课程的价值应是社会价值和主体价值、结果价值与过程价值的统一。当前评价标准的研究主要集中在对社会价值和结果价值的反映，而忽视了对主体价值与过程价值的深入探讨，这体现了教学评价的管理主义倾向。而从评价系统结构看，对教学价值的片面把握难以保证评价标准的科学性，也直接影响到评价对象的确定，从而严重降低思想政治理论课教学评价的效度及其指导作用。

（三）评价功能

所谓功能，是指事物各要素的构成方式以及该事物与其他事物发生联系时表现出来的特征和产生的效果。因此，功能属于实体范畴，是事物内在属性的外部表现，它是客观存在的。一事物的功能取决于该事物内部各因素之间的结构与相互关系，以及该事物与其他事物的关系。功能的发挥是实现价值的前提。在功能发挥的过程中，事物的内在属性得以外化，产生一定的功能效果，这一效果体现了事物对于人的需要的满足和意义，即价值。因此，实现思想政治理论课教学评价的目的，必须使教学评价的功能得以充分实现。

有研究者对教学评价的功能构成作了具体分析：调节功能是高校思想政治理论课教学评价的一种重要功能，调节的重点是目标调整、过程调控和方法调适，调节的前提是评价和反馈。评价、反馈、调节三者是相互影响、相互作用的。评价是反馈的前提，为反馈提供可靠的信息和资源；同时反馈作为调节的前提，要求我们只有将评价得来的信息及时准确地反馈给思想政治理论课工作者或评价者，才能为调节功能的实现提供前提和基础，而调节恰恰是为了更好地实现评价目的。①

受价值取向的影响，管理主义的教学评价对评价功能的认识必然局限于结果性评判。因此，要优化评价功能，一个重要的前提是教学评价价值取向的改变。同时，不同评价主体实施评价时，反馈与调节的内容、方式都有自己的特殊性。如教师同行之间的评价，其反馈方式与其他评价主体对教师评价的反馈方式应有所不同。国外对教学评价的研究还提出，对新手老师的评价反馈与熟练教师的反馈应有所不同。②

二、操作层面评价要素

（一）评价对象

从教学主体看，教学评价的对象可分为教师和学生。评价教师的课堂教学主要围绕以下几个方面进行：教学指导思想、教学态度、教学内容、教学方法、教学效果和教学评价。③对学生学习效果的评价，有研究者提出结构成绩方法，即把教育对象的学习态度、学习绩效、知识内化、操行方式等结合起来的一种评价方法，它所注重的是学生思想道德的生成性评价，而不只是终结性评价。④

从课程类型看，教学评价的对象可分为理论课和实践课。理

---

① 朱诚蕾，王茂胜. 高校思想政治理论课评价的调节功能探析[J]. 学术评论，2007（8）：121-124.
② 奥恩斯坦. 当代课程问题[M]. 影印版. 北京：中国轻工业出版社，2004.
③ 王平. 高校思想政治理论课课堂教学质量评价指标研究[J]. 北京交通大学学报（社会科学版），2008（4）：91-94.
④ 肖新发. 高校思想政治理论课教学评价探析[J]. 青海师专学报，2007（6）：17-20.

论课的教学评价以教师的课堂教学为评价中心，同时结合学生的学业评价。关于实践课的教学评价，有学者认为，思想政治理论课的实践教学需要经过课堂化这一环节，即回到以班级为单位的课堂上进行总结交流。没有这一步，所谓的社会参观调查只是一种无教学形态特征的社会活动而已，更谈不上如何对它进行恰当的评价。同时还指出："理论教学要求教师善于把知识体系转化成为教学体系，并且以符合学生认知、心理的方式来教授给学生。实践教学则要求教师善于把实践内容课题化，并通过学生主动参与来促进学生在相关问题上的思考与内化。"[①]基于对实践教学有效性的价值判断，思想政治理论课实践教学评价的两个维度是课堂化和课题化。

一方面，由于评价标准对主体价值和过程价值的忽视，评价对象主要表现为静态的结果性内容，而缺乏动态的过程性指标。例如，基于动态生成的课程教学观，有效的思想政治理论课应是教师在不确定性的教学过程中发挥主导性和教育对象主体性生成的过程。因此，教师主导性和学生主体性应成为衡量有效课堂教学过程的重要指标且只能在具体的教学情境中评价。同时，思想政治道德素质形成的复杂性决定了教学效果与教育结果之间绝非机械线性关系。重视对教学过程的评价有利于提高思想政治理论课教学评价的现实指导意义和教师对评价的参与性。

另一方面，评价对象与评价主体适应性的对应关系没有得到充分揭示。不同评价主体所能发挥的评价作用是不同的。管理和社会的评价主体应着重于结果性指标的评价，而教育和学习的评价主体应着重于过程性指标的评价。目前的思想政治理论课教学评价缺乏评价对象与评价主体适应性关系的认识。概括地说，思

---

① 王祝福. 思想政治理论课实践教学及其评价[J]. 思想理论教育，2008（15）：67-69.

想政治理论课教学评价对象的建构应在进一步提高对课堂教学有效性认识的基础上，突出过程性、动态性和适应性。

（二）评价方法

针对教师的教学评价，研究者指出，教学评价应包括学生评价、同行交互评价、领导和专家评价、教师自我评价。其中，既要有常规手段评价，也要运用网络进行评价，以保证评估工作的客观、公正、全面，特别应注重学生评价和网络评价。针对学生的学习效果，除常规评价外，应观察学生的行为、向学生个别提问或与学生个别谈心、跟踪调查毕业生职业生涯等。在具体的评价手段方面，有研究者认为理论考试采用开卷考试、写论文等多种方式，既可以拓宽考核的知识，也有助于学生在思考、总结的过程中，将所学的知识内化并提升为自身的基本素质。也有研究者认为，期末考试由标准化闭卷和开卷考试组成。平时成绩由上课出勤、课堂提问、平时作业、社会实践等方面组成。

系统功能的优化从内部来说，既要求结构要素的完善，又要求结构要素之间关系的优化。当前，对评价方法的研究主要以评价实施的形式、途径和手段为线索进行。但是，任何评价形式、途径和手段都有局限性。对评价方法的运用必然要受到评价主体、评价内容或对象所制约。因此，教学过程发展评价的形式、途径和手段的研究应与评价主体、评价对象紧密联系，努力实现主体、对象和方法三要素关系的最优化。

（三）评价主体

对教师课堂教学的评价，评价主体有教师本人、同行、领导和专家、教学管理的相关职能部门及参与其课程学习的学生。对评价主体之间的关系，有研究者认为，评价教学，学生最有资格。学生评价得分在评估总分中所占比重不低于50%，同行、领导和教师自己的评估占总分20%，专家评估得分在总分中占30%左右。

同时，也有研究者提出，教务处每年对任课教师的评估结果计为60%，思想政治理论教学部每年对教师的评估（包括同行评估、科研评估、教学科研指导委员会评估）结果计为40%，而对教师教学质量评价的最后认定，必须经教研指导委员会 2/3 以上成员同意通过。[①]而对学习效果的评价，评价主体有学生本人、同学（学习小组）、班主任或者辅导员及其负责课程教学的教师。其中，学习过程评价计为40%，采取学生自评、小组互评、教师评定相结合的评价方式。学业评价计为60%，由教师的课程考试完成。

有学者对评价主体的职能角色做了规定，指出教学过程内的评价是教学质量的生成性评价，而教学过程外的评价是教学质量的功能性评价。教师和学生对思想政治理论课的评价，侧重于教学过程的质量评价，而学校管理者和服务者、学生家长、社会人士则侧重于教学过程之外的功能评价。[②] 有学者把思想政治理论课教学评价主体划分为四类：管理主体、教育主体、学习主体、社会主体。其中，管理评价主体是指导，教育评价主体是主导，学习评价主体是主力，用人（社会）评价主体是关键。[③]也有学者认为各评价主体应形成相互评价的关系。

综上所述，评价主体的分类及其权重分配是必要的，而对于"评价主体的分类及其权重分配的依据是什么"的问题，研究者并没有给出学理的论证。同时，用人主体的评价是否等同于思想政治理论课教学效果的评价，这值得我们思考。这个问题在本章"教学过程发展评价内容"一节做了讨论，此处不再赘述。评价主体

[①] 杨维. 高校思想政治理论教学的探索——广东商学院的经验[J]. 高教探索，2007（3）：81-82.

[②] 肖新发. 高校思想政治理论课教学评价探析[J]. 青海师专学报，2007（6）：17-20.

[③] 骆郁廷，丁雪琴. 论高校思想政治理论课程评价的主体[J]. 思想理论教育，2007(4)：71-75.

的相互评价是否有对等的价值关系也非常值得怀疑。限于篇幅，这里仅就大学生作为思想政治理论课教学评价主体谈谈看法。

关于评价主体，非常有必要深化对学生评价主体的认识。学生的学习效果是课堂教学评价的重要对象，是不是可以由此推理出学生是评价教师课堂教学的"首席"？教育价值判断是教学评价的必需，但是，"在教育过程中，由于主体所处的状态不同和需要的水平不一样，对价值客体的属性满足自己的程度理解也不一样"。①"这就是说，教育价值最终体现的是主体的需要和客体对需要的满足程度。一般说来，主体的需要愈强烈，客体在其相应程度上满足了主体的需要，价值就愈大，反之，就愈小。"②显然，作为客体的教师其课堂教学是教育价值的基础，但作为主体的大学生对思想政治理论教育的需要水平和方向决定着教育价值的大小，而不是取决于教育者的主观预想。因此，从理论逻辑来说，如果作为评价者的大学生，其对思想政治理论教育的需要水平和方向与教师对课堂教学价值的追求不一致的话，则必然会导致大学生对课堂教学价值判断的失真。当下思想政治理论课的"娱乐化""段子手"现象实质上就是教师为应付学生评教而一味地迎合教育对象的产物。缺乏理论认识深度与思想政治立场的思想政治理论课教学必然会走向形式化和肤浅化，又何谈课堂教学的有效性？

潘懋元针对大学生的课堂教学指出："教师的讲授要更多地注意教学内容的内在联系和逻辑结构，引导学生深入理解事物的本

---

① 王坤庆. 教育哲学——一种哲学价值论视角的研究[M]. 武汉：华中师范大学出版社，2006.
② 王坤庆. 教育哲学——一种哲学价值论视角的研究[M]. 武汉：华中师范大学出版社，2006.

质，培养学生的逻辑思维方法，形式的变换退居于次要的地位。"①作为思想政治理论课教师，努力的方向应是既能引导学生用马克思主义的立场、观点、方法对问题进行分析，又能通过问题阐释把马克思主义中国化理论体系有力构建起来，从而真正地使得马克思主义理论入课堂、入人心。这就需要教师深刻把握马克思主义理论，对马克思主义中国化保持高度的敏感性和不断学习的积极性。因此，对"娱乐化""段子手"现象的审视使我们不得不提出一个问题：学生是否就是评价教师课堂教学有效性的"首席"？同时，教学心理学对学生评教的研究使得我们也应对这一问题持严谨的态度。"大学生对教师教学有效性的评价与教师的人格特点之间存在高达 0.77 相关。"② "学生对教学有效性的评价与教师的知识、能力、创造性或学术特征之间存在极弱的关系，或者根本没有关系。"③ "在获得高评价上，授课方式要比实质内容更重要，而且学生的满意，甚至感到学到了某些东西，反映的不过是错觉。"④

三、管理层面评价要素

（一）评价原则

关于评价原则，有研究者指出思想政治理论课教学评价是知识评价与价值评价、内在评价与外在评价、现实评价与潜在评价、个体评价与社会评价、精确评价与模糊评价的统一⑤。也有人认为，思想政治理论课教学评价体系的构建应遵循如下基本原则：

---

① 潘懋元. 潘懋元论高等教育[M]. 福州：福建教育出版社，2007.
② 王小明. 教学论——心理学取向[M]. 上海：上海教育出版社，2005.
③ 王小明. 教学论——心理学取向[M]. 上海：上海教育出版社，2005.
④ 王小明. 教学论——心理学取向[M]. 上海：上海教育出版社，2005.
⑤ 骆郁廷. 试论高校思想政治理论课教学评价的特殊性[J]. 教学与研究，2007（4）：71-75.

科学性原则、方向性原则、系统性原则、实效性原则和可操作性原则。① 还有学者针对教学效果的评价提出了目标的共同性与对象的差异性相统一原则、过程渐进性与结果飞跃性相统一原则。对教学内容的评价则提出了理论系统性与现实针对性相统一的原则。②

评价原则是进行评价活动的基本要求和构建评价要素的基本依据。因此，评价原则的价值就在于保证评价实践的科学有效。目前已有的评价原则比较丰富，但缺少针对性。而原则要发挥对实践的指导作用，最重要的是应体现出对评价要素的针对性指导，针对性越强则现实的指导意义越大。因此，教学评价原则的构建应以系统结构作为基本方法。以有效教学的评价标准为例，首先要体现社会主义思想政治教育的价值追求，方向性原则很重要。但仅有方向性原则是不够的，个体思想道德素质是知、情、信、意、行的整体，评价标准应体现整体性原则。同样，仅对结果进行评价也是不够的，必须对过程进行评价。因此，评价标准应体现过程性。依此，才能增强思想政治理论课教学评价的科学性。

（二）评价效度

所谓效度，即测量工具确能测出其所要测量特质的程度。效度越高，表示所测结果越能代表欲测对象的真正特征。思想政治理论课教学评价的效度，是指对思想政治理论课能否满足大学生思想政治道德素质发展和社会需要的作用价值的判断是否真实及真实程度。概括地说，就是思想政治理论课的教学有效性及其程度能否通过教学评价被真实准确地反映出来。因此，教学评价效

---

① 李斌雄. 高校思想政治理论课教学评价体系的特点及其相关理论依据和原则探讨[J]. 思想理论教育导刊, 2007（2）：68-72.
② 宋进, 王玲. 提高思想政治理论课教学实效性的教学理念和建设路径[J]. 思想政治教育研究, 2007（1）：10-12.

度问题的实质就是依据什么评价标准、以什么为评价内容、用什么评价方法以及通过什么评价主体真实准确地把思想政治理论课的教学有效性反映出来。

然而，如前所述，评价对象、评价方法、评价主体相互制约。因此，评价效度问题的根本在于如何实现各评价要素及其关系的最优化。基于评价系统性，只有在确立了正确的评价标准（评价内容与评价尺度），选择了合理的评价对象和方法及其合适的评价主体的基础上，教学评价才能最大限度地真实反映出思想政治理论课的教学有效性。所以，评价效度研究的内容必然包括两个方面：一是对评价标准的再评价或反思，评价标准的确立究其实质是对思想政治理论课教学有效性或实效性的定位问题；二是如何优化各评价要素及其关系，当前与评价效度相关的研究主要集中在对教学有效性或实效性的讨论方面。

有研究者认为，高校思想政治理论课教学实效性的构成有三个基本方面：教学要素的实效性、教学过程的实效性和教学结果的实效性。[1]也有学者指出，思想政治理论课教学的实效性有显性效果和隐性或潜在效果两种存在形式。[2]还有学者认为实效性的内容有三个维度：生命意义、能力和情感。[3]

当前，思想政治理论课教学评价的研究对各评价要素及其关系的优化问题没有引起重视，但对教学有效性的认识则比较丰富，这有利于帮助研究者拓宽视野，对评价标准进行深入反思。从关注社会价值到以人为本，从只看结果到关心过程，从知识唯一到

---

[1] 宋进，王玲. 提高思想政治理论课教学实效性的教学理念和建设路径[J]. 思想政治教育研究，2007（1）：10-12.

[2] 刘福州. 也谈思想政治理论课教学实效性的提高[J]. 思想理论教育导刊，2005（10）：70-72.

[3] 李萍，林滨. 试谈高校思想政治理论课教学实效性的三个维度[J]. 思想理论教育导刊，2005（9）：61-64.

关注学生素质的思想变革之路，体现了高校思想政治教育与时俱进的价值追求历程。当前的关键问题是，如何有效地把正确的价值追求合理内化到可以操作的评价体系中，使思想政治理论课教学评价真正成为引导学生健康发展、推动教师专业发展和内涵师生人文关怀的重要路径。

本章小结

教学过程的发展评价是思想政治理论课教师专业化发展的重要抓手。科学有效的发展评价，需要教师增强课堂教学主体意识、提升教学有效性认识水平和积极实施行动研究。重视教学反思日志、过程评价教案和教师学习共同体的载体作用，加强对教育对象的课程学习过程评价，是实施发展评价非常重要的手段。因此，发展评价与教学过程融为一体，发展评价成为教师开展课堂教学的过程，也是学生课程学习的过程。而全面呈现教学评价各构成要素的当下状态，有利于教师从整体上审视发展评价的价值思想和行动理念并做出理性的抉择，从而推动教学过程发展评价的有效实施。

第六章　高校思想政治理论课教学过程课堂管理

自有班级授课制以来，课堂管理与课堂教学就成了课程实施相互交集的两条主线，共同作用和规范课程实施的有效性。高校思想政治理论课教学过程有效性的提升，既需要课堂教学的改进，也必然离不开课堂管理的优化。特别是对以大班教学实施课堂教学的思想政治理论课而言，如何通过有效课堂管理推动教育对象的有效学习，或者如何通过有效课堂管理使更多的教育对象真正参与到课堂教学中来，而不是隐性缺席，这成了思想政治理论课教师面对大班教学无法回避的难题。

第一节　课堂管理研究述评

一、课堂管理国外学术概要

关于课堂管理与课堂教学的关系，近代德国著名的哲学家、心理学家和教育家赫尔巴特指出："如果不坚强而温和地抓住管理的缰绳，任何功课的教学都是不可能的。"[①]著名课堂管理研究专

[①] 张焕庭. 西方资产阶级教育论著选[M]. 北京：人民教育出版社，1979.

家埃默则断言:"更有效的课堂管理总是与更显著的学习成绩联系在一起。当我们评价教学成就时,对学生学业成就的评价与对管理有效程度的评价有着强烈的一致性。"①西方教育学界对课堂管理的系统研究始于 20 世纪 60 年代,在社会学、管理学、心理学等多学科理论的融合与借鉴之下,西方教育学界在课堂管理领域形成了各种理论,如坎特理论、库宁理论、德雷克斯理论等。就价值取向而言,西方课堂管理经历了基于教师权威的行为控制,到主张师生平等互信的行为管理,再到现在的控制与管理相互交织的发展过程,其发展脉络如下:

从 20 世纪初期到 60 年代,西方教育学界虽然在理念层面提出了对教育对象个性的关照,但在课堂管理实践中的理论假设却普遍认为,学生课堂问题行为无法避免,问题行为必然地影响到课堂教学的顺利实施,纪律和惩罚就是解决问题行为的最佳方式。因此,注重对学生课堂行为的控制和问题行为的解决就成为此阶段的焦点。"几乎所有的文献都主要集中于对课堂管理的某些方面如保持课堂纪律和解决问题行为。"②可见,以纪律和惩罚实现对教育对象的"驯服"成为该时期教师课堂管理的核心信念,与此相对应,学生在课堂管理中的主体地位缺失严重。

20 世纪 60 年代以后,西方国家的课堂管理逐步从行为控制转变到行为管理。如有学者指出:"从控制到管理,这不仅仅是概念的一种变化,而且意味着对学生的主体性和主动性的强调,意味着学生在课堂中受关注的程度的提高和学生参与课堂管理的新的管理模式的建立。"③具体而言,主要有四个方面的进步:一是从简单的"驯服"转变到强调对学生课堂问题行为发生机制及其

---

① 胡森. 国际教育百科全书:第 6 卷[M]. 李进, 等译. 贵阳:贵州教育出版社,1990.
② 刘家访. 有效课堂管理行为研究[D]. 重庆:西南师范大学,2002.
③ 刘家访. 有效课堂管理行为研究[D]. 重庆:西南师范大学,2002.

原因的关注；二是从对学生课堂问题行为的事后解决转变到强调教师对问题行为的预防或者消解；三是从高度依赖教师的权力权威转变到强调师生在课堂管理过程中的互信合作；四是在课堂管理的价值评价上，从单纯地服务于教学任务的完成转变到强调学生在课堂生活中的全面发展。概言之，尊重、合作、激励、发展成为此阶段课堂管理理论与实践的关键词。

时至今日，西方国家的课堂管理形成了控制与管理相互交织的发展趋向。一方面，强调课堂教学的改进对学生课堂问题行为预防有着不可替代的作用，如美国课堂纪律专家库宁认为，维持课堂纪律的最佳方式是吸引学生参与课堂活动。[①]简言之，能否激发学生课堂学习动机、通过教学内容或教学问题吸引学生注意力是教师有效课堂管理的根本。另一方面，规范与完善课堂纪律、恰当地运用惩罚手段以及学习评价等多种形式的行为控制手段也是实施有效课堂管理所必需的。可见，提倡对学生的尊重和激励不等同于对纪律规则的简单否定，更不能等于对惩罚手段的彻底放弃。因此，有学者认为，西方国家的课堂管理不能简单地被认为是民主、专制或者放任，按照教师控制程度的分类，把课堂管理分为低度控制、中度控制和高度控制三种类型或许更为合理。"事实上，上述三种管理风格中的许多具体管理策略，在具体的课堂情景中，针对具体的教育对象，都各具不同的意义。因此，很难既笼统又恰当地判断三种管理风格孰优孰劣。"[②]从目前看，对我国课堂管理比较有影响力的西方论著有《课堂纪律和分组管理》《健康课堂管理——激发、交流和纪律》《透视课堂》等。

[①] 邱乾. 西方有效课堂管理的基本策略[J]. 外国中小学教育，2006（1）：16-19.
[②] 陈振华. 美国学校的三种课堂管理风格述要[J]. 教育评论，2000（4）：59-60.

二、课堂管理国内研究趋向

相比国外，国内对课堂管理的研究起步较晚，20世纪90年代才出现对课堂管理的专题研究。以"课堂管理"为关键词通过中国知网文献检索发现，2000年以后涉及课堂管理的研究文献才逐步大量出现，2015年为643篇，相比2000年增加了近25倍。可见，同20世纪90年代对比，国内教育学界对课堂管理的关注度有了很大提高。具体地看，国内课堂管理研究呈现出以下特点：

研究内容上，国内课堂管理研究主要集中在管理理念和管理策略的探讨上。在理念方面，主要从价值论和方法论两个维度进行。从价值论看，研究者从不同角度阐释了课堂管理的价值内涵。"课堂管理是建立有效课堂环境、保持课堂互动、促进课堂生长的历程。"[①]"课堂管理是实现课堂生长和教学顺利实施的必要保证，是实现教育教学目标的基层阵地，也是教师专业发展的重要方面。"[②]从方法论看，课堂管理应以学生为本，注重学生自我管理和教师教学改进成为了研究者的普遍共识。"从'规训'到'以人为本'的课堂管理范式的转变是时代的要求和呼唤。"[③]在策略方面，基于以人为本的课堂管理理念，有研究者认为应实施混沌课堂管理。"课堂管理正在经历一个由现代向后现代转型的过程，最大的转变就是越来越重视人的主动性和复杂性，从现代性的课堂管理技术转向课堂管理的艺术，即一种人文主义的课堂管理"。[④]还有研究者提出模糊课堂管理，即以模糊思维和模糊理论为指导，

---

① 陈时见. 课堂管理：意义与变革[J]. 教育科学研究，2003（6）：5-8.
② 常宝成. 课堂管理与教师专业发展[J]. 教育理论与实践，2010（10）：39-41.
③ 任效峰. 课堂管理范式的转变：从"规训"到"以人为本"[J]. 教学与管理（理论版），2006（9）：62-63.
④ 刘徽. 混沌课堂管理[D]. 上海：华东师范大学，2004.

系统整合地看待课堂，运用人性化、情感化的手段管理课堂，并以简单有限的规范，动态生成课堂管理秩序，鼓励学生自主管理，促进师生共同发展。①概言之，课堂管理应努力实现人性化、情感化和艺术化。

研究方法上，研究者对课堂管理理念与管理策略的研究基本上局限于形而上的理论思辨，少有扎根于课堂教学实践的质性研究。可见，国内课堂管理研究与西方学者有着迥然不同的风格。西方国家课堂管理研究不仅在理念构建上注重基础理论的支撑，也强调从课堂管理实践的深度观察与反思中形成有效课堂管理策略，同时还依靠丰富的定量研究，以此推进课堂管理策略的精细化运作。研究方法的局限导致国内课堂管理研究大多止步于教育理念的应然层面，缺乏对教师课堂管理行为的实践指导力。或许，针对不同成长阶段、不同成长背景的教育对象，面对不同学习特点和要求的学科课程，基于不同生存境遇的教师，国内课堂管理研究需要更多的扎根性、精细化行动，才能更好地满足课堂管理实践的现实需要。尽管如此，国内课堂管理研究取得的一些成果还是值得后来者充分地借鉴学习，如《课堂管理：意义与变革》（陈时见，2003）、《有效课堂管理：方法与策略》（杜萍，2005）等。

三、高校思想政治理论课课堂管理研究述评

从研究文献看，在文献数量方面，以"思想政治理论课"合并"课堂管理"为关键词，中国知网文献检索结果为 20 条，其中 2015 年为 3 条，同年涉及课堂管理的研究文献在中国知网上有 643 条。以高校思想政治理论课"05 方案"开始实施的 2006 年为

---

① 张艳娣. 模糊课堂管理的理念与策略[D]. 重庆：西南大学，2007.

分界点，新方案实施后以"思想政治理论课"为关键词的中国知网文献多达 12500 多篇，其中 2015 年为 1427 篇。通过对与高校思想政治理论课程建设密切相关的论著，如《高校思想政治理论课程建设研究》（顾海良，2009）、《思想政治教育学科 30 年发展研究报告》（冯刚、郑永廷，2014）进行内容梳理发现，"课堂管理"作为专题内容没有在论著中出现，论著只是以间接的方式，如通过教学原则、教育模式的论述涉及了课堂管理的某些方面，如课堂氛围的营造。从文献构成看，论及思想政治理论课课堂管理问题的文献均为期刊论文，没有思想政治教育专业的博士、硕士学位论文，论文作者以思想政治理论课一线教师为主。尽管以关键词进行的文献检索还不能精确地反映高校思想政治理论课课堂管理的研究现状，对相关论著的内容梳理还有待拓展，但基于以上的文献分析或许可以得出结论：高校思想政治理论课的课堂管理问题无论是在思想政治教育的学术领域还是实践领域，都还是一个比较明显的边缘化的论题。

然而，2015 年 1 月《关于进一步加强和改进新形势下高校宣传思想工作的意见》（以下简称《意见》）明确指出，要着力加强高校宣传思想阵地管理。对于课堂教学，"要强化高校课堂教学纪律，制定加强高校课堂教学管理办法，健全课堂教学管理体系"。[①]而思想政治理论课作为高校宣传思想工作的主阵地，其课堂教学纪律（教师授课纪律和学生课堂纪律）的强化和课堂教学管理体系（教师授课管理和学生学习管理）的健全对课程建设而言毫无疑问是不可或缺的。因此，高校思想政治理论课课堂管理研究论题的边缘化问题应得到改变。简言之，立足课堂管理发展的宏

---

① 中办国办印发《关于进一步加强和改进新形势下高校宣传思想工作的意见》[EB/OL]. http://www.moe.gov.cn/publicfiles/business/htmlfiles/moe/s5147/201501/183166.html.

观图景，高校思想政治理论课的课堂管理在课程建设中的地位、学科发展中的角色应得到重新审视。

从研究内容看，高校思想政治理论课课堂管理的已有研究具有鲜明的实践取向。研究者主要对思想政治理论课课堂管理的问题成因与实施路径进行了探讨。在课堂管理问题成因方面，从教师方面看，"由于课堂管理的意识与责任淡薄，主观上不重视课堂管理及客观上缺乏课堂管理的能力与有效方法，教学中教师的课堂管理较缺乏"。同时，"'学生评教'会促进教师努力提高课堂中师生的融洽度，但不利于提高教师课堂管理的积极性"。简言之，部分思政课教师处于课堂管理"不想管、不敢管、管不了"的三种状态之中，这是导致学生课堂问题行为发生的深层原因。从学生方面看，部分学生束缚于思想政治教育负面的认识定势和狭隘的功利主义，"不少学生形成了思想政治课不重要或者没有用处的惯性意识，甚至部分学生对正规的思想政治教育带有一定的逆反心理和排斥情绪"[1]，是导致课堂秩序混乱和课堂气氛不良的关键因素。从课堂实际看，思想政治理论课大班课堂教学的纪律责任分散效应和负面的羊群效应使得传统的课堂管理方式难以应对，也是产生课堂问题行为的重要原因。

在课堂管理实施路径方面，研究者聚焦于课堂管理模式或方法探讨。有研究者针对大班教学的现实，提出了思想政治理论课应实施"化整为零和化零为整"的课堂管理模式，即以固定的学习小组为单位，以组长为抓手，以小组利益共同体的构建为导向，使小组成员在课堂教学过程中互相监督、互相鼓励、互相帮助，"这样不仅大大减轻了教师课堂管理的压力，而且可以广泛地调动

---

[1] 郑博旺. 高职思想政治理论课课堂管理的探索与实践[J]. 广西教育学院学报，2009（4）：14-17.

学生的学习积极性，避免部分学生在课堂教学中被边缘化的情况"。①在课堂问题行为的干预策略方面，同样针对大班教学的实际，有研究者认为思政课教师灵活运用眼神与表情、在教室内走动讲课、在尊重学生人格基础上善于正面批评，以及联合不同管理权力共同参与课堂管理是干预课堂问题行为的重要手段。②还有研究者提出应把课堂管理纳入教学评价，实施分片座位制度，加强对学生课堂纪律与教学参与的过程考核。③

从研究内容的分析可见，思政课的课堂管理研究体现了很强的现实问题指向性。然而，从整个研究得到的认识而言，其内涵的课堂管理思维方式需要反思：一是更多地体现了教师主位、学生客位的管理思路，而大班教学课堂管理极为重要的突破点应在于教育对象自我管理的生成；二是更多地从思政课教师个体的角度而不是以共同体的方式构建课堂管理，开放式的课堂管理思维明显缺失。管理是资源的整合，无论是自我管理的达成还是其他教育主体参与的共同体课堂管理，实际上都是课堂管理资源整合方式的改变。因此，课堂管理资源整合机制创新或许应是思想政治理论课课堂管理实现突破的重要方向。

从研究方法看，高校思想政治理论课的课堂管理研究主要以经验研究为主、学理思辨为辅。就国内教育学界重理论探讨和理念构建的主流趋向而言，高校思想政治理论课的课堂管理研究更专注于大班教学课堂问题行为的预防与解决，体现了扎根性、精细化的行动取向。然而，理论探讨的简单化或者学理思辨的表层

---

① 李国娟. 思想政治理论课大班教学课堂管理模式初探[J]. 学校党建与思想教育，2007（12）：39-40.

② 程家福，李金华. 高校思想政治理论课有效课堂管理策略[J]. 巢湖学院学报，2012（5）：118-122.

③ 郑博旺. 高职思想政治理论课课堂管理的探索与实践[J]. 广西教育学院学报，2009（4）：14-17.

化，导致课堂管理研究存在的不足也是显而易见的。例如，课堂管理责任意识淡薄是思政课教师不容忽视的普遍现象，责任意识外在制度的强化固然必要，但只有从内心唤醒课堂管理的责任意识才能充分激发思政课教师课堂管理的主观能动性。而内心的唤醒就应立足于思想政治理论课的现实环境，对课堂管理与有效教学的辩证统一关系要展开深入的学理分析，以推动思政课教师走出课堂管理的认识误区。又如，有效课堂管理的构建离不开教育对象自主管理的生成，但只有立足于对相关理论如团体动力、自组织等理论的深刻把握才能真正为学生自主管理的运作获取足够的学理启示，课堂管理实践的精准化和有效性才能提升。

综上可见，高校思想政治理论课的课堂管理研究尽管存在不足，但实践取向突出，成果值得肯定。然而，课堂教学的现状表明，课堂管理的研究与课堂教学的现实需要尚存在较大差距。一是学风问题——不容忽视的"低头族"。"低头族"是当前高校思想政治理论课最为突出的课堂问题行为，"在今天的高校思想政治理论课课堂上，'低头族'现象越来越突出：学生虽然人在教室，却专注于低头玩手机、低头看课外书、低头睡觉……"。[①]二是教风问题——自以为是的"良心课"。所谓"良心课"，是不少思政课教师对自己课堂教学责任感的评价。在一些教师看来，只要自己按照教学计划、教学要求认真讲课，就尽到了作为教师的良心，至于学生有没有认真听课，是否积极地参与课堂教学，都是与己无关的事情。而教师教书育人的教育良心，它"体现了教师对道德原则与规范的深刻认识和理解，蕴含了教师教书育人、热爱学生的深厚情感"。[②]因此，要引导"良心课"真正回归到教师良心，

---

① 思政课：让"低头族"抬起头来[EB/OL]. http://www.npopss-cn.gov.cn/n/2014/0821/c387587-25510073.html.

② 吴向丽. 教师良心的遮蔽与澄明[D]. 济南：山东师范大学，2007.

要有力消除思政课教学的"低头族"现象，使高校思想政治理论课学风得到端正，教风得到更大改进，既要着力于教学内容、教学方法的优化，也要充分考虑课堂教学的现实状况，全面领会和贯彻《意见》的指导精神，努力提升高校思想政治理论课课堂管理的有效性。

1. 要合理定位课堂管理在课程建设中的地位

从高校思想政治理论课课堂教学的现实问题出发，应把课堂管理作为课程建设的重要方面。一方面，思想政治教育学科的发展要根本服务于课程建设，思想政治理论课程的建设要着力落实在课程实施上。而课程实施必然离不开课堂教学，课堂教学就不能没有课堂管理。特别在信息传播网络化与价值观念多元化的时代背景下，高校思想政治理论课必然需要课堂教学的转型。课堂教学的转型又必然需要课堂管理的变革，如果课堂管理的弊病不解决，必然会阻碍课堂教学的转型。

另一方面，高校思想政治理论课课堂管理的育人价值应得到全面审视。课堂管理不能简单地看成课堂教学的辅助手段，课堂管理本身就是一个非常重要的育人途径与育人过程，尤其是大学生的规则意识、纪律精神的养成更应通过有序的课堂生活来养成。因此，有效课堂管理实质是大学生思想政治教育生活化的内在要求。从方法论而言，课堂管理特别是思想政治理论课的有效课堂管理应成为思想政治教育学科发展的重要议题。

2. 以开放型课堂管理理念推动课堂管理创新

从资源学的角度看管理，管理就是对组织的资源进行有效整合以达成组织既定目标与责任的动态性创造活动。所谓开放型课堂管理，就是理论课教师首先要有开放的课堂管理资源观，不能局限于课堂内部资源。课堂管理资源的整合应该是多元主体（辅导员、行政班委以及学习小组）的参与而不能局限于思政课教师。

简言之，开放型课堂管理需要思政课教师突破单打独斗，转向于既有外部协同又有内部协作的课堂管理。一句话，高校思想政治理论课的课堂管理应在大学生思想政治教育合力建设的宏观与微观视域下着力推进。

3. 积极开展行动研究，增强教师课堂管理实践反思的意识与能力

教师成长离不开对教育实践的反思。面对复杂的大班教学课堂情境与课堂问题行为，教师在课堂管理中，不仅要知道怎么做，还要深刻地理解为什么要这样做；不仅要知道自身课堂管理的实践效果，还要审视判断实践效果的价值合理性，更要洞察影响实践效果生成的关键要素。概言之，只有在课堂管理中积极开展行动研究，在提出目标—发现问题—解决问题的过程中增强课堂管理实践反思的意识与能力，不断丰富课堂管理的实践性知识，思想政治理论课教师才能对自己的课堂管理真正做到"有所为，有所不为"，才能为有效课堂管理的创新提供源源不断的动力。

第二节 有效课堂管理的内涵与动因

一、有效课堂管理的内涵

（一）核心理念：学习管理

从管理幅度与管理层次看高校思想政治理论课的课堂管理，教师运用纪律手段对教学大班进行课堂管理，其有效性在理论层面几乎不能成立。而从教学实践看，即使思政课教师投入大量的时间与精力来维护课堂纪律，大学生在课堂中的隐性缺席问题也不能得到真正地解决，教育对象往往会以一种更为隐蔽的方式来

消极对待课堂学习。如在秩序井然的课堂，教师讲课时学生安安静静的。然而，学生只是在安心地做自己的事情，如上网、做作业、看课外书等。可见，秩序井然的背后是师生互不干涉的"自得其乐"。简言之，依赖纪律的课堂管理维护的只是课堂秩序而不能真正推动有效教学的生成。特别是在工具主义的诱导之下，被学习者视为"边缘化"课程的高校思想政治理论课，如果一味地依赖纪律约束推动课堂学习，那么大学生对课程学习的态度只能更为抵触和反感，从而加剧学生课堂问题行为的复杂化。

因此，对高校思想政治理论课而言，有效课堂管理的构建，首先在于从纪律管理到学习管理的理念转变。所谓学习管理就是用学习来管理而不是为学习而管理。具体而言，思政课教师应通过与现实社会生活相融通的教学内容和与当代大学生成长方式相呼应的教学方法，增强高校思想政治理论课的吸引力与参与性，从而使教育对象的知识兴趣、成长愿望和积极情感成为课程学习的根本动力，大学生的课堂问题行为就能得到最大限度地抑制和消除。所以，从高校思想政治理论课程的实际生存处境出发，学习管理应成为其有效课堂管理的核心理念。

（二）基本方式：自我管理

从组织的进化形式看课堂管理，课堂可以分为他组织和自组织。如课堂秩序依靠外部指令而形成，就是他组织；如果不存在外部指令，课堂各要素按照相互默契的某种规则，自动地形成有序结构，就是自组织。高校思想政治理论课的课堂管理，面对来自不同班级、不同专业甚至不同学院的混合教学大班，外在的纪律约束往往难以得到具体的落实，而处于"法不责众"的尴尬境地，从而导致课堂纪律权威性事实上的消解。可见，他组织的课堂管理对于高校思想政治理论课而言，其作用特别有限。

所以，对高校思想政治理论课而言，有效课堂管理的关键在于自组织的生成。课堂管理的自组织实质就是教育对象的自我管理。一方面，可以通过课程学习过程评价机制引导教育对象主动参与课堂学习。首先，通过课程学习过程评价的具体实施，使教育对象确立起平时成绩的评定与课堂学习有效参与高度相关的观念。其次，通过个人评价与集体评价相结合的课程学习过程评价，增强教育对象课堂参与的情感支持性。如个人或者小组的课堂学习参与可以为小班集体增加平时分。最后，通过课程学习过程评价的部分授权，增强行政班委参与课堂管理的权威性和主动性。

另一方面，除了课程学习过程评价，要有力推动教育对象课堂学习的积极参与，构建起与当代大学生新媒体成长环境相融通的课堂学习方式同样非常必要。具体而言，置身于新媒体时代的高校思想政治理论课，当大学生人手一部的手机作为巨量的课程资源开发终端而得到充分利用时，就能够为师生建构起充满热情和求知欲望的学习共同体。如在"概论"课程的教学实践中，笔者让学生在课堂上利用手机上网浏览某专家"取消住房公积金"的提议及其所引发的网络舆论，就非常有力地激发了教育对象参与改革问题的学习讨论。可见，如果理论联系实践的教学原则得以真正贯彻于当代大学生所熟悉的成长环境，当思想政治理论课教师课程资源开发的视野得以与新媒体时代真正融合，被视为"洪水猛兽"的手机反而成为推动教育对象积极参与课堂学习的利器。概言之，理论课教师秉持学习管理的理念，通过课程学习过程评价机制和新媒体环境下课堂学习方式的变革，就能有力引导教育对象自主参与课堂学习以达成自我管理目标。

（三）长效机制：协同管理

从协同效应看课堂管理，课堂管理作为一个开放复杂的系统，如果各子系统内部及其系统之间相互协调配合，共同围绕目标齐心协力地运作，那么就能产生 $1+1>2$ 的协同效应。简言之，课堂管理应注重各子系统的协同作用。协同得好，课堂管理就能达到事半功倍的效果。因此，对高校思想政治理论课而言，有效课堂管理的实施应着力于长效机制——协同管理机制的运行。

课堂管理的协同，一方面在于教育资源的整合；另一方面在于教育行动的协调。这样可以使系统内部避免离散、冲突或摩擦，从而最大限度地降低管理系统的内耗。就资源整合看，高校思想政治理论课构建有效课堂管理，应建立大学生思想政治教育日常工作与思想政治理论课互动联通机制，推动学生党建、班团建设等工作与思想政治理论课的融合，如把学生党员或积极分子、班团干部在思想政治理论课上的课堂表现和学习成效作为学生党团干部考评的重要依据。就行动协调看，高校思想政治理论课的不同课程、不同老师在课程学风建设上务必要有高度一致的认同和步调一致的行动。一方面，要建立起以课堂学习有效参与为主要维度的过程评价指标体系，同时统一规范教师实施过程评价的具体措施，如课程结束应向教学班全体学生公布平时成绩以接受教育对象的监督，逐步消除思政课教师教学大班平时评价的主观随意性。另一方面，要高度重视"首因效应"，从大学新生第一门思想政治理论课抓起，扎扎实实推进高校思想政治理论课学风建设。

二、有效课堂管理的根本动因

（一）确保高校大学生意识形态宣传教育实效性

"意识形态是政党的精神旗帜，是整合力量、凝聚人心的思想武器，也是建立和巩固国家政权的重要手段和有力支撑……从我国当前的现实状况看，无论是力量的对比，还是意识形态的交锋态势，仍然是'西强我弱'的状态。"[1]因此，高校思想政治教育

---

[1] 张潇文.以高度的理论自觉占领意识形态制高点[J].红旗文稿，2014（9）：16-17.

工作，务必要对意识形态领域斗争的尖锐性、复杂性、长期性保持清醒的认识。而成长于新媒体环境下的当代大学生，快餐式、平面化以及碎片化的知识信息构建方式使得他们的思想更倾向于以感性强、理性弱、极端化的方式发展。所以，以思想政治理论课为载体，系统地对当代大学生展开理论与实践相结合的马克思主义理论教育，引导教育对象从对社会生活片面的、感性的或极端的认识转向于历史辩证的、理性的深刻把握，从而有力建构起"四个自信"，对处于全面深化改革的社会转型期而言极为重要。

如前所述，"低头族"正成为当前思政课最为普遍的课堂问题行为。从课堂问题行为的性质看，"低头族"作为内向性课堂问题行为虽然没有直接威胁课堂纪律、干扰课堂秩序，但由于其群体性的发展特征，事实上对思政课教学的负面影响极大。

而如张楚廷所言："教的活动必以学的活动的存在为前提。没有学的，你教谁？"[①]所以，教师"教"的存在必须以"学"的在场为前提。没有积极的学，有效的教就必然是"无源之水、无本之木"。思政课教师在课堂中滔滔不绝，如果真正听课的学生寥寥无几，那么，所谓的"教学"只能是一场思政课教师的"自娱自乐"，教育对象思想内部所潜伏的各种问题并没有得到真正解决。因此，高度重视思想政治理论课普遍存在的课堂问题行为，通过有效课堂管理推动教育对象积极主动地参与课堂教学，是确保高校大学生意识形态宣传教育实效性的现实需要。

（二）有力推进高校课堂全面育人、管理育人

陶行知认为生活即教育，"从生活与教育的关系上来说，是生活决定教育；从效力上说，教育要通过生活才能发出力量而成为真正的教育"。就学生而言，课堂是其生活空间的重要构成，课堂

---

① 张楚廷. 教与学非对称性[J]. 大学教育科学，2012（5）：125-127.

生活是其基本生活形式。因此，学生有什么样的课堂生活便会受到什么样的教育。美国学者杰克逊在其《课堂生活》一书中则提出了"隐性课程"的概念。所谓隐性课程，是指学生在正式课程中的发展并没有完全说明学校教育的结果，除了这些以外，学生还从学校生活的教育中获得了具有校外社会属性的态度、动机、价值观和其他心理状态的发展。这些非正式课程的教育结果比学校教育对学生的价值观更具有影响力。[1]因此，思政课教师既要重视以马克思主义理论教育为基本内容的课堂教学，努力促成当代大学生的道路自信、理论自信、制度自信和文化自信，还要重视通过课堂生活的教育化改造实现对教育对象的品德培养。

简言之，课堂管理即育人，有效课堂管理不仅可以促成有效教学的生成，也是有力推进高校德育实现课堂生活化的必需。一方面，通过有效课堂管理构建活泼但不失严肃、热情又不缺严谨的课堂生活，更能潜移默化地培育起教育对象的规则意识、纪律精神。另一方面，课堂生活的经历也告诉我们，教师在课堂管理中以身作则、严格要求、认真督促所传递出来的负责敬业精神，相比传授的课程专业知识，对教育对象成人成才的影响往往更为意义深远。所以，作为面向全体大学生的高校思想政治理论课，有效课堂管理的构建是有力推进高校课堂全面育人、管理育人的现实需要。

---

[1] 焦秋生. 哲学与教育课程论题——关系、结构与过程[M]. 济南：山东大学出版社，2015.

第三节 有效课堂管理的现状与对策

一、课堂管理整体性视角的理论构建

从系统的维度看，任何事物都可以是一个系统。整体性就是系统理论一个非常重要的思想，以至于系统科学可以理解为研究"整体"或"整体性"的科学。其中，"涌现"（突现）就是系统整体性思想的核心观点。所谓"涌现"，是指作为系统的事物生成了其本身构成要素所没有的新质，即整体不等于部分之和。无论整体大于部分之和，还是整体小于部分之和，都意味着事物实质是一个有机整体，作为系统的事物其生成发展不能简单地看作各要素之和，而应具体分析。

从发展的维度看，任何事物都是一个活动过程。怀特海所创建的过程哲学则是在本体论的意义上理解过程，认为过程就是实在，实在就是过程。"客观的物质实体是不存在的，存在的只是一定条件下由性质和关系构成的'机体'，活动是机体的本质特征，具体表现为前后相继的过程。过程乃机体诸因子之间有内在联系的、持续的创造活动。"①为此，任何现实存在都可以视为各构成因子生成转化的活动过程。简言之，事物作为一个整体必然是一个处于活动过程的整体，过程性是整体性思想的重要方面。

从联系的维度，马克思看来，事物处在普遍的联系当中，联系是事物的客观本性，而不是人们主观臆想出来的。没有联系的事物在世界上是不可能存在的。否认事物的普遍联系，就是否认

---

① 怀特海. 思维方式[M]. 刘放桐, 译. 北京：商务印书馆, 2004.

事物本身。有机哲学则是从事物存在层面把握事物的普遍联系，认为任何现实存在只有在一定的关系中，才成为其自身，而进入到另一种关系中时，它就成为另一种不同性质的存在。因此，事物作为一个整体，究其实质也是联系的整体或者关系的整体。简言之，对各种重要关系的认识是全面把握现实存在的必须。关系性是整体性思想的重要内容。

二、整体性视角下课堂管理现状

（一）课堂管理的整体有机性

1. 从教师角度看课堂管理的整体有机性

高校思想政治理论课是以"思想道德修养与法律基础""中国近现代史纲要""马克思主义基本原理概论"以及"毛泽东思想和中国特色社会主义理论体系概论"为主干课程的多门思想政治理论课程的统称。同时，思想政治理论课程均作为必修课程面向全体高校学生。因此，各课程老师能否同心同德、互相支持，通过课程实施培育起积极进取的课堂管理文化，对有效课堂管理的构建意义重大。然而，当前各课程教师的课堂管理，在理念层面没有形成必要的共识，在行动方面则缺乏必要的团体协作。

理念层面，部分思想政治理论课教师认为课堂管理不是自己的职责所在，自己只要完成教学任务就为尽职。深层次的原因可能与学生评教有关。为了避免或者降低学生恶意评教的风险，对课堂管理持"多一事不如少一事"心态的教师显然不会是极少数。课堂管理行动层面，则对学生课堂问题行为麻木不仁、听之任之，最终纵容了教育对象课堂学习的"无所谓"风气。总之，不想管、管不了成了部分思想政治理论课教师在课堂管理方面的基本态度，从而加剧课堂管理的恶性循环。可见，教师在课堂管理方面尚未普遍地形成团队作战的意识，各自为政、自以为是的课堂管理文化亟待得到解构与重建。简言之，积极进取的课堂管理文化缺失所反映出来的整体小于部分之和的问题应得到解决。

2. 从学生角度看课堂管理的整体有机性

高校思想政治理论课大班教学有三个特点：一是教学班级规模较大，大部分院校教学班学生人数基本在120人左右；二是课堂空间大，一般是安排在阶梯教室上课；三是教学对象构成比较复杂，来自不同专业学院，学生的学习兴趣、知识背景往往差异性较大。因此，教学过程中的课堂问题行为一方面不可能指望教师运用纪律手段得到根本的解决，另一方面也导致不良课堂行为形成"羊群效应"的潜在可能性大大增加。因此，相比专业课程的小班教学，思想政治理论课"法不责众"的课堂管理生态给教育对象纪律意识从众式、集体性的消退提供了现实可能空间。简言之，从学生看课堂管理的整体有机性，大班教学课堂纪律意识淡薄化所反映出来的整体小于部分之和的现象应得到扭转。

3. 从相关利益者看课堂管理的整体有机性

弗里曼（Freeman）在《战略管理：利益相关者方法》中提出："利益相关者是能够影响一个组织目标的实现，或者受到一个组织实现其目标过程影响的所有个体和群体。"高校思想政治理论课的实施，既能引导教育对象树立正确的世界观、人生观、价值观，也能帮助他们构建起正确的方法论和认识论。这些既是大学生专业素质发展的根本，也是推动日常教育管理工作顺利开展的基础。因此，无论是专业课程教师还是辅导员，都是思想政治理论课的相关受益者。然而，专业教师有意无意地诋毁思想政治理论课，向学生宣扬思想政治理论课无用论的现象不为少见；同样，辅导员轻视思想政治理论课而随便同意或者授意学生利用思想政治理论课的上课时间去从事其他活动的现象也比较普遍。

总之，作为思想政治理论课的相关利益者，不少专业教师和辅导员的态度言行对于高校思想政治理论课的课堂问题行为的预防并没有发挥积极的正面作用,反而走向了消极对立面,从而事实上加剧思想政治理论课教师课堂管理的难度和复杂性。可见,从相关利益者看课堂管理的整体有机性,高校思想政治理论课课堂管理合力难以形成,即整体小于部分之和的问题应进行整顿。

(二)课堂管理的整体过程性

作为现实存在的课堂管理必然是动态生成的过程。具体而言,课堂管理正是在各要素生成转化的过程中得以真实构建的。"任何有效教学的理论必须明确回答如下三个问题:一是带领学生去哪里?二是怎么带领学生去那里?三是怎么确信学生已经到达那里?"①那么,有效的课堂管理过程就必然内含三个基本要素:首先是明确课堂管理目的(理念),其次是具体实施课堂管理(行动),最后是课堂管理效果反馈(价值)。因此,把握思想政治理论课课堂管理的整体过程性,应着力于以上要素的生成转化分析。

1. 从明确目的看课堂管理的整体过程性

动机决定行为。作为教师,对课堂管理作用意义的理解会制约着自己如何实施课堂管理。对教育对象而言,"如何看待课堂管理"会影响自身课堂行为的抉择。因此,无论是教师还是学生,首先明确课堂管理的目的,并且达成某种程度的共识,这是构建有效课堂管理的重要前提。然而,就当前课堂管理的实践看,相当数量的教师对于课堂管理的价值意义问题并没有过多的关注,更谈不上就课堂管理与教育对象展开深入的交流沟通。因此,课堂管理就是对教学考勤制度的执行和对课堂违纪行为的约束或处罚,这似乎成了高校思想政治理论课师生的潜在共识。进而,面

---

① 皮连生,吴红耘. 两种取向的教学论与有效教学研究[J]. 教育研究,2011(5):25-30.

对大班教学理应成为课程学习导论课的重要议题——课堂管理问题往往被置于可有可无的地位。概言之，从明确目的看课堂管理的整体过程性，师生对课堂管理实施意义的认识缺失或偏差应在各课程实施的起始阶段得到重视和解决。

2. 从具体管理看课堂管理的整体过程性

理念决定行动。正是对课堂管理片面狭隘的理解，把课堂管理简单地等同于考勤与处罚，教师在课堂管理的具体实施中就难免沦落为纪律执行的工具，课堂管理的权威就只能通过对纪律的维护才能得以实现。因此，对教师而言，有效课堂管理的构建根本在于纪律手段的运用。执行纪律处罚就成为了教师树立课堂管理权威的行动理念。对应该接受纪律规范的学生而言，课堂管理就成了师生之间的"零和游戏"。如何以最低的代价（如请人代答考勤、相互掩护违纪行为）来避免自己受到课堂纪律的处罚，就成了教育对象参与课堂管理的"生存法则"。可见，依赖纪律执行而构建起来的课堂管理，对那些缺席或者隐性缺席的学生而言，所谓的师生关系事实上已经异化为纪律执行者与被执行者的关系，教师与学生在课堂中相互作用所构建起来的只是基于纪律执行的零和博弈，而不是彼此相长的教学。因为"只有在教师和学生的积极相互作用中才会产生出作为整体现象的教学过程本身"。[①]所以，从具体管理看课堂管理的整体过程性，在高校思想政治理论课的课堂管理过程中，师生迷失于教学虚无的现象应得到化解。

3. 从效果反馈看课堂管理的整体过程性

价值决定动力。对价值实现程度的判断决定着师生参与课堂管理的实践态度与行为方式。对教师而言，高校思想政治理论课

---

① 尤·克·巴班斯基. 教学过程最优化——一般教学论方面[M]. 张定璋，等译. 北京：人民教育出版社，2007.

的课堂管理往往是"自讨没趣"的事情。一方面，自己投入了大量精力去维护的课堂纪律，似乎与教育对象参与课堂学习的积极性没有多大关联，反而容易招致一些学生的反感。另一方面，面对大班教学，思想政治理论课教师自己也不得不承认：课堂纪律的维护不可能依赖老师个人来解决，课堂纪律问题对大班教学来说或许就是不可跨越的"卡夫丁峡谷"。对学生而言，考勤违纪事关平时评价，课堂管理的参与只是应付老师的考勤和尽量避免在课堂中与老师发生直接的纪律冲突，至于课堂学习以怎样的态度参与则是可以"随机应变"或者忽略的方面。同时，教师也很少在课程学习结束阶段面向教学班全体学生公布平时成绩，教育对象也会认为老师的平时评价主观随意的可能性更大。可见，无论是思想政治理论课教师还是教育对象，通过课堂管理所形成的效能感都难以令人满意。而韦纳的归因理论认为，人们对成功和失败的解释会对以后的行为产生重大的影响。所以，如果教师把教育对象的课堂问题行为归因于大班教学所固有，教师面对课堂管理的责任意识、问题意识就必然会自我消解。同样，如果教育对象看不到老师的平时评价和课堂学习的有效参与有着直接的高度相关，对学生而言，课堂管理只是师生基于纪律执行"零和博弈"的观念必然被强化。简言之，从效果反馈看，教师与教育对象能够通过课堂管理构建起高度的效能感，并在此基础上形成正确归因，是实现有效课堂管理的关键。

（三）课堂管理的整体关系性

1. 从生活德育看课堂管理的整体关系性

课堂不能被简单视为物理空间的教室。"就心理学角度而言，课堂是一个培养人类心智的互动环境……就社会学而言，课堂是个微型社会，是社会大系统中具有特殊功能的一个小系统，是学生个体自行建构生活意义的环境。由此可见，课堂不仅是聚合教师和学生的一个物理空间，而且是一种独特的社会组织，其中蕴藏着复杂多变的结构、情境与互动，是一个充满生机与活力的系统整体，具有鲜活的生命取向。"①可见，课堂对于师生而言，相互作用和影响的不仅仅是知识，更有自身的个性品格和价值精神。例如，张弛有度、严谨又不失活泼的课堂更能激发起教育对象学习探究的热情，也更能让他们感悟内化聆听他者和包容异见的价值精神。同时，课堂生活的经历也告诉我们，教师在课堂管理中以身作则、严格要求、认真督促所传递出来的负责敬业精神相比传授的知识技能，对教育对象成人成才的影响往往更为意义深远。简言之，生活即教育，好生活即好教育，坏生活即坏教育，教师通过课堂管理建构起了什么样的课堂生活，就会在潜移默化中推动教育对象塑造出什么样的品德和精神。

因此，从生活德育看，有效课堂管理的实施是推进高校德育的重要维度。高校思想政治理论课作为面向全体大学生的必修课程，就应把其课堂作为高校德育的重要载体加以建设。然而，一些思政课教师对课堂管理的不以为然使得思政课堂应有的德性教化功能大大弱化。概言之，从生活德育看课堂管理，思想政治理论课如何通过有效课堂管理以促成教育对象个性品德在课堂生活中的健康发展，应成为高校课堂育人、管理育人、生活育人的重要议题。

2. 从学风建设看课堂管理的整体关系性

管理学的"木桶理论"又称为"短板效应"，是指用一个木桶来装水，如果组成木桶的木板参差不齐，那么它能盛下的水的容量不是由这个木桶中最长的木板来决定的，而是由这个木桶中最短的木板决定的。由木桶理论可知，构成组织的各个部分往往是

---

① 陈时见. 课堂管理：意义与变革[J]. 教育科学研究，2003（6）：5-8.

优劣不齐的，而劣势部分往往决定整个组织的水平。当前，学风建设成为高校追求内涵式发展的重要抓手。木桶理论对高校学风建设的启示是：学风建设务必要从整体性出发，补足短板是关键。而受多种现实因素的影响，作为面向全体大学生的思想政治理论课，其课堂学风无疑是高校学风建设要补足的"短板"之一。因此，通过课堂管理的有力实施抑制或消除大班教学普遍存在的课堂问题行为，应是高校学风建设实现整体推动的关键。简言之，从学风建设看课堂管理，高校思想政治理论课开展大班教学，其有效课堂管理的构建应成为高校学风建设的重要目标和关键环节。

3. 从学生党建看课堂管理的整体关系性

坚持社会主义办学方向，能否切实提高大学生党员思想政治素质和大学生党员队伍整体素质，关系着高校"培养什么人，怎样培养人，为谁培养人"的根本问题。按照《关于进一步加强高校学生党员发展和教育管理服务工作的若干意见》进行工作部署，"完善入党积极分子培养教育体系、强化党员教育培训、拓宽党员教育培养途径"[①]是当前高校学生党建工作的重点。思想政治理论课程的实施，就其内容与形式而言，它既可纳入入党积极分子培养教育体系，也可成为强化党员教育培训的平台。

然而，思想政治理论课与学生党建"两张皮"的现状是当前普遍存在的问题。教师对学生党建工作的参与不是在自己的课堂而是在学生党校，这是当前比较通行的做法。至于作为入党积极分子或者学生党员的教育对象，在各门思想政治理论课程的学习中是否更加严格地要求自己，是否真正重视通过思想政治理论课

---

① 关于进一步加强高校学生党员发展和教育管理服务工作的若干意见[EB/OL]. http://cpc.people.com.cn/n/2013/0715/c164113-22203098.html.

的系统学习去提升自己的马克思主义理论素养,是否在课堂学习参与方面充分发挥作为一名党员或积极分子应有的模范带头作用,思想政治理论课教师既无从知晓也无法对他们提出有约束力的规定要求。因此,从学生党建看课堂管理,思想政治理论课要与学生党员理论培训教育工作实现互通,从而确保教师能够有力推动和督促学生党员或积极分子在课堂学习中积极参与,起模范带头作用,这应成为高校进一步完善大学生党员教育培训的重要举措。

三、整体性课堂管理策略

针对高校思想政治理论课大班教学存在的课堂行为问题,有研究者提出,思想政治理论课应实施"化整为零"和"化零为整"的课堂管理模式,即以固定的学习小组为单位,以组长为抓手,以小组利益共同体的构建为导向,使小组成员在课堂教学过程中互相监督、互相鼓励、互相帮助,"这样不仅大大减轻了教师课堂管理的压力,而且可以广泛地调动学生的学习积极性,避免部分学生在课堂教学中被边缘化的情况"。在干预策略方面,有研究者认为教师灵活运用眼神与表情、在教室内走动讲课、在尊重学生人格基础上展开正面批评,以及联合不同管理主体共同参与课堂管理,是干预课堂问题行为的重要手段。[1]还有研究者提出应把课堂管理纳入教学评价体系,实施分片座位表制度,以及加强对学生课堂纪律与教学参与的过程考核。[2]

以上举措对于构建有效课堂管理有着积极的借鉴价值。然而,

---

[1] 程家福,李金华.高校思想政治理论课有效课堂管理策略[J].巢湖学院学报,2012(5):118-122.

[2] 郑博旺.高职思想政治理论课课堂管理的探索与实践[J].广西教育学院学报,2009(4):14-17.

基于课堂管理整体性的分析可以看到，教师个人式的与管理主义取向的大班课堂管理很难推动课堂教学的有效生成，已有策略的思维方式值得反思。一句话，高校思想政治理论课有效课堂管理需要整体性的问题视野与应对策略。

（一）加强课堂管理文化建设

所谓课堂管理文化建设，简单而言就是以教师为核心的多元主体，通过有效课堂管理的积极参与、真诚对话与精心合作，从而生成有效课堂管理所共享的思想观念、价值取向与行为方式。就文化的效能而言，课堂管理文化的建设有利于思想政治理论课教师群体在课堂管理上实现价值理念的默契、行为规范的统一和行动的协调，从而最大限度地避免教师课堂管理的各自为政、相互消解。只有这样，才能使教育对象构建起统一的、连续的课堂行为认知，从而在各课程实施过程中逐步养成前后一致的课堂行为规范。就课堂管理文化建设的内容而言，教师教学观念和管理模式的转变则是重中之重。

一方面，教师要确立起整体的教学过程观。教学过程不是教与学这两种过程的"机械的总和"，而是一种本质上具有整体性的现象，因为"教的活动必以学的活动的存在为前提"。[①]具体而言，教学过程不单纯是教师在影响学生，也不是学生纯粹的认识过程。教学过程的前提条件是师生个人之间就知识技能、价值态度发生某种形式的相互影响。从知识传授的角度看，教学应是由教师起主导作用的师生之间相互影响的认识活动。因此，面对大班教学，思政课教师要走出满足课堂秩序维护而迷失于教学虚无的课堂管理误区，从单向性教学过程观转向于整体性教学过程观是关键。

另一方面，教师要努力构建学习管理模式，即用学习来管理

---

① 张楚廷. 教与学非对称性[J]. 大学教育科学，2012（5）：125-127.

而不是为学习而管理。课堂纪律专家库宁认为,维持课堂纪律的最佳方式是吸引学生参与课堂活动。①因此,激发学生课堂学习动机、通过教学内容或教学问题吸引学生注意力应是思政课教师面对大班教学实施有效课堂管理的根本出路。面对新媒体环境下成长的当代大学生,学习管理模式对于思政课教师而言需要迎接的最大挑战可能是:理论联系实践的教学原则能否得以真正贯彻于当代大学生高度关切而又期望认知的现实社会生活,教师的课程资源开发视野能否与新媒体时代真正融合,手机作为巨量的课程资源开发终端能否得到充分利用,被视为"洪水猛兽"的手机能否转变成为推动教育对象积极参与课堂学习的利器。

(二)加强思想政治工作整体协同

一是要强化高校课程的整体协同。从"思政课程"转变为"课程思政"与"思政课程"协同育人。高校思想政治工作的有力推进,一方面,"思想政治理论课要坚持在改进中加强,提升思想政治教育亲和力和针对性,满足学生成长发展需求和期待";另一方面,"各门课都要'守好一段渠,种好责任田',使各类课程与思想政治理论课同向同行,形成协同效应"。②可见,除了思想政治理论课教师自身的努力,其他课程的教师在"为谁培养人"这一重大问题面前也应积极担当,坚持以德立身、以德立学、以德施教,通过本课程的实施创造性地配合与支持思想政治教学工作的开展,而不是有意无意地诋毁、抵制和轻蔑,为大学生思想政治理论课的课堂参与提供无处不在的情感和社会支持,这是高校思想政治理论课构建有效课堂管理的重要保证。

二是要强化育人平台的资源整合。如何推动课堂管理育人效

---

① 刘家访. 有效课堂管理行为研究[D]. 重庆:西南师范大学,2002.
② 把思想政治工作贯穿教育教学全过程,开创我国高等教育事业发展新局面[EB/OL]. http://dangjian.people.com.cn/n1/2016/1209/c117092-28936962.html.

能的最大化。基于整体关系性的分析，作为面向全体大学生的高校思想政治理论课，其课堂既是生活德育的重要载体，也是学风建设的重要环节，还可成为学生党建的重要抓手。高校思想政治理论课育人平台的整合，实质就是使高校不同职能部门的教育资源在思想政治理论课的课堂管理实施过程中得到优化配置，共同作用于有效课堂管理的构建，从而实现合作共赢。因此，以全方位育人为指引推动思想政治理论课多元育人平台的整合，建立并逐步完善不同教育职能融入思想政治理论课课堂管理的常态化机制，既是高校形成各部门齐抓共管、合力构建有效课堂管理的必然，也是通过教育资源优化配置实现课堂管理育人效能最大化的必需。

（三）提升教育对象课堂参与效能

对高校思想政治理论课而言，接受教育是有效教学的客观要求。只有具备必要的事实性知识，教育对象正确的思想观念和政治态度才能自主构建起来。简言之，只有接受教育的有力实施才能推动自我教育的有效展开。因此，课堂学习的有效参与是提升教学实效性的内在要求，而市场经济环境下所形成的功利主义或者实用主义，使得教育对象首先更倾向于从功利的角度对课堂学习参与行为进行价值判断。所以，通过完善学习评价以提升学生课堂参与的效能感，是推动教育对象积极参与课堂学习的必需。

一方面，教师要通过多维度和全过程的课堂学习过程评价以保证教育对象平时成绩的客观和公正。另一方面，要切实改变当前思想政治理论课卷面考核中存在的不规范、不严肃、不科学的做法，避免思想政治理论课的课程考核从一个极端走向另一个的极端。总之，对当代大学生对待课程学习的功利思想不能简单地批判否定或者主观理想化地回避，所以，作为面向全体学生的思想政治理论课，其学习评价机制如果丧失了课堂学习有效参与的甄别功能，就必然导致绝大多数教育对象失去课堂参与的价值依据和行为动力。因此，通过完善学习评价机制进一步提升教育对象参与课堂学习的效能感，应是高校思想政治理论课构建有效课堂管理的客观要求。

第四节 有效课堂管理影响因子实证研究

自20世纪90年代初，教育学界对课堂管理的研究逐步进入系统化阶段。然而，我国教育学界对课堂管理的研究更多局限于理论探讨或者经验性总结，系统的实证研究比较少见。基于教育学界对课堂管理的深入关注，可以肯定，高校思想政治理论课教学有效性的提升，既需要课堂教学的改进，也离不开课堂管理的优化。特别对以大班规模实施课堂教学的思想政治理论课而言，如何通过有效课堂管理推动教育对象的有效学习，或者如何通过有效课堂管理使更多的教育对象真正参与课堂教学而不是隐性缺席，成为思政课教师无法回避的难题。

然而，如何构建起有效课堂管理，高校思想政治理论课教师更多地在经验层面展开了探讨，如针对大班教学的特点提出"化整为零"和"化零为整"的课堂管理模式。还有研究者提出，应把课堂管理纳入教学评价体系，实施分片座位表制度，加强对学生课堂纪律和教学参与的过程考核[①]。可是，当前的课堂管理在多大程度上消解了思想政治理论课的隐性缺席？纪律约束、过程评价与有效课堂管理的关联性究竟怎样？这些问题如果得不到明

---

① 郑博旺. 高职思想政治理论课课堂管理的探索与实践[J]. 广西教育学院学报，2009（4）：14-17.

确的回答，那么有效课堂管理构建的科学性和合理性就难以得到提升。因此，对高校思想政治理论课的有效课堂管理，展开影响因子的实证研究尤为必要。

一、研究的设计与过程

（一）研究设计

本研究首先涉及两个测评问题的界定：一是有效课堂管理，二是课堂管理影响因子。关于有效课堂管理，学界同仁基于不同的教育理念和研究视角有不同的理解。如刘家访认为："对课堂管理的认识大致有以下的取向：一是控制取向，该取向着眼于学生行为的控制，强调教师通过对课堂多因素的调控，最终对学生行为进行控制，其基本的理念是要求学生对教师的服从，维持课堂秩序成为基本的目标，这是教师中心的课堂管理理念的典型代表；二是促进取向，该取向着眼于学生潜能的发展，强调课堂管理的基本目的是促进教学目标的达成，而课堂中学生的行为应当是自主的，学生的自我控制成为其最终的目标，而师生之间的互动是达成这一目标的前提，这并非是为了教师课堂管理的便利。它主张一切从学生出发，并以学生的需要和兴趣、学生对课堂的自觉参与为前提。"[①]简言之，有效课堂管理既可以理解为教师权威的纪律行为控制，也可以理解为推动有效学习的自主生成。

基于高校大学生主体性日益彰显的客观事实，同时也基于"教的活动必以学的活动的存在为前提"的教学过程观，高校思想政治理论课构建有效课堂管理的根本出发点应该是学的有力生成。因此，有效课堂管理从学的方面给予界定更为合理。结合课堂学习不容忽视的"低头族"现象，本研究拟从负面维度界定有效课

---

① 刘家访. 有效课堂管理行为研究[D]. 重庆：西南师范大学，2002.

堂管理，即如果教育对象普遍地觉得思想政治理论课手机问题相比其他课程更为严重，真正听课参与的同学是少数，大部分同学会用各种办法逃避课堂学习，就可以认为是无效课堂管理。

关于有效课堂管理影响因子，有效课堂管理影响因子拟从5个维度构建：（1）自我效能感。自我效能感是个体对自己与环境发生相互作用的效验的自我判断。其中，个体对自己实际活动的成就水平的感知，是个体获得自我效能感的最基本、最重要的途径。进而，归因理论表明，效能感越高，个体参与活动的动机水平就越强。就思想政治理论课而言，尽管教育对象课堂学习参与的动机是复杂的，然而，通过课堂学习参与以获取更好的课程评价应是学生的基本动机。所以，积极的课堂学习效能感将激励学生更有力地参与课堂学习，或者说有效课堂管理的实现必然离不开学生积极的课堂学习效能感。（2）纪律管理。纪律管理虽然不能直接促成学生课堂学习的自主生成，但对大多数教育对象而言，有效学习环境的维持离不开必要的课堂行为规范。对于以大班教学为主的高校思想政治理论课，教师的纪律管理意识如何，效果事实上又是怎样，直接关系到有效课堂管理的实现。所以，纪律管理作为重要影响因子不可或缺。（3）协同机制。基于全员育人理念，构建有效课堂管理需要有效的内外协同。具体而言，有效课堂管理既需要思想政治理论课各门课程的教师齐头并进，在课堂管理的教育理念与行动要求方面高度默契，也需要辅导员、学生党员或入党积极分子在课堂管理过程中发挥应有的作用。（4）过程评价。合理的课程学习过程评价能有效提升学生课堂参与过程的获得感，是调动教育对象参与课堂学习的重要手段。目前，各高校思想政治理论课的课程成绩构成中，各门课程平时成绩的比例普遍都在50%或以上。通过实证研究要探明的是，现有的过程评价作用于有效课堂管理的程度。（5）教学认同。课堂纪律专家库宁认为，维持课堂纪律的最佳方式是吸引学生参与课堂活动。①简言之，思想政治理论课的教学内容或教学问题能够吸引学生，是教师实现有效课堂管理的根本。

综上所述，本研究对有效课堂管理影响因子的实证分析，拟从自我效能、纪律管理、协同机制、过程评价以及教学认同五个维度展开。

（二）研究过程

整个研究分为三阶段。第一阶段，参考已有相关研究文献，完成问卷设计。问卷设计分为三个部分：第一部分为专业、性别、角色基本变量，第二部分为有效课堂管理测评，第三部分为影响因子构成。整份问卷共有 20 个题项（不含基本变量）。其中，课堂管理有效性 2 个题项，自我效能感 3 个题项，纪律管理 5 个题项，协同机制 4 个题项，过程评价 2 个题项，教学认同 4 个题项。第二阶段，通过整群随机抽样的办法，面向三所本科院校发放问卷，调查对象均为大二学生。之所以选择大二学生是因为考虑到很多高校思想政治理论课的开设一般为入学的前两年，大二学生至少完成或者接触了三门思想政治理论课的学习，课程学习的经历和课堂体验比较完整、丰富。第三阶段，问卷数据的收集、整理和分析。为保证数据的真实性、准确性，调查问卷当场发放当场回收，数据输入与数据复核相分离。此次研究发放问卷 785 份，回收问卷 742 份，回收率 94.5%。有效问卷 680 份，有效率 91.6%。数据处理软件为 SPSS 20.0。样本构成如表 6-1 所示。

---

① 刘家访. 有效课堂管理行为研究[D]. 重庆：西南师范大学，2002.

表 6-1　问卷调查样本构成

各项	性别		专业		角色	
	男	女	理工类	其他	积极分子	其他
n	246	434	252	428	198	482
p	36.2	63.8	37.1	62.9	29.1	70.1
∑	680		680		680	

二、研究的结果与分析

（一）课堂管理有效性

1. 总体情况

数据统计结果显示，课堂管理有效性均值为 3.55（极值为 5 分，下同）。可以认为，高校思想政治理论课的课堂管理以正面认同为主。具体而言，只有 9.6% 的调查对象肯定地认为，思想政治理论课手机问题比其他课程严重，很多同学以各种方法逃避课堂学习。相反，有 40.9% 的调查对象肯定地认为，思想政治理论课的学习氛围还是比较好的。当然，近半学生对课堂管理有效性持不置可否的中性态度，说明高校思想政治理论课的课堂管理的确还有很大的改进空间。

2. 差异性分析

统计分析结果表明，课堂管理有效性在专业和性别两个变量上存在显著性差异。专业方面，理工类学生对课堂管理有效性肯定的认同程度明显高于非理工类学生（p=0.003）；性别方面，男生对课堂管理有效性肯定的认同程度明显高于女生（p=0.002）。基于理工类学生中男生大比例居多的事实，以及性别方面的显著性差异，可以推断思想政治理论课的课堂管理有效性在专业方面的显著性差异与性别有密切关联。因此，女大学生对课堂管理有效性的低度认同值得关注。

（二）课堂管理影响因子

1. 课堂参与效能感

课堂参与效能感均值为3.44。高校思想政治理论课的课堂参与效能感以正面肯定为主，学生认为课堂学习的参与对课程学习的顺利完成还是比较重要的，要想获得好的课程成绩，就得积极地参与课堂教学。具体而言，只有7.1%的调查对象肯定地认为，课程成绩与平时的课堂参与没有关系，听课或不听课最后在课程学业评价上并没有太大差别。相反，有65.4%的学生肯定地认为，平时的课堂参与对于课程学业还是很重要的。课堂参与效能感的调查结果表明，高校思想政治理论课目前的课程评价体系有效性基本上可以得到肯定。当然，也亟须进一步提高课程评价体系的科学性，以增强学生的参与效能感。差异性分析表明，课堂参与效能感在基本变量上没有显著性差异。

2. 纪律管理

纪律管理包括纪律管理意识和纪律管理效果。总体上，纪律管理意识均值为3.09，纪律管理效果均值为3.26。由此可以认为，高校思想政治理论课教师对课堂纪律的重视程度一般，而且纪律管理的效果也一般。具体看，纪律管理意识方面，肯定教师对课堂纪律要求严格，经常强调课堂纪律的调查对象只有20.4%。相反，明确倾向于认为教师对课堂纪律不重视的比例高达40%。纪律管理效果方面，认为教师能够及时处理课堂违纪问题的调查对象只有13.5%。相反，认为教师对课堂违纪问题无能为力的比例为27.8%，不置可否的学生则多达60%。具体来看，对于不同纪律问题，处理的效果也不同。如针对教师查考勤而使得很多同学不敢随意缺课的现象，虽然有23.4%的调查对象明确否定，但有近60%的学生持肯定态度。针对课堂玩手机被教师及时制止的现象，有39.6%的调查对象明确否定，只有40%的学生持肯定态度。可以认为，教师查考勤对于缺课问题的解决有比较好的效果，但面对思想政治理论课"到课不听课"的隐性缺席问题，教师的纪律管理显然效果甚微。

差异性分析表明，纪律管理意识和纪律管理效果均在基本变量上存在显著性差异。理工类学生相比非理工类学生，男生相比女生，学生党员或入党积极分子相比其他学生，认为思想政治理论课教师比其他课程教师更加重视课堂纪律和对问题的有效解决的人的比例更大。基于理工类院校男生大比例居多的事实，结合性别的显著性差异，可以推断，专业在纪律管理意识和纪律管理效果的显著性差异实际上是由性别导致的。因此，女生对教师纪律管理意识和纪律管理效果的低度认同值得关注。至于学生党员或入党积极分子与其他学生在课堂纪律感受方面的显著性差异，很可能与他们的课堂学习态度密切相关。学习态度端正的学生党员或积极分子，对于教师强调的课堂纪律问题会更加重视，对自身的课堂学习也会提出更高的要求，因此在课堂纪律的感受方面也会明显不同于其他学生。

3. 协同机制

总体上，思想政治理论课教师课堂管理的内部协同均值为3.22，辅导员协同均值为2.58，学生党团协同均值为2.98。可见，在课堂管理协同方面，三个方面的协同都比较一般。特别是辅导员协同，调查对象的认同度最低。具体看，课程教师协同方面，肯定各课程教师课堂管理方式和态度基本一致的调查对象有46.6%，否定的比例为28.8%。可见，增强课程教师课堂管理的内部协同，使各课程教师在理念和行动方面达成最大的共识，从而最大限度消除课堂管理中存在的各自为政、自以为是的问题是非常必要的。学生党团协同方面，肯定学生党员或入党积极分子能在思想政治理论课学习过程中发挥带头作用的调查对象有31.9%，否定的比例为34.4%。而进一步分析发现，只有46.5%的学生党员或入党积极分子肯定自己在课堂教学过程中发挥了带头作用。因此，如何更有力推动党团积极分子在思想政治理论课教学过程中的带头作用，进而通过他们影响同伴积极参与课堂学习过程显然还需要努力。辅导员协同方面，肯定辅导员会在某些时候强调思想政治理论课的课堂纪律、会到课堂查看学习纪律的调查对象只有16.5%，明确否定的比例为20.1%，持不确定的比例则高达63.4%。可见，辅导员作为高校思想政治教育工作"齐抓共管"的核心力量，其与思政课教师的协同配合，并没得到高度重视和有力推动。

　　差异性分析表明，辅导员协同与课程教师协同，基本变量不存在显著性差异。学生党团协同方面，男女生存在显著性差异（$p=0.007$），不同角色也存在显著性差异（$p=0.000$）。男生相比女生，更倾向认同学生党员或入党积极分子在课堂学习的带头作用。进一步分析发现，学生党员或积极分子自身，在带头作用的发挥上并不存在性别方面的显著性差异。因此，认为男生党员或积极分子更好带头作用的发挥导致了男生对学生党团积极作用的认同，该推论不能成立。只能推论说，学生党员或积极分子的表现更容易得到男生的认同。学生党员或积极分子自身方面，认为自己发挥了带头作用的比例远超其他学生。可以认为，学生党团分子参与课堂管理，更多地体现在个体的自我要求层面而没有充分的影响到同伴。因此，如何通过学习共同体来增强学生党员或积极分子对同伴的课程学习影响，应成为高校思想政治理论课教师构建协同管理的重要方面。

4. 过程评价

总体上，过程评价合理性均值为 2.98，可见，调查对象认为过程评价的合理性一般。具体来看，对"课程学习过程评价有具体的评价记录依据，教师能够在过程评价中做到公开公平"的调查对象持肯定态度的比例只占 16%，否定的为 36.2%，不置可否的近一半。可以认为，高校思想政治理论课的过程评价尽管在课程评价中得到了重视，但是过程评价的合理性却不能得到学生的普遍肯定。这只能说明，通过课程学习过程评价激励学生参与课堂学习的有效性非常有限。因为如果学生普遍认为一个评价体系没有明确的评价记录依据，结果也不能被评价者有效监督，那么学生对该评价体系的态度更多的是消极参与，而非积极参与。因此，隐性缺席的课堂参与问题就必然不能通过课程学习过程评价得到有效解决。简言之，相比课程学习过程评价，课程期末考试才是真正督促学生端正课程学习态度的关键要素。然而，从思想政治教育本身的特殊性而言，思想政治理论课若不注重师生思想情感的教学交往过程，而用卷面考试督促学生参与课堂学习，其思想政治教育的实效性就必然大打折扣。

差异性分析方面，过程评价合理性在专业、性别方面存在显著性差异（p=0.000）。专业方面，理工类学生对过程评价合理性持否定态度的比例是 24.6%，非理工类则达到了 43.0%；性别方面，男生对过程评价合理性否定的比例是 24.8%，女生则达到了 42.6%。同样，基于理工类院校男生大比例居多的事实以及性别方面的显著性差异，可以推断，专业方面的显著性差异由性别导致。因此，相比男生，女生对评价合理性的低度认同值得关注。

5. 教学认同

总体上，教学认同的均值为 3.98。调查对象普遍认为，思想政治理论课教学过程中讲的问题很有现实性，比较贴近社会热点，能够激发课堂学习的兴趣。反之，非常确定地认为"教师讲的问题理论抽象，好像对学习内容没有针对性"的学生则比较少，只有7.2%。可见，高校思想政治理论课的教学过程得到了调查对象的普遍肯定，教师在教学内容的处置方面充分体现了以学为本的指导思想，充分重视了调查对象学习兴趣的激发。

差异性分析方面，理工类与非理工类、男生与女生在问题教学有效性的认同方面均存在显著性差异（p=0.000）。专业方面，理工类学生肯定"教师讲授的问题贴近现实，能够引起学习兴趣"的比例为51.8%，明显高于非理工类学生的24.8%。性别方面，男生肯定"教师讲授的问题现实感强，贴近社会热点，能够引起学习兴趣"的比例为48.6%，而女生仅为27.0%。基于理工类专业男生大比例居多的事实以及性别方面的显著性差异，可以认为，专业方面的教学认同差异与性别密切相关。因此，女生对教学的低度认同值得关注。以上有效课堂管理影响因子总体均值及男女生差异情况如表6-2所示。

表6-2　有效课堂管理影响因子总体均值及男女生得分差异

各项	影响因子得分			
	总体均值	男	女	sig值(0.05)
课堂参与效能感	3.44	3.48	3.42	0.371
纪律管理意识	3.09	3.30	2.97	0.000
纪律管理效果	3.26	3.60	3.06	0.000
党团协同	2.98	3.19	2.86	0.007
过程评价合理性	2.98	3.17	2.86	0.000
教学过程认同	3.98	4.13	3.90	0.000

（三）有效课堂管理影响因子相关分析

通过配对样本T检验，有效课堂管理影响因子相关分析结果如表6-3。总体上，除了协同机制因子与有效课堂管理弱相关以外，其他影响因子都达到了中等程度相关。其中，相关程度最高的因子是课堂参与效能感，其次是教学过程认同度，再次是纪律管理效果和过程评价合理性，最低的是教师纪律管理意识。对影响因子的具体分析如下。

首先，从相关分析可得，要有力推动教育对象的课堂参与，使更多学生真正积极地投入课堂学习，课堂参与能否对课程成绩有充分回报就是一个非常重要的问题。由此可见，高校思想政治理论课要实现有效课堂管理的构建，增强学生课堂参与效能感是最为关键的举措。因此，从有效课堂管理的角度看，对调查对象课程学习的功利主义态度不能一概否定，而是需要因势利导。进而，结合过程评价合理性与有效课堂管理的相关分析结果，要增强课堂参与获得感，就应着力于保证课程卷面考试的甄别度，高度重视和提高过程评价的合理性。因此，对思想政治理论课目前普遍的开卷考试形式和题型设置的简单化趋向，需要进行检讨和反思。

其次，结合教学过程认同度、教师纪律管理的相关分析，可以认为：一方面，有效课堂管理的实现、教学内容的优化相对于教师对课堂纪律的重视和落实而言更为关键。所以，如何推动学生参与课堂，外在的纪律要求固不可少，但是把纪律约束作为课堂有效管理的"压舱石"肯定不行。简言之，维护课堂纪律更为有效的办法是通过教学内容优化吸引学生参与课堂。另一方面，就纪律管理而言，纪律管理效果相比纪律管理意识，其对课堂管理的重要性更为突出。简言之，教师对课堂纪律的重视只有转变为实际的纪律管理效果时，课堂纪律才能更好地作用于课堂管理。因此，教师对课堂纪律要真抓而不是假抓，纪律问题的解决应着重于及时有效，才能真正把课堂管理的纪律权威树立起来。

最后，关于协同机制对有效课堂管理的作用。由相关分析可得，调查样本的课堂管理协同对有效课堂管理的构建影响甚微。

一方面，要充分实现有效课堂管理"1+1>2"的效果，就必须实现更高水平的课堂协同管理。另一方面，高校大学生的课堂参与具有了高度的主体性，外力的影响作用有限。因此，关注教学过程能否充分吸引学生更为重要。

差异性分析表明，某些影响维度与有效课堂管理的相关性存在性别上的明显差异。具体而言，在过程评价合理性、纪律管理两个维度上，女生都达到了中等程度相关，而男生则为弱相关。可见，男生相比女生，过程评价合理性、教师纪律管理于有效课堂管理的重要性明显偏低，简言之，是否积极参与课堂学习、教师的过程评价和纪律管理对男生的影响低于女生。或者可以认为，女生相对于男生，其课堂参与的态度行为更容易受到纪律管理、过程评价合理性的影响。因此，构建有效课堂管理，针对女生偏多的专业班级，高校思想政治理论课教师严格的纪律管理和有据可依、公开公平的过程评价是切实有效的举措。

此外，男生相对于女生，各因子与有效课堂管理的相关性均低于女生。然而，男生对课堂管理有效性的认同度却明显高于女生，根本的原因可能在于教学过程认同度方面。推理如下：尽管男生在纪律管理、过程评价合理性上得分明显高于女生，但两因子与有效课堂管理的弱相关。因此可以认为，两因子不足以成为影响课堂管理有效性认同的关键因素。男生的课堂参与效能感与课堂管理有效性相关度很大，但在课堂参与效能感上与女生没有显著性差异。因此，教学过程认同度明显高于女生且中等程度相关，最有可能成为影响课堂管理有效性的关键要素。

结合课堂管理的实际观察，男生相对于女生来说不是很关注课程学习的过程评价，但男生往往又比女生有更强的课堂参与欲望。简言之，相比女生更注重课程学习的结果而言，男生更在乎教学过程是否能够引起自己的兴趣。所以，有效课堂管理的构建，针对男生而言最为重要的是，教师应着力于教学内容和问题的设置，要紧密联系时政热点展开教学，就更有可能吸引男生积极地参与思想政治理论课的课堂教学过程，从而最大限度避免课堂行为问题的发生。

表 6-3　有效课堂管理影响因子相关系数

各项	有效课堂管理		
	总体	男	女
课堂参与效能感	0.339	0.333	0.343
过程评价合理性	0.244	0.139	0.280
纪律管理意识	0.233	0.150	0.250
纪律管理效果	0.275	0.182	0.289
教学过程认同度	0.296	0.268	0.291

三、基本结论

（一）总体方面

高校思想政治理论课的课堂管理以正面认同为主。调查样本近半学生对课堂管理有效性持不置可否的中性态度，这说明高校思想政治理论课的课堂管理的确还有很大的改进空间。

（二）群体差异性方面

女生相对于男生，对课堂管理有效性的认同度普遍偏低。在影响因子方面，除了课堂参与效能感外，其他各因子均存在男生与女生的显著性差异。女生在纪律管理、党团协同、过程评价合理性和教学过程认同方面，得分普遍低于男生。

（三）影响因子相关性

总体看，与课堂管理有效性密切相关的影响因子首先是课堂参与效能感，其次是教学过程认同度，再次是纪律管理效果和过程评价合理性，最低的是教师纪律管理意识。以上影响因子均为中等程度相关。低水平的协同机制与有效课堂管理的相关性在此次样本中可以忽略。具体看，女生相对于男生，其课堂参与的态度行为更容易受到纪律管理、过程评价合理性的影响。相对于女生更注重课程学习的结果而言，男生更在乎教学过程是否能够引起自己的兴趣。

四、课堂管理实践建议

（一）改进完善课程考核方式

实证研究表明，课堂参与效能感是有效课堂管理极为重要的影响因子，课程学习过程评价合理性与有效课堂管理也密切相关。因此，高校思想政治理论课要实现有效课堂管理，应着力于改进完善课程考核方式。为此，教师应深入领会、全面贯彻教育部印发的《新时代高校思想政治理论课教学工作基本要求》的精神，一要高度重视课程考核的严肃性，"坚持闭卷统一考试为主"；二要充分重视课程考核的科学性，在坚持"闭卷统一考试须集体命题"的同时，着眼于教育对象思想政治问题判断力、辨别力的考查甄别，高度重视闭卷试题设计的科学性，最大限度避免闭卷考试的知识化、应试化，同时"与开放式个性化考核相结合，注重过程考核"，完善细化过程考核的评价标准及执行制度；三是"要合理区分学生考核档次，避免考核走形式，引导学生更加重视思想政治理论课学习"。

（二）提升教学过程吸引力

实证研究表明，教学过程认同是有效课堂管理非常重要的影响因子。可见，教学过程有了吸引力，才能有力推动教育对象的课堂参与从外力约束转向主动选择，从而最大限度避免课堂行为问题的发生。基于学习的主体性原则，思想政治理论课教学过程吸引力的生成，关键在于以学生所关切的问题为中心组织教学内容、设置教学问题，构建以学生问题为中心的开放式教育教学模式。概言之，从提升教学吸引力出发是新时期高校思想政治理论课构建有效课堂管理的现实基点。

（三）增强课堂管理针对性

实证研究表明，女生相对于男生，其课堂参与的态度行为更容易受到纪律管理、过程评价的影响。相对于女生更注重课程学习的结果而言，男生更在乎教学过程是否能够引起自己的兴趣。因此，构建有效课堂管理，就高校思想政治理论课而言，应增强课堂管理的针对性。一方面，对于男生，教学过程要充分关注学生对教学内容、教学话题的兴趣程度。另一方面，对于女生，要有意识地加强学生的课堂纪律管理，对课堂行为问题要及时处理，同时要对课程学习的过程评价给出细化标准并及时记录、公开过程评价。简言之，通过公平合理的过程评价、纪律管理引导学生，特别是女生积极参与课堂教学。

本章小结

教育是接受教育和自我教育的有机统一。有效课堂管理是思想政治理论课教学过程育人价值有效生成的重要保证，对于混合大班的思想政治理论课而言，尤其如此。基于有效课堂管理的内涵分析，立足整体性的理论视角透视思想政治理论课课堂管理内涵，梳理课堂管理现状和确立课堂管理策略有助于提升教师课堂管理的意识和能力。而课堂管理影响因子的实证研究，则为思想政治理论课教师优化课堂管理提供了更具实践启示作用的思路和方法。概言之，课堂管理应成为高校思想政治理论课教学过程有效性研究领域亟须认真对待的问题。

结 语

思想政治理论课是落实立德树人根本任务的关键课程。课堂教学作为课程实施的重要载体,教学有效性决定了课程实施质量。实在生成于过程,过程就是各种现实存在的生成。因此,现实存在都是创造物,都可视为现实发生。教学有效性作为现实存在必然生成于教学过程。具体而言,离开教学过程自身有效性的生成(无论是通过物质性摄入还是概念性摄入),就不可能存在有效教学。从价值创造的视角解读教学过程的有效性,教学过程育人价值的创造问题就是教学过程有效性生成的核心问题。因此,聚焦教学过程育人价值的创造,对高校思想政治理论课教学过程展开理论与实践的探究,应是高校思想政治理论课提升教学质量的重要举措。

本研究从有机课程观的基本视野出发,系统地考察了高校思想政治理论课教学过程有效性生成问题。教学过程育人价值的创造,首先是教学过程师生角色的生成。唯有思想政治理论课教师与学生两个角色是其所是,才能构建起承载育人价值的教学过程。其次,关于思想政治理论课育人价值创造效能的提升,有力的教学主导作用、合理的教学思维方式、科学的教学价值理念以及有效的课堂提问应是关键维度。再次,要想通过教学过程推动教师专业成长,并提升教师课堂驾驭能力和教学境界,就需要教师专注于教学过程的发展评价。最后,离开有效课堂管理就难以实现有效教学。高校思想政治理论课教师要重视课堂管理能力的提升,这是教师在教学过程增强育人价值创造能力不可或缺的方面。概言之，高校思想政治理论课教学过程育人价值的创造是一个多变量的复杂过程。作为主导者的教师个体，对课堂教学全方位的身心投入、孜孜以求，以及不断的自我反思、自我批判，是教师角色形成、教学能力以及教育境界提升的必然。

本研究反思了高校思想政治理论课实体课程观的教学实践问题，并对高校思想政治理论课教学过程育人价值的创造问题展开多维度探究，有助于深化对思想政治理论课教学过程有效性生成的认识，从而为高校思想政治理论课的改革创新提供切实可行的参考。教师成长是一个自我反思的过程，本研究无力于也无意于新理论的架构或理论观点的创新，而是希望通过研究文本的交流生成一个能够与读者心灵交融、情感共鸣的空间，实现彼此的、共同的、幸福的成长。"学海无涯，吾应上下而求索"，关于高校思想政治理论课教学过程育人价值生成的研究，在内容上还有待深入，具体观点还需要完善。

最后，借此机会，感谢多年前把我带上学术研究道路的齐佩芳教授，正是恩师的悉心指导和鼓励，让我在课程教学论研究领域有所思、有所悟、有所行。感谢多年来林娜教授对我教学工作的关心、指引和鼓励。感谢桂林旅游学院"教授培养工程"对本专著出版的大力支持。同时，感谢所有给我思想启发的学者，从他们的诸多佳作中我获得了非常多的智慧，启迪了我的思考和帮助了我的写作。教学是一门技术，更是一门艺术。学而知不足，求而觉其惑。人一能之，己百之；人十能之，己千之。做人民满意的教师，低头找教师的幸福，或许就是余生我想要的我。

参考文献

[1] B M Harris, J Hill. The DeTEK Handbook[M]. National Educational Laboratory Publishers Inc., 1982.

[2] Leibniz, G W. Leibniz Philosophical Papers and Letters[M]. Lo-emker, L. E. (ed.). Chicago: The University of Chicago Press, 1956.

[3] Michael W Apple. Ideology and Curriculum[M]. London & NewYork：Routledge & Kegan Paul Ltd，1990.

[4] Nel Noddings. Educating Moral People：A Caring Alternative to Character Education[M]. New York：Teachers College Press，2002.

[5] 阿姆斯特朗. 当代课程论[M]. 陈晓端, 主译. 北京：中国轻工业出版社，2007.

[6] 奥恩斯坦. 当代课程问题[M]. 影印版. 北京：中国轻工业出版社，2004.

[7] 斯莱文. 教育心理学：理论与实践：第7版[M]. 影印本. 北京：北京大学出版社，2004.

[8] 布鲁克菲尔德. 批判反思型教师ABC[M]. 张伟, 译. 北京：中国轻工业出版社，2002.

[9] 阿尔弗雷德·许茨. 社会实在问题[M]. 霍桂恒, 索昕, 译. 北京：华夏出版社，2001.

[10] 爱弥尔·涂尔干. 道德教育[M]. 陈光金, 等译. 上海：上海人民出版社，2001.

[11] 巴格莱. 教育与新人[M]. 袁桂林, 译. 北京：人民教育出版社, 1996.

[12] 把思想政治工作贯穿教育教学全过程 开创我国高等教育事业发展新局面[EB/OL]. http://dangjian.people.com.cn/n1/2016/1209/c117092-28936962.html.

[13] 蔡中宏, 麻艳香. 思想政治理论课教师专业化发展的内涵与对策——高校思想政治理论课教师专业化发展研究[J]. 兰州交通大学学报, 2012（2）：130-134.

[14] 常宝成. 课堂管理与教师专业发展[J]. 教育理论与实践, 2010（10）：39-41.

[15] 陈时见. 课堂管理：意义与变革[J]. 教育科学研究, 2003（6）：5-8.

[16] 陈万柏, 张耀灿. 思想政治教育学原理[M]. 武汉：华中师范大学出版社, 2009.

[17] 陈晓端, 郝文武. 西方教育哲学流派课程与教学思想[M]. 北京：中国轻工业出版社, 2008.

[18] 陈振华. 美国学校的三种课堂管理风格述要[J]. 教育评论, 2000（4）：59-60.

[19] 程家福, 李金华. 高校思想政治理论课有效课堂管理策略[J]. 巢湖学院学报, 2012(5)：118-122.

[20] 大卫·杰弗里·史密斯. 全球化与后现代教育学[M]. 郭洋生, 译. 北京：教育科学出版社, 2000.

[21] 丹东尼奥. 课堂提问的艺术——发展教师的有效提问技能[M]. 宋玲, 译. 北京：中国轻工业出版社, 2006.

[22] 单中惠. 外国教育思想史[M]. 北京：高等教育出版社, 2006.

[23] 邓小平文选：第3卷[M]. 北京：人民出版社, 1993.

[24] 丁朝蓬. 新课程评价的理念与方法[M]. 北京：人民教育出版社，2008.

[25] 丁国浩. 问题意识导向下的高校思想政治理论课教学研究[M]. 杭州：浙江大学出版社，2017.

[26] 杜志强. 教学反思的五个维度[J]. 教育导刊，2009（11）：54-56.

[27] 杜萍. 有效课堂管理：方法与策略[M]. 修订版. 北京：教育科学出版社，2005.

[28] 冯刚，陈步云. 深刻把握新时代思政课"八个统一"的建设规律[J]. 中国高等教育，2019（9）：11-14.

[29] 高德胜. 生活德育论[M]. 北京：人民出版社，2005.

[30] 古丽萍. 教师教学思维方式优化研究——一种后现代知识观的审视[D]. 重庆：西南大学，2010.

[31] 关于进一步加强高校学生党员发展和教育管理服务工作的若干意见[EB/OL]. http://cpc.people.com.cn/n/2013/0715/c164113-22203098.html.

[32] 郭方玲，吉标. 教学思维方式解读[J]. 天津市教科院学报，2006（4）：51-53.

[33] 郭强. 现代知识社会学[M]. 北京：中国社会出版社，2000.

[34] 郭晓明. 课程知识与个体精神自由——课程知识问题的哲学审思[M]. 北京：教育科学出版社，2005.

[35] 顾海良. 高校思想政治理论课程建设研究[M]. 北京：经济科学出版社，2009.

[36] 冯刚，郑永廷. 思想政治教育学科30年发展研究报告[M]. 北京：光明日报出版社，2014.

[37] 黑格尔. 小逻辑[M]. 贺麟，译. 北京：商务印书馆，1980.

[38] 胡森. 国际教育百科全书：第 6 卷[M]. 李进，等译. 贵阳：贵州教育出版社，1990.

[39] 怀特海. 过程与实在：宇宙论研究[M]. 修订版. 杨富斌，译. 北京：中国人民大学出版社，2013.

[40] 怀特海. 思维方式[M]. 刘放桐，译. 北京：商务印书馆，2004.

[41] 黄伟. 对话语域下的课堂提问研究[D]. 上海：上海师范大学，2008.

[42] 焦秋生. 哲学与教育课程论题——关系、结构与过程[M]. 济南：山东大学出版社，2015.

[43] 金生鈜. 规训与教化[M]. 北京：教育科学出版社，2004.

[44] 夸美纽斯. 大教学论[M]. 傅任敢，译. 北京：人民教育出版社，1984.

[45] 李斌雄. 高校思想政治理论课教学评价体系的特点及其相关理论依据和原则探讨[J]. 思想理论教育导刊，2007（2）：68-72.

[46] 必须坚持和正确运用马克思主义的阶级观点和阶级分析方法——访中国社会科学院学部委员李崇富[J]. 马克思主义研究，2008(1)：14-20.

[47] 李国娟. 思想政治理论课大班教学课堂管理模式初探[J]. 学校党建与思想教育，2007（12）：39-40.

[48] 李海峰. 高校思想政治理论课教师角色研究[M]. 北京：人民出版社，2012.

[49] 李辽宁. 当代中国思想政治教育意识形态功能研究[M]. 武汉：武汉大学出版社，2006.

[50] 李楠明. 价值主体性——主体性研究的新视域[M]. 北京：社会科学文献出版社，2005.

[51] 李萍, 林滨. 试谈高校思想政治理论课教学实效性的三个基本维度[J]. 思想理论教育导刊, 2005（9）: 61-64.

[52] 李文阁. 生成性思维: 现代哲学的思维方式[J]. 中国社会科学, 2000（6）: 45-53.

[53] 廖伟. 思想政治教育中马克思主义批判性特征的运用[J]. 学校党建与思想教育, 2010（11）: 28-29.

[54] 列宁全集: 第20卷[M]. 北京: 人民出版社, 1958.

[55] 列宁全集: 第25卷[M]. 北京: 人民出版社, 1988.

[56] 列宁全集: 第41卷[M]. 北京: 人民出版社, 1986.

[57] 刘福州. 也谈思想政治理论课教学实效性的提高[J]. 思想理论教育导刊, 2005（10）: 70-72.

[58] 刘徽. 混沌课堂管理[D]. 上海: 华东师范大学, 2004.

[59] 刘家访. 有效课堂管理行为研究[D]. 重庆: 西南师范大学, 2002.

[60] 刘建军. 论高校思想政治理论课教育教学的"八个统一"[J]. 教学与研究, 2019（7）: 13-19.

[61] 刘尧. 论教育评价的科学性与科学化问题[J]. 教育研究, 2001（6）: 22-26.

[62] 鲁洁. 道德教育的当代论域[M]. 北京: 人民出版社, 2005.

[63] 陆杰荣, 牛小侠. 论亚里士多德的"实体"学说及其意义[J]. 学术交流, 2008（10）: 1-4.

[64] 骆郁廷, 丁雪琴. 论高校思想政治理论课程评价的主体[J]. 思想理论教育, 2007（4）: 71-75.

[65] 骆郁廷. 论高校思想政治理论课评价之深化[J]. 思想理论教育, 2007（11）: 44-50.

[66] 骆郁廷. 试论高校思想政治理论课教学评价的特殊性

[J]. 教学与研究，2007（4）：71-75.

[67] 马丁·布伯. 人与人[M]. 张见，韦海英，译. 北京：作家出版社，1992.

[68] 马丁·布伯. 我与你[M]. 陈维纲，译. 北京：生活·读书·新知三联书店，1986.

[69] 马克思恩格斯全集：第1卷[M]. 北京：人民出版社，1956.

[70] 马克思恩格斯全集：第3卷[M]. 北京：人民出版社，1960.

[71] 马克思恩格斯全集：第7卷[M]. 北京：人民出版社，1961.

[72] 马克思恩格斯全集：第8卷[M]. 北京：人民出版社，1961.

[73] 马克思恩格斯全集：第37卷[M]. 北京：人民出版社，1971.

[74] 马克思恩格斯全集：第41卷[M]. 北京：人民出版社，1982.

[75] 马克思恩格斯文集：第1卷[M]. 北京：人民出版社，2009.

[76] 马克思恩格斯选集：第1卷[M]. 北京：人民出版社，1995.

[77] 马克思恩格斯选集：第2卷[M]. 北京：人民出版社，1972.

[78] 马克思恩格斯选集：第4卷[M]. 北京：人民出版社，1995.

[79] 麦克·扬. 教育社会学中的知识与课程[J]. 周志平，岳欣云，译. 华东师范大学学报（教育科学版），2002（3）：36-43.

[80] 毛泽东选集：第1卷[M]. 北京：人民出版社，1952.

[81] 潘懋元. 潘懋元论高等教育[M]. 福州：福建教育出版社，2007.

[82] 裴娣娜. 现代教学论：第一卷[M]. 北京：人民教育出版社，2005.

[83] 裴娣娜. 现代教学论：第二卷[M]. 北京：人民教育出版社，2005.

[84] 裴娣娜. 现代教学论：第三卷[M]. 北京：人民教育出版

社，2005.

[85] 皮连生，吴红耘. 两种取向的教学论与有效教学研究[J]. 教育研究，2011（5）：25-30.

[86] 浦玉忠. "跟进式教育"：大学生思想政治工作的新途径[N]. 光明日报，2006-11-02（11）.

[87] 钱翠玉，叶雷. 高校思想政治理论课教学目标及其实现[J]. 常州工业学报（社会科学版），2013（3）：117-120.

[88] 邱乾. 西方有效课堂管理的基本策略[J]. 外国中小学教育，2006（1）：16-19.

[89] 瞿葆奎，陈玉琨，赵永年. 教育学文集：教育评价[M]. 北京：人民教育出版社，1989.

[90] 瞿葆奎，陈桂生，丁证霖，等. 教育学文集：教育与社会发展[M]. 北京：人民教育出版社，1989.

[91] 全力培养社会主义建设者和接班人——论学习贯彻习近平总书记全国教育大会重要讲话[N]. 人民日报，2018-09-15（4）.

[92] 任效峰. 课堂管理范式的转变：从"规训"到"以人为本"[J]. 教学与管理（理论版），2006（9）：62-63.

[93] 萨特. 词语[M]. 潘培庆，译. 北京：生活·读书·新知三联书店，1988.

[94] 沈壮海. 思想政治教育有效性研究[M]. 第二版. 武汉：武汉大学出版社，2008.

[95] 盛湘鄂. 高校思想政治理论课教学实效性及其评价[J]. 思想理论教育导刊，2009（1）：75-78.

[96] 思政课：让"低头族"抬起头来[EB/OL]. http://www.npopss-cn.gov.cn/n/2014/0821/c387587-25510073.html.

[97] 宋进，王玲. 提高思想政治理论课教学实效性的教学理念和建设路径[J]. 思想政治教育研究，2007（1）：10-12.

[98] 孙立军，刘爱军．"六个要"与思想政治理论课教师素养提升[J]．思想理论教育导刊，2019（7）：28-33．

[99] 孙迎光．主体教育理论的哲学思考[M]．南京：南京师范大学出版社，2003．

[100] 中央教育科学研究所．陶行知教育文选[C]．北京：教育科学出版社，1981．

[101] 梯利，伍德．西方哲学史：增补修订版[M]．葛力，译．北京：商务印书馆，1995．

[102] 涂成林．现象学的使命——从胡塞尔、海德格尔到萨特[M]．广州：广东人民出版社，1998．

[103] 涂纪亮．杜威文选[M]．北京：社会科学文献出版社，2006．

[104] 万美容，曾兰．90后女大学生心理特点的实证研究——基于与男大学生的比较[J]．中国青年研究，2014（4）：67-72．

[105] 汪凤炎．德化的生活：生活德育模式的理论探索与应用研究[M]．北京：人民出版社，2005．

[106] 王本陆．教育崇善论[M]．广州：广东教育出版社，2001．

[107] 王承绪，赵祥麟．西方现代教育论著选[M]．北京：人民教育出版社，2001．

[108] 王坤庆．教育哲学——一种哲学价值论视角的研究[M]．武汉：华中师范大学出版社，2006．

[109] 王平．高校思想政治理论课课堂教学质量评价指标研究[J]．北京交通大学学报（社会科学版），2008（4）：91-94．

[110] 王天一，夏之莲，朱美玉．外国教育史：下册[M]．北京：北京师范大学出版社，1985．

[111] 王习胜．高校思想政治工作要在教育对象"思想"深处着力[J]．思想教育研究，2018（3）：43-47．

[112] 王小明. 教学论——心理学取向[M]. 上海：上海教育出版社，2005.

[113] 王雪梅. 课堂提问的有效性及其策略研究[D]. 兰州：西北师范大学，2006.

[114] 王祝福. 思想政治理论课实践教学及其评价[J]. 思想理论教育，2008（15）：67-69.

[115] 魏启晋. 论能力本位视野下的高职思想政治理论课教学目标[J]. 北京教育（德育），2013（11）：50-52.

[116] 魏翔. 闲暇红利[M]. 北京：中国经济出版社，2015.

[117] 温恒福，杨丽. 过程哲学与中国教育改革——探索中国教育改革的另一种可能[M]. 北京：教育科学出版社，2016.

[118] 吴君. 关于"灌输"的本质定位和实践走向的思考[J]. 探索，2000（2）：37-39.

[119] 吴俊升. 教育哲学大纲[M]. 福州：福建教育出版社，2011.

[120] 吴向丽. 教师良心的遮蔽与澄明[D]. 济南：山东师范大学，2007.

[121] 吴扬. 中国大学生思想政治理论课程观研究[M]. 北京：中国社会科学出版社，2016.

[122] 肖巍. 女性主义伦理学[M]. 成都：四川人民出版社，2000.

[123] 肖新发. 高校思想政治理论课教学评价探析[J]. 青海师专学报，2007（6）：17-20.

[124] 谢宜麟. 笛卡尔"我思故我在"的含义及意义[J]. 吉首大学学报（社会科学版），2017（s2）：94-96.

[125] 雅斯贝尔斯. 什么是教育[M]. 邹进，译. 北京：生活·读书·新知三联书店，1991.

[126] 亚里士多德. 形而上学[M]. 苗力田, 译. 北京: 中国人民大学出版社, 2003.

[127] 杨富斌, 杰伊·麦克丹尼尔. 怀特海过程哲学研究[M]. 北京: 中国人民大学出版社, 2018.

[128] 杨韶刚. 西方道德心理学的新发展[M]. 上海: 上海教育出版社, 2007.

[129] 杨维, 刘苍劲, 等. 素质德育论——大学生的现代适应与综合素质培养研究[M]. 北京: 人民出版社, 2008.

[130] 杨维. 高校思想政治理论教学的探索——广东商学院的经验[J]. 高教探索, 2007（3）: 81-82.

[131] 姚晓娜. 关于高校思想政治理论课教学评价的若干思考[J]. 思想理论教育, 2009（5）: 62-66.

[132] 尤·克·巴班斯基. 教学过程最优化——一般教学论方面[M]张定璋, 等译. 北京: 人民教育出版社, 2007.

[133] 虞和平. 中国现代化历程: 第一卷[M]. 南京: 江苏人民出版社, 2007.

[134] 张楚廷. 教与学非对称性[J]. 大学教育科学, 2012（5）: 125-127.

[135] 张广君, 徐继存. 当代教学论文选[C]. 济南: 山东教育出版社, 2013.

[136] 张华. 课程与教学论[M]. 上海: 上海教育出版社, 2000.

[137] 张焕庭. 西方资产阶级教育论著选[M]. 北京: 人民教育出版社, 1979.

[138] 张黎. 亚里士多德实体学说探析[D]. 武汉: 湖北大学, 2013.

[139] 张天宝. 走向交往实践的主体性教育[M]. 北京: 教育科学出版社, 2005.

[140] 张祥龙. 当代西方哲学笔记[M]. 北京：北京大学出版社，2005.

[141] 张向众. 教育理论与教师发展——从教师的生命之维来看[J]. 教师教育研究，2005（6）：10-14.

[142] 张潇文. 以高度的理论自觉占领意识形态制高点[J]. 红旗文稿，2014（9）：16-17.

[143] 张晓瑜. 有机课程观研究[M]. 北京：中国社会科学出版社，2016.

[144] 张艳娣. 模糊课堂管理的理念与策略[D]. 重庆：西南大学，2007.

[145] 张耀灿，郑永廷，吴潜涛，等. 现代思想政治教育学[M]. 北京：人民出版社，2006.

[146] 赵小雅. 课堂：如何让"预设"与"生成"共精彩[N]. 中国教育报，2005-05-17.

[147] 郑博旺. 高职思想政治理论课课堂管理的探索与实践[J]. 广西教育学院学报，2009（4）：14-17.

[148] 朱诚蕾，王茂胜. 高校思想政治理论课评价的调节功能探析[J]. 学术评论，2007（8）：121-124.

[149] 朱新卓. 本真的教育理念：教师专业发展的重心[J]. 高等教育研究，2007（9）：43-48.